新リース会計の実務対応と勘所

徹底解説

公認会計士 井上 雅彦 / 公認会計士 藤井 義大 共著

税務研究会出版局

はしがき

　新リース会計基準が公表された（ASBJ：企業会計基準委員会から2024年9月に公表）。強制適用は2027年4月1日以降開始する連結会計年度及び事業年度の期首からなので、基準公表から2年半程度の猶予がある。公開草案公表（2023年5月）からは、約3年10か月の期間がある。

　なぜこのような猶予期間が設けられたのか？新リース会計基準は実務に大きなインパクトがあり、適用準備に相当の時間がかかることが、その理由の一つと考えられる。

　新リース会計基準による実務へのインパクトとして、例えば以下があげられる。

➤ リースとして認識すべき範囲が広がり、新たにリースとして識別すべき取引が生じる可能性があること

➤ 現行基準での借手のオペレーティング・リースがオンバランスになること

➤ 借手のリース期間の定義が変わり、実際にリースが行われる期間を合理的に見積る必要があること

➤ 借手におけるリースの条件変更等、リースの状況を事後的に追跡していく必要があること

　これらは、貸借対照表や損益計算書の作成実務に直結するとともに、経営判断にも影響を及ぼす。そのため、これらのインパクトも踏まえ、例えば次の実務対応が必要になる。

① 固定資産台帳のような「リース管理台帳」を備え、契約時点からリースの状況をタイムリーに把握して追跡できる仕組みが必要になる。

② 業務プロセス変革やオペレーション対応が必要になり、システム導入も必要になる可能性がある。また、新たなプロセスに応じた職務分掌の見直しも必要になる。

③ 財務数値や経営管理指標への影響も大きいため、対外的な説明も含めて経営責任を全うできるよう準備を進める必要がある。

これらの結果、新リース会計基準が与えるインパクトは、経営管理、業務プロセス、内部統制、システム対応にまで波及することが考えられ、実務対応の準備に相当の期間を要すると考えられる。

本書は、以上を踏まえ、新リース会計基準への対応を万全にすべく準備を進めるにあたって、真に役立つ「実務対応書」を目指して執筆したものである。

第1部では、新リース会計基準が取り扱うテーマを網羅している。そのうえで、基準の趣旨を正しく理解し、それを踏まえた「適切な実務対応」を完遂するために必要な「勘所」を整理し、明快に解説している。こうした目的のため、「事例」「計算例」「図表」等を多用し、また、実務論点にもふれることで読者の理解に資することを目指した。

第2部は、第1部を受けて、本書の「核」となる具体的な実務対応上の論点を35個のQAにより丁寧に説明している。導入実務を進めるにあたり、判断が難しく対応が悩ましい論点、基準を読んでも理解が及ばない論点などを中心に、実際の実務対応に役立つよう、「痒いところに手が届く」説明を心掛けた。

第2部第1章では、新リース会計基準を実務に適用するための準備にあたり重要な論点を解説している。それを受けて第2部第2章では、会計実務に落とし込むにあたり判断が難しい論点、実務上重要な論点を中心に解説している。

本書は、2023年11月に発刊した「公開草案から読み解く新リース会計基準（案）の実務対応」（公開草案版）に続く、「確定基準版」である。

幸い「公開草案版」は好評で読者のご支持を頂戴したが、本書ではそれを全面改訂したうえで、一から書き下ろしている。

本書は読者として幅広い層を想定している。企業等の経営層の方々、企画、経理、財務、総務等の各部署の責任者やご担当の方々、リース会社を含む貸手の経営層の方々、営業担当の責任者やご担当の方々など、広く実務に携わる方々が、まず第1の想定層である。次に、企業等のガバナンスに関わる方々、投資家、アナリストや広く企業評価に関わる方々、公認会計士や税理士、弁護士等の専門家の方々にも本書が少しでもお役に立てること期待している。

本書の記述のうち意見にわたる部分はすべて執筆者2人の個人的見解であり、筆者が所属する法人との見解とは全く関係がないことを申し添える。

2025年（令和7年）2月

公認会計士　井上雅彦

公認会計士　藤井義大

目　次

第1部　新リース会計基準の勘所　徹底解説

第1章　新リース会計基準等の考え方 2

1　新リース会計基準等とは 3

2　新リース会計基準等と従来の基準との主たる相違 7

3　新リース会計基準等の適用範囲 11

第2章　リースの識別 13

1　リースの定義 13

2　リースの識別 15

3　リースの識別に係る事例検討 26

　事例1　輸送車両：資産を他の資産に代替する権利が実質的であるケース
　　　　 26

　事例2　販売区画：資産を他の資産に代替する権利が実質的でないケース
　　　　 27

　事例3　熱供給プラント：稼働能力部分が特定された資産に該当するケース
　　　　 29

　事例4　電力：使用方法が契約で定められており、顧客が資産の使用を
　　　　 指図する権利を有していないケース 31

　事例5　売電：顧客が資産の使用を指図する権利を有しているケース ... 33

4　リースを構成する部分とリースを構成しない部分との区分 34

　事例6　リースを構成する部分とリースを構成しない部分への対価の
　　　　 配分（借手） 42

iv

目 次

第3章　リース期間 ……………………………………………… 46

1 なぜリース期間が重要なのか …………………………………… 46

2 借手のリース期間の定義と定め ………………………………… 46

3 借手のリース期間の決め方 ……………………………………… 48

4 実務上の懸念とその対応 ………………………………………… 51

5 リース期間中におけるリース期間の見直し…………………… 52

6 貸手のリース期間…………………………………………………… 53

7 事例等に基づく具体的な借手のリース期間の決定方法 ……… 54

　事例7　延長オプションを行使することが合理的に確実である場合 … 55

8 リース期間（借手）についての実務上の留意事項 …………… 57

第4章　借手のリース （その1）
借手の会計処理の全体像とその影響……………… 59

1 借手の当初の会計処理 …………………………………………… 59

2 借手の会計処理のイメージ ……………………………………… 60

3 借手の貸借対照表に係る会計処理ステップ…………………… 60

4 従来のオペレーティング・リースへの影響…………………… 61

5 経営管理指標、財務指標等への影響 …………………………… 62

第5章　借手のリース （その2）
使用権資産とリース負債の計上 ………………… 64

1 新リース会計基準等の定め ……………………………………… 64

2 従来の基準におけるファイナンス・リースとの異同 ………… 65

3 借手のリース料…………………………………………………… 69

4 使用権資産及びリース負債計上に伴う実務上の留意事項 …… 73

第6章　借手のリース （その3）
使用権資産の償却…………………………………… 75

v

目 次

| 1 | 従来の基準の定め‥‥‥‥‥‥‥‥‥‥‥‥‥‥‥‥‥‥‥‥‥‥‥ | 75 |

| 2 | 新リース会計基準等の定め ‥‥‥‥‥‥‥‥‥‥‥‥‥‥‥‥‥ | 75 |

| 3 | 新リース会計基準等の取扱いで従来の基準から変更した点 ‥‥‥‥ | 77 |

| 4 | 使用権資産の償却に伴う実務上の留意事項‥‥‥‥‥‥‥‥‥‥‥ | 78 |

第7章 借手のリース （その4）
短期リース及び少額リース等に関する簡便的な取扱い ‥ 79

| 1 | なぜ簡便的な取扱いが重要なのか ‥‥‥‥‥‥‥‥‥‥‥‥‥‥ | 79 |

| 2 | 従来の基準の定め‥‥‥‥‥‥‥‥‥‥‥‥‥‥‥‥‥‥‥‥‥‥ | 79 |

| 3 | 新リース会計基準等の取扱い ‥‥‥‥‥‥‥‥‥‥‥‥‥‥‥‥ | 81 |

| 4 | 数値例による借手の会計処理（原則法及び簡便的な取扱い） ‥‥‥ | 88 |

　　事例8　数値例による借手の会計処理（原則法及び簡便的な取扱い）‥ 88

第8章 借手のリース （その5）リースの契約条件の変更 ‥‥ 96

| 1 | リースの契約条件の変更がなぜ重要なのか‥‥‥‥‥‥‥‥‥‥‥ | 96 |

| 2 | リースの契約条件の変更とは ‥‥‥‥‥‥‥‥‥‥‥‥‥‥‥‥ | 96 |

| 3 | 契約条件の変更に係る会計処理 ‥‥‥‥‥‥‥‥‥‥‥‥‥‥‥ | 97 |

| 4 | 契約条件の変更に係る数値例による会計処理‥‥‥‥‥‥‥‥‥‥ | 101 |

　　事例9　契約条件の変更（リース範囲縮小及びリース単価増額） ‥‥ 101

　　事例10　契約条件の変更（契約期間の延長） ‥‥‥‥‥‥‥‥‥‥ 104

第9章 借手のリース （その6）
リースの契約条件の変更を伴わないリース負債の見直し ‥ 107

| 1 | リースの契約条件の変更を伴わないリース負債の見直しがなぜ重要なのか ‥ | 107 |

| 2 | 新リース会計基準等の定め ‥‥‥‥‥‥‥‥‥‥‥‥‥‥‥‥‥ | 107 |

| 3 | リース期間に変更がある場合（ 2 の⑴）の取扱い ‥‥‥‥‥‥‥ | 108 |

| 4 | 借手のリース期間に変更がなく借手のリース料に変更がある場合（ 2 の⑵）の取扱い ‥‥‥‥‥‥‥‥‥‥‥‥‥‥‥‥‥‥‥‥‥ | 110 |

| 5 | 短期リースに係る借手のリース期間の変更‥‥‥‥‥‥‥‥‥‥‥ | 111 |

目　次

| 6 | リース負債の見直し時に用いる割引率 …………………………… 111

| 7 | リースの契約条件の変更を伴わないリース負債の見直しに係る数値例による会計処理 … 112

　　事例11　リースの契約条件の変更を伴わないリース負債の見直し …… 112

| 8 | リース負債の見直し等に伴う実務上の留意事項 ………………… 115

第10章　借手のリース　（その7）再リースの取扱い ……………… 117

| 1 | 再リースの取扱いがなぜ重要なのか ……………………………… 117

| 2 | 新リース会計基準等の取扱い ……………………………………… 117

| 3 | IFRS16における原則的な考え方 …………………………………… 118

| 4 | 新リース会計基準等における考え方の根拠 ……………………… 118

| 5 | 再リースに係る実務上の留意事項 ………………………………… 119

第11章　借手のリース　（その8）借地権に係る権利金等 ……… 120

| 1 | 借地権と権利金等の取扱い ………………………………………… 120

| 2 | 借地権等の減価償却 ………………………………………………… 121

| 3 | 資産除去債務 ………………………………………………………… 124

第12章　借手のリース　（その9）
　　　　　建設協力金等の差入預託保証金 ……………………… 126

| 1 | 建設協力金等 ………………………………………………………… 126

| 2 | 敷金 …………………………………………………………………… 128

第13章　貸手のリース ………………………………………………… 130

| 1 | 貸手の会計処理の基本的な考え方 ………………………………… 130

| 2 | 新リース会計基準等での主な改正点等 …………………………… 131

| 3 | 貸手のリースに係る主な実務上の留意事項 ……………………… 135

第14章　サブリース取引 ……………………………………………… 143

| 1 | サブリース取引の取扱いがなぜ重要なのか ……………………… 143

vii

目　次

2	サブリース取引とは ………………………………………………	143
3	サブリース取引の実務事例 …………………………………………	144
4	サブリース取引の会計処理の考え方 ………………………………	144
5	サブリース取引の原則的な会計処理 ………………………………	145
6	サブリース取引の例外的な取扱いと会計処理…………………………	148
7	サブリースに係る事例による会計処理 ……………………………	153
	事例12　サブリースにおける中間的な貸手の会計処理 …………………	153
8	サブリース取引に関する実務上の留意事項………………………	155

第15章　セール・アンド・リースバック取引 …………………………… 156

1	セール・アンド・リースバック取引の取扱いがなぜ重要なのか ………	156
2	セール・アンド・リースバック取引とは …………………………	156
3	セール・アンド・リースバック取引に係る従来の基準の定め …………	157
4	法人税法の定め ……………………………………………………	158
5	新リース会計基準等の定め …………………………………………	160
6	セール・アンド・リースバック取引に関する実務上の留意事項 ………	168

第16章　開示 ……………………………………………………………… 169

1	表示 …………………………………………………………………	169
2	注記事項 ……………………………………………………………	172
3	連結財務諸表を作成している場合の個別財務諸表における表示及び注記事項…	186
4	開示に関する実務上の留意事項 ……………………………………	187

第17章　適用時期及び経過措置 ……………………………………… 188

1	適用時期 ……………………………………………………………	188
2	経過措置 ……………………………………………………………	189

viii

目　次

第2部　新リース会計基準等の適用に関する実務上の論点

第1章　新リース会計基準等の適用準備における実務上の論点… 208

1　適用準備のための計画検討段階における実務上の論点 ……………… 208

Q1　借手における新リース会計基準等の適用準備を計画するにあたって、最初に何を検討する必要があるか？ ……………………………… 208

Q2　借手における新リース会計基準等の適用準備はどのようなステップで進めていけばよいか？ ………………………………………………… 211

Q3　借手における新リース会計基準等の適用準備にかかる期間としてどの程度の期間を見込んでおくべきか？ ………………………………… 213

Q4　借手における新リース会計基準等の適用準備を始めるにあたって、最初に決めておくべき会計方針として何があるか？ ………………… 215

Q5　貸手における新リース会計基準等の適用準備に関しては、どのような実務上の論点があるか？ …………………………………………… 217

Q6　中小企業においても、新リース会計基準等の適用は必要か？ ……… 219

2　借手におけるリースの識別の調査の進め方……………………………… 220

Q7　借手における新リース会計基準等の適用において、リースの識別がなぜ重要なポイントとされるのか？ …………………………………… 220

Q8　借手におけるリースの識別の調査を漏れなく行うための実務上の留意点として何があるか？ …………………………………………… 221

Q9　借手におけるリースの識別の調査方法を検討する上で実務上どのような留意点があるか？ ……………………………………………… 222

Q10　借手におけるリースの識別の調査において、経費・契約種類別にどのような実務上留意するべきポイントがあるか？ …………………… 224

3　借手における経営及び内部管理体制への影響の検討 ………………… 231

Q11　借手における新リース会計基準等の適用準備を進める上で、財務指標等への影響について、実務上検討すべきポイントにどのようなものがあるか？ …………………………………………………………… 231

Q12　借手におけるリース取引の会計及び税務に関する管理帳簿について、どのような留意点があるか？ ………………………………………… 232

Q13　借手における内部管理体制の見直しに関して、実務上検討すべきポイントにどのようなものがあるか？ ……………………………… 233

ix

目　次

第2章　新リース会計基準等の適用にかかる実務上の会計論点… 236

1　借手の論点 ……………………………………………………………… 236

Q14　リースを構成する部分とリースを構成しない部分を含む契約の会計処理を検討する場合の実務上の留意点は何か？ …………………… 236

Q15　借手における新リース会計基準等の無形固定資産のリースへの適用範囲について、IFRSとの差異が生じる可能性はあるか？ …………… 237

Q16　クラウドサービスにかかるリースの識別の判定について、どのような留意点があるか？ ……………………………………………… 238

Q17　メーカーであるA社はサプライヤーであるB社と製品加工にかかる外注業務にかかる業務委託契約を締結し、B社はA社から受注する業務のための専用設備（固定資産）を購入する。当該専用設備（固定資産）にかかる減価償却費及び維持管理費等のコストを、A社はB社に業務委託費に含めて支払い、当該固定資産の残価の全部（又は大部分）をA社が保証する。このような業務委託契約に関するA社におけるリースの識別の判断において、どのような留意点があるか？ …………… 240

Q18　借主である小売業者A社が貸主（サプライヤー）である商業施設オーナーB社から次のような契約条件で営業場所を賃借するための「定期建物賃貸借契約」を締結した。このような契約に関するA社におけるリースの識別の判定における「資産が特定されているか」の判断に関して、どのような留意点があるか？ ……………………………… 242

Q19　更新の権利がない借地契約の場合、更新の権利がないことをもって延長オプションは無いと判断して問題ないか？ …………………… 244

Q20　貸借契約が「解約不能期間6年＋自動更新」や「解約不能期間6年＋合意更新」である場合、借手のリース期間はどのように決定すべきか？ ……………………………………………………………… 245

Q21　延長オプションや解約オプションのあるリースのリース期間を見積る場合の「合理的に確実」とはどの程度の確度を意味するのか？ …… 246

Q22　オフィスや店舗用等不動産に関連する不動産リースのリース期間を判断する場合に過去のリース期間の実績はどの程度まで参考にする必要があるか？過去に長期にわたって延長オプションを行使し続けた実績がある場合、将来のリース期間は長期に見積る必要があるか？ …… 246

Q23　建物の貸借契約が「解約不能期間6年＋延長オプション」となっており、延長オプションの行使は、当該建物を使用した事業の継続にかかっている。当該事業の継続には、様々な要素が関係するが、延長オプションの行使可能性が合理的に確実かどうかの判定にあたって、何を検討する必要があるか？ ……………………………………… 247

目　次

Q24 少額リースや短期リースにかかる簡便的な取扱いの適用可否を判断する際に参照する借手のリース期間及び借手のリース料は、延長又は解約オプション考慮後のリース期間である必要があるか？リースの契約期間が、契約上「1年＋自動更新」となっている契約については、どのように判断すればよいか？ ………………………………………… 249

Q25 従来の基準では再リース期間を借手のリース期間に含めていなかったが、新リース会計基準等では含める必要があるか？ ……………… 250

Q26 フリーレント期間のある賃料やステップアップ賃料は、変動リース料に含まれるのか？ ……………………………………………… 251

Q27 借手において、リース開始日にリース期間に含めていなかった再リースを実行した場合、リース期間の変更として会計処理する必要があるか？ ……………………………………………………………… 251

Q28 使用権資産への固定資産の減損会計の適用にかかる実務上の留意点として何があるか？ ……………………………………………… 252

Q29 使用権資産に関連する資産除去債務に対応する資産は、使用権資産の帳簿価額に加える必要があるか？ …………………………… 253

Q30 セール・アンド・リースバック取引の会計処理について、どのような留意点があるか？会計処理におけるIFRSとの違いはあるか？ ……… 253

Q31 新リース会計基準等におけるセール・アンド・リースバック取引のリース開始日における会計処理はどのようになるか？IFRSとの違いはあるか？ ……………………………………………………… 256

Q32 新適用指針第118項ただし書きの容認法を選択した場合において、適用初年度の期首より前に新たな会計方針を適用した場合の適用初年度の累積的影響額を適用初年度の期首の利益剰余金に加減するとはどういうことか？数値例で示してほしい。 …………………………… 257

2 貸手の論点 …………………………………………………………… 260

Q33 新リース会計基準等の適用に伴い、リース業における金融型割賦及び販売型割賦に含まれる金利部分の割賦基準による会計処理も廃止されるのか？ ……………………………………………………… 260

Q34 新リース会計基準等において、再リース率が高い場合の貸手のリース期間はどのように考えればよいか？ ………………………… 260

Q35 フリーレント期間のある賃料やステップアップ賃料が含まれるオペレーティング・リースにおける貸手のリース料の会計処理はどうなるか？ ……………………………………………………………… 261

第1部

新リース会計基準の勘所　徹底解説

第1部　新リース会計基準の勘所　徹底解説

第1章　新リース会計基準等の考え方

　リースに関する新しい会計基準が2024年9月に公表された。会計基準公表から2年半程度で強制適用となる（2027年4月1日以降開始事業年度から適用）。新しい会計基準では、すべてのリース取引をオンバランスする、新たなリースの識別をする等、従来とは大きく異なる実務対応や準備を求められることから実務上の負担も大きい。それも踏まえ強制適用まで2年半程度の猶予を設け、早期適用を認めている。

　具体的には、企業会計基準第34号「リースに関する会計基準」（以下「新会計基準」という）、及び企業会計基準適用指針第33号「リースに関する会計基準の適用指針」（以下「新適用指針」、新会計基準と新適用指針を合わせて「新リース会計基準等」という）が2024年9月13日に企業会計基準委員会（ASBJ）から公表された。

　ASBJは、基準を国際的に整合性のあるものにする取組みの一環として、原則すべてのリースにつき資産及び負債を認識する新しいリース会計基準の開発に向けて、国際的な会計基準を踏まえた検討を行い、IFRS16と整合させた新基準を公表した。

　新リース会計基準等では、借手の会計処理について、従来のファイナンス・リース取引とオペレーティング・リース取引の分類区分をなくし、原則としてすべてのリース取引（従来のオペレーティング・リース取引も含め）につき借手は資産及び負債に計上することとしている。

　第1部では、新リース会計基準等を理解し実務対応するにあたり、勘所となるポイントを中心にコンパクトかつ理解に資する解説をする。事例や図表、計算例を活用して新基準の考え方をわかりやすく紐解いていく。第2部では、第1部の理解を前提に、判断に迷う論点、一筋縄ではいかない論点を中心に、処方箋に導ける解説を行う。実務適用にあたり生じるであろう疑問に応えることを目指している。

　本書では、平成20年4月1日開始（連結）事業年度から適用されてきた企業会計基準第13号「リース取引に関する会計基準」及び企業会計基準適用指針第

16号「リース取引に関する会計基準の適用指針」等の定めを、以後「従来の基準」とする。なお、IFRS第16号「リース」は「IFRS16」と略記する。また、企業会計基準第29号「収益認識に関する会計基準」は「収益認識会計基準」と略記する。

1 新リース会計基準等とは

新リース会計基準等の特徴は以下の通りである。
(1) 「単一の会計処理モデル」の採用
借手のリースの費用配分の方法として、すべてのリースを借手に対する金融の提供と捉え使用権資産に係る減価償却費及びリース負債に係る金利費用を別個に認識する単一の会計処理モデルを採っている。

従来の基準でいうファイナンス・リース取引であるかオペレーティング・リース取引であるかに関わらず、借手についてはその区分を廃止した。すべてのリースを金融の提供と捉え使用権資産に係る減価償却費及びリース負債に係る利息相当額を計上する。

単一の会計処理モデルのイメージを図表1-1に示した。

図表1-1 単一の会計処理モデル（貸借対照表）

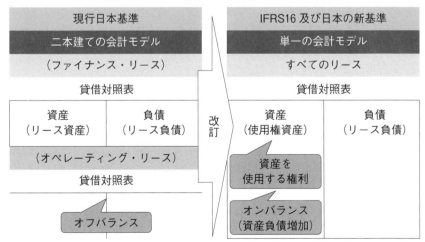

図表1-1　単一の会計処理モデル（損益計算書）

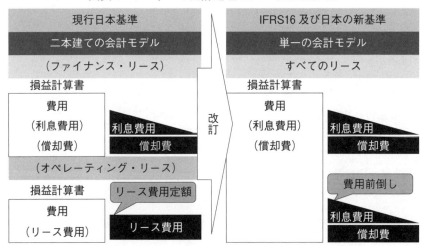

(2) 支配の移転に伴うすべてのリースのオンバランス（借手）

原資産の引渡しによりリースの借手に支配が移転した使用権部分に係る資産（使用権資産）と当該移転に伴う負債（リース負債）を計上する。

借手は一定期間にわたり特定の資産を利用する権利を獲得している以上、従来の基準でいうオペレーティング・リース（不動産やレンタル等の賃貸借取引を含む。）を含むすべてのリースに「使用権資産」を認識し、貸借対照表上に資産計上する（図表1-2参照）。

一方、貸手は、原則として従来の基準を踏襲する。したがって、借手と違い貸手はファイナンス・リースとオペレーティング・リースの区分が残る。

図表1-2　使用権資産及びリース負債のイメージ図

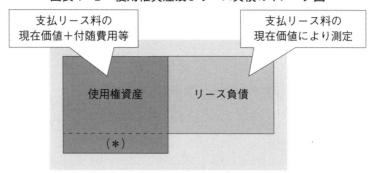

（＊）使用権資産の計上にあたり、リース負債の計上額にリース開始日までに支払った借手のリース料、付随費用及び資産除去債務に対応する除去費用を加算し、受け取ったリース・インセンティブを控除する。この他、借地権の設定に係る権利金等も考慮する。

(3) オンバランスの判定

従来の基準では、リース取引がファイナンス・リースに分類されるのか、オペレーティング・リースに分類されるのか、がオンバランスとオフバランスを分ける重要な物差しであった。一方、新リース会計基準等では、取引がリースか、リースではないサービス等なのか、がオンバランスとオフバランスを分ける物差しとなる（図表1-3参照）。

図表1-3　リースに係るオンバランスの判定

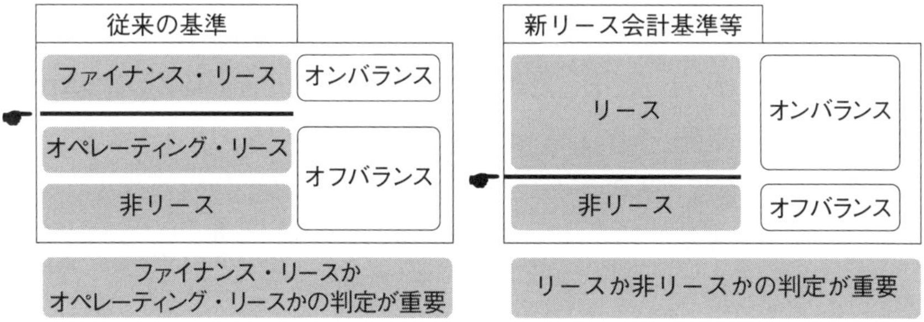

従来の基準		新リース会計基準等	
ファイナンス・リース	オンバランス	リース	オンバランス
オペレーティング・リース	オフバランス	非リース	オフバランス
非リース			
ファイナンス・リースかオペレーティング・リースかの判定が重要		リースか非リースかの判定が重要	

(4) トップヘビーな費用配分

原則すべてのリースについて実効金利法（利息法）に基づき各期に費用配分するため、リース負債残高の大きいリース期間前半により多くの費用が配分されるトップヘビーな「逓減型」の費用配分となる（図表 1 – 4 参照）。

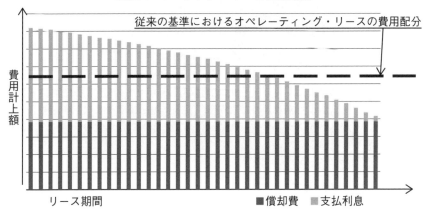

図表 1 – 4　トップヘビーな費用配分

(5) リースの範囲拡大とリース期間の考え方の変更の影響

リースの範囲が広がることで、従来の基準ではリースとして取り扱ってこなかった取引がリースとなる可能性がある。当該取引をどのように特定して適正な会計処理につなげるかが課題となる。

また、リース期間について契約上の解約不能期間ではなく、契約にオプションがある場合やリース期間中の見直し等の契約後の変動可能性も織り込んでリース期間を判断することとした。このため、リース資産・負債の額が事後的に変動する可能性がある。それに伴い減価償却費及び支払利息の額も変動する。このため、リース資産・負債の継続的な管理が課題になる。

(6) 「単一の会計処理モデル」による従来のオペレーティング・リースへの影響

従来の基準でオペレーティング・リースに分類されている取引につき次の影響が生じる可能性がある。

第1章　新リース会計基準等の考え方

- 従来の基準では貸借対照表上に計上してこなかった「使用権資産」「リース負債」が貸借対照表に計上され、費用が前倒し計上される。多額のオペレーティング・リースに当該処理を適用すると、リース料やリース期間によっては、貸借対照表に大きな違いが生じる可能性がある。
- 店舗及びオフィス、借上社宅を含む不動産賃貸借に係る取引を含め従来のオペレーティング・リースの取扱いが大きい場合には、トップヘビーな費用配分により期間損益への影響があるとともに、総資産（資産負債）が膨らみ、経営数値や財務指標に影響を及ぼす可能性がある。

2 　新リース会計基準等と従来の基準との主たる相違

　1 で示した新リース会計基準等の特徴を踏まえ、同基準と従来の基準との主たる相違を示しておく。新リース会計基準等では借手はIFRS16と整合を図っているため、従来の基準と相違する取扱いや定義を定めている。主要論点の具体的な解説に入る前に、実務に及ぼす影響が特に大きく両基準間の主たる相違に繋がる3点に絞って、そのポイントをまとめておく。

(1)　リースの定義と、契約がリースを含むか否かの判断
《リースの定義の違い》

〈従来の基準〉
　特定の物件の所有者たる貸手が、当該物件の借手に対し、合意された期間（リース期間）にわたりこれを使用収益する権利を与え、借手は、合意された使用料（リース料）を貸手に支払う取引

〈新リース会計基準等〉
　原資産を使用する権利を一定期間にわたり対価と交換に移転する契約又は契約の一部分（新会計基準第6項）　新リース会計基準等の定義はIFRS16と整合しており、この定義から以下の点が重要なポイントとして導かれる。

7

- 従来の基準下でリースとして会計処理されてこなかった契約にリースが含まれると判断されるケースが生じる。
- 原資産に対する使用権が借手に移転するととらえることで、従来のオペレーティング・リースも含め、借手において、原則すべてのリースにつき使用権資産及びリース負債を計上する。これにより、財務数値や経営管理指標に影響がでる。
- 借手はファイナンス・リース取引及びオペレーティング・リース取引の分類区分がなくなることで、リースか否かの判断はオンバランスするか否かの判断に直結する。このため、リースの定義及びこれに該当するか否かの判断が重要になる。
- 従来リースを含まないとしてきた契約がリースを含むことが考えられ、契約締結時、契約がリースを含むか否かの判断を徹底する必要がある。
- リースとサービスの区分が実務上重要な論点となる。

《基準適用対象の違い》

〈従来の基準〉

　ファイナンス・リース取引は典型的なリースを対象とする。通常の保守等以外の役務提供が組み込まれていないリース、すなわち役務提供相当額のリース料に占める割合が低いものを対象とする。

〈新リース会計基準等〉

　契約が特定された資産の使用を支配する権利を一定期間にわたり対価と交換に移転する場合、当該契約はリースを含む（新会計基準第26項）。

　新リース会計基準等では、借手及び貸手は契約におけるリースを構成する部分とリースを構成しない部分とに分けて会計処理を行う（新会計基準第28項、新適用指針第9項）。サービス部分（役務提供相当額）はリースを構成しない部分に含まれ、リースを構成する部分と分けて処理する必要が生じる。

　従来の、ファイナンス・リース取引とオペティング・リース取引とに分類した会計処理の概要を図表1-5に示した。

図表1-5 従来の基準における分類と会計処理

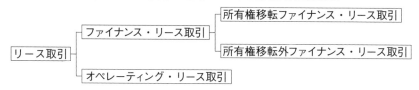

取引の分類		借手（ユーザー）	貸手（リース会社等）
ファイナンス・リース取引 　解約不能 　　＋ 　フルペイアウト	所有権移転	売買処理⇒物件を資産計上 （物件購入及び債務支払）	売買処理 （物件売却及び債権回収）
	所有権移転外 例外処理廃止	売買処理 ⇒物件を資産計上	売買処理
オペレーティング・リース取引 ⇒ファイナンス・リース取引以外		賃貸借処理	賃貸借処理 ⇒物件を資産計上

(2) 借手のリース期間

《リース期間の定義の違い》

〈従来の基準〉

　リース期間は「合意された期間」であるとして、当該リース取引が置かれている状況からみて借手が再リースを行う意思が明らかな場合を除き、再リース期間は解約不能のリース期間に含めないと定めている。

〈新リース会計基準等〉

　借手は借手のリース期間につき借手が原資産を使用する権利を有する解約不能期間に、次の(i)及び(ii)の両方の期間を加えて決定する（新会計基準第31項）。

(i) 借手が行使することが合理的に確実であるリースの延長オプションの対象期間

(ii) 借手が行使しないことが合理的に確実であるリースの解約オプションの対象期間

第1部　新リース会計基準の勘所　徹底解説

　借手のリース期間の決定は、借手が貸借対照表に計上する資産及び負債の金額に直接重要な影響を及ぼす。従来の基準では、契約上の解約不能期間が実質的なリース期間となっていた。一方、新リース会計基準等では、従来の解約不能期間に限定せず、オプションの対象期間をリース期間に反映する取扱いを求めており、リース期間の見積りに困難が伴う可能性がある。

　また、店舗及びオフィス、借上社宅を含む不動産賃貸借に係る取引を含め従来のオペレーティング・リースが原則オンバランスとなり、オプションの対象期間をリース期間に反映するなどの変更がある。さらに、リース期間中の見直し等もあり得るため、契約期間とは異なるリース期間に事後的に変更になる場合がある。

(3)　条件変更等に伴う事後的なリース負債の見直し

　リースの当初の条件の一部ではないリースの範囲や対価を変更する、あるいはリース期間やリース料等を事後的に変更する場合がある。こうしたケースについて、従来の基準では特に定めを置いていなかった。一方、新リース会計基準等では、借手について以下の定めを置き、リース負債の見直し等の事後測定を求めている。

《条件変更等に伴う事後測定》

〈従来の基準〉

　特に定めはない。

〈新リース会計基準等〉

　リース負債の変更を行う契約条件の変更によるリース負債の見直し等の取扱い（新適用指針第44項、第45項）や、リースの契約条件の変更を伴わないリース負債の見直し等の取扱い（新会計基準第38項～第40項、新適用指針第46項～第51項）

　新リース会計基準等では、契約の条件変更や、リース期間及びリース料の変更等により、一度計上した使用権資産及びリース負債の額を見直す必要が生じ

第1章　新リース会計基準等の考え方

る場合がある。このため、使用権資産及びリース負債に係る継続的で適切な帳簿管理が必要になる、また、事後測定を可能にする数値管理等の仕組みやプロセスの整備を要する。

3　新リース会計基準等の適用範囲

(1)　中小企業等の取扱い

　結論として、中小企業等は新リース会計基準等を必ずしも適用する必要はない。

　ここで、「中小企業等」とは、以下の①、②、③のいずれにも該当しない会社をいう。

①　金融商品取引法の適用を受ける会社並びにその子会社及び関連会社

②　会社法上の大会社並びにその子会社

③　会計監査人を設置する会社及びその子会社

　金融商品取引法が適用される公開会社等のほか、会社法を適用するすべての会社は公正な会計慣行（新リース会計基準等や税法を含む。）に準拠すべきと考えられる。

　一方、「中小企業の会計に関する指針」（企業会計基準委員会、日本公認会計士協会、日本税理士会連合会、日本商工会議所の4団体により公表）において、中小企業等においては従来のファイナンス・リースについて、通常の賃貸借取引に係る方法に準じて会計処理を行うことを認めてきている。また、「中小企業の会計に関する基本要領」（中小企業庁）でも同様の処理を認めてきている。新リース会計基準等の公表を受け、中小企業等の取扱いも今後議論されるものと思われる。

(2)　適用範囲

　新リース会計基準等は、契約の名称などにかかわらず、次の①から③に該当する場合を除き、リースに関する会計処理及び開示に適用する。

①　実務対応報告第35号「公共施設等運営事業における運営権者の会計処理等

11

第1部　新リース会計基準の勘所　徹底解説

に関する実務上の取扱い」の範囲に含まれる運営権者による公共施設等運営権の取得

②　収益認識会計基準の範囲に含まれる貸手による知的財産のライセンスの供与（ただし、製造又は販売以外を事業とする貸手は、当該貸手による知的財産のライセンスの供与についてリース会計基準等を適用することができる。）

③　鉱物、石油、天然ガス及び類似の非再生型資源を探査する又は使用する権利の取得

　上記にかかわらず、無形固定資産のリースについては、新リース会計基準等を適用しないことができる。

　また、新リース会計基準等では、連結財務諸表と個別財務諸表の会計処理を同一とすることとしている。同基準を連結財務諸表のみに適用すべきか、連結財務諸表と個別財務諸表の双方に適用すべきかを検討するため、次の項目につき審議を行った。

- 国際的な比較可能性
- 関連諸法規等（法人税法、分配規制、自己資本比率規制、民法等）との利害調整
- 中小規模の企業における適用上のコスト
- 連結財務諸表と個別財務諸表で異なる会計処理を定める影響

　審議の結果、懸念の多くは個別財務諸表固有の論点ではなく、連結財務諸表と個別財務諸表の会計処理は同一であるべき、との結論は変わらなかった。

第2章　リースの識別

第2章 リースの識別

1 リースの定義

(1) 新リース会計基準等におけるリースの定義

　新リース会計基準等では、リースにつき「原資産を使用する権利を一定期間にわたり対価と交換に移転する契約又は契約の一部分（新会計基準第6項）」と定義している。また、原資産につき、「リースの対象となる資産で、貸手によって借手に当該資産を使用する権利が移転されているものをいう（新会計基準第9項）」としている。

　これらの定義のもとでは、原資産に対する使用権が借手に移転するととらえることで、従来の基準におけるファイナンス・リース取引かオペレーティング・リース取引かにかかわらず、原則として使用権資産及びリース負債の計上が必要になる。

(2) リースの定義が実務対応上重要な理由

● リースか否かの判断

　従来の基準：リース部分の取引がオペレーティング・リースに分類される限り、リース取引により獲得した権利が資産として認識されず、資産を使用して提供されるサービスの会計処理が問題にはならなかった。

　新会計基準：借手はファイナンス・リース取引及びオペレーティング・リース取引の分類区分がなくなることで、リースか否かの判断はオンバランスするか否かに直結する。

● リースとサービスの区分

　従来の基準：オペレーティング・リースに分類されれば賃貸借処理を行ってきたため、貸手の資産を使用して提供するサービスに係る費用は、オペレーティング・リースに係る費用と定額費用計上という点で変わりなかった。

13

新会計基準：リース構成部分とサービス等の非リース構成部分とで費用の発生態様が異なり両者の区分が必要となるため、当該区分が重要になる。

⑶ 実務上の影響

従来の実務と比べ、契約の締結時に契約がリースを含むか否かの判断を徹底することがポイントとなる。また、これに伴い、リースとサービスの区分も実務上重要な論点となってくる。

⑷ 契約の定義

契約につき、「法的な強制力のある権利及び義務を生じさせる複数の当事者間における取決めをいう。契約には、書面、口頭、取引慣行等が含まれる（新会計基準第5項）」と定義しており、収益認識会計基準における契約の定義と整合させている。このため、必ずしも書面でのやりとりがなくても、口頭や取引慣行等により契約が成立する可能性がある。

自動車のリース、我が国における事務所等の不動産賃貸借契約、賃貸用住宅事業のためのサブリース契約及び定期傭船契約等について、これらをリースとして取り扱うことには懸念もある。これらの契約は、サービス提供の要素が含まれると考えられるし、また、事務所等の不動産賃貸借契約は、借手が無条件の支払義務を負わないこともあるためである。

しかし、いずれの契約でもリースの定義を満たす部分が含まれる場合がある。つまり、サービスの要素を区分した後に、賃借人が特定の資産の使用から生じる経済的利益のほとんどすべてを享受する権利を有し、かつ、当該資産の使用方法を指図する権利を有している部分が含まれる場合がある。契約にリースの定義を満たす部分が含まれる場合に当該部分につきリースの会計処理を行わないことは国際的な会計基準における取扱いと乖離する。このため、新リース会計基準等では、原則リースとして取り扱い、IFRS16と異なる取扱いとはしていない。

第2章　リースの識別

2　リースの識別

(1)　リースの識別はなぜ重要なのか

新リース会計基準等の大きな特徴の一つがこの「リースの識別」である。

> ✓契約の締結時に、契約の当事者は、当該契約がリースを含むか否かを判断する（新会計基準第25項）。
>
> ✓この判断にあたり、契約が特定された資産の使用を支配する権利を一定期間にわたり対価と交換に移転する場合、当該契約はリースを含む（新会計基準第26項）。
>
> ✓契約期間中は、契約条件が変更されない限り、契約がリースを含むか否かの判断を見直さない（新会計基準第26項）。

契約締結時に、特定された資産の使用を支配する権利が契約の一方の当事者から他方の当事者に移転しているかどうかを判断する必要がある。こうした定めは従来の基準ではなかったため、従来の基準に準拠して会計処理されてこなかった契約にもリースが含まれるケースがある。このため、新たにリースとして認識しなければならない取引が生じる可能性がある。

さらに重要な点は、新リース会計基準等の適用で新たに生じる実務対応である。

「リース」の識別を網羅的に行う必要があるが、どのように可能性のある「取引（契約）」を正確かつ網羅的に洗い出すか、が課題となる。経理（管理）部門だけでの対応では限界があるため、実務上の対応として、現場への「確認の仕方」がポイントとなる。この際、以下の観点からの洗い出しも効果があると思われる。

> ➢借手のリースに該当する取引はないか？の観点
>
> 　→現場で自社以外のものを使用して製造・販売をしていないか？
>
> ➢貸手のリースに該当する取引はないか？の観点
>
> 　→得意先等に自社製のもの使って頂いている取引はないか？

15

意図した情報を確実に収集するためには、現場への確認の指示をいかに的確に行うかが重要である。経理（管理）部門と現場とがいかに連携して、タイムリーに必要な情報を共有できるかが課題となる。

(2) リースの識別の判断における重要な取扱い（定め）と基本的な考え方

リースの識別の判断にあたり、重要な取扱い（定め）や基本的な考え方を整理していくが、先に判断の主な流れを図表1-6に示しておく。

図表1-6　リースの識別判断の主な流れ

契約がリースを含むかどうかの判断　（新会計基準第26項、新適用指針第5項） 1．資産が特定されているかどうかの判断（新適用指針第6項、第7項） 2．資産の使用を支配する権利が移転しているか否かの判断 　2-1　資産の使用から生じる経済的利益の享受（新適用指針第5項(1)） 　2-2　特定された資産の使用を指図する権利（新適用指針第5項(2)、第8項）

図表1-6の示した「判断の流れ」から以下のことがいえる。
- 資産が特定されており、その使用を支配する権利が借手に移転していれば、契約の名称等とは関係なくリースと判断され、新リース会計基準等の適用対象となる。
- 新リース会計基準等は、原則すべてのリースにオンバランスを要請しているため、影響は大きい。この判断基準に従い、事前に検討する必要がある。

以下、図表1-6にそって各項目の基本的な考え方や取扱いを整理する。

(i) 契約がリースを含むか否かの判断

契約の締結時に契約の当事者は当該契約がリースを含むか否かを判断する。この判断にあたり、契約は、①資産が特定され、かつ、②特定された資産の使用を支配する権利を移転する場合にリースを含む（新会計基準第26項、新適用指針第5項）。

(ii) 資産が特定されているかどうかの判断

　資産が契約に明記されている場合でも、サプライヤーが、①使用期間全体を通じて当該資産を代替する実質上の能力を有し（新適用指針第6項(1)）、かつ、②資産の代替により経済的利益を享受する場合（新適用指針第6項(2)）、サプライヤーは資産を代替する実質的な権利を有しており、資産は特定されていない。

　この場合、図表1-6の1.の要件を満たさず、契約はリースを含まない。

(iii) 稼働能力と資産の特定

　顧客が使用することができる資産が物理的に別個のものではなく、資産の稼働能力の一部分である場合には、当該資産の稼働能力部分は特定された資産に該当しない。ただし、顧客が使用することができる資産が物理的に別個のものではないものの、顧客が使用することができる資産の稼働能力が、当該資産の稼働能力のほとんどすべてであることにより、顧客が当該資産の使用による経済的利益のほとんどすべてを享受する権利を有している場合は、当該資産の稼働能力部分は特定された資産に該当する（新適用指針第7項）。

(iv) 資産の使用を支配する権利が移転しているかどうかの判断

　「資産の使用を支配する権利の移転」については、①経済的利益、と②使用の指図権、の観点から判断する。また、②の「使用の指図権」に係る具体的な判断の方法も併せて以下のように考え方が示されている。

資産の使用を支配する権利が移転しているかどうかの判断（新適用指針第5項、第8項）

　顧客が、特定された資産の使用期間全体を通じて、①資産の使用から生じる経済的利益のほとんどすべてを享受する権利を有し（新適用指針第5項(1)）、かつ、②資産の使用を指図する権利を有する場合（新適用指針第5項(2)）、資産の使用を支配する権利が移転する。

　顧客は、次のいずれかの場合に、使用期間全体を通じて特定された②資産の使用を指図する権利を有している。

(ア) 顧客が使用期間全体を通じて使用から得られる経済的利益に影響を与える資産の使用方法を指図する権利を有している（新適用指針第8項(1)）。

第 1 部　新リース会計基準の勘所　徹底解説

(イ)　使用から得られる経済的利益に影響を与える資産の使用方法に係る決定が事前になされている場合に、(i)顧客が資産の稼働に関する権利を有しているか、又は、(ii)資産の設計を行っている（新適用指針第 8 項(2)）。

上記(i)～(iv)につき(3)及び(4)で具体的な考え方及び留意点や事例等を示す。

(3)　特定された資産

契約がリースを含むかどうかを判断するにあたり、(1)で示した新適用指針第 6 項及び同第 7 項に準拠して、資産が特定されているかどうかを判断する。

契約で特定された資産がある場合における、特定された資産の判断に係るフローを図表 1 - 7 に示した。

図表 1 - 7　特定された資産の判断に係るフローのイメージ

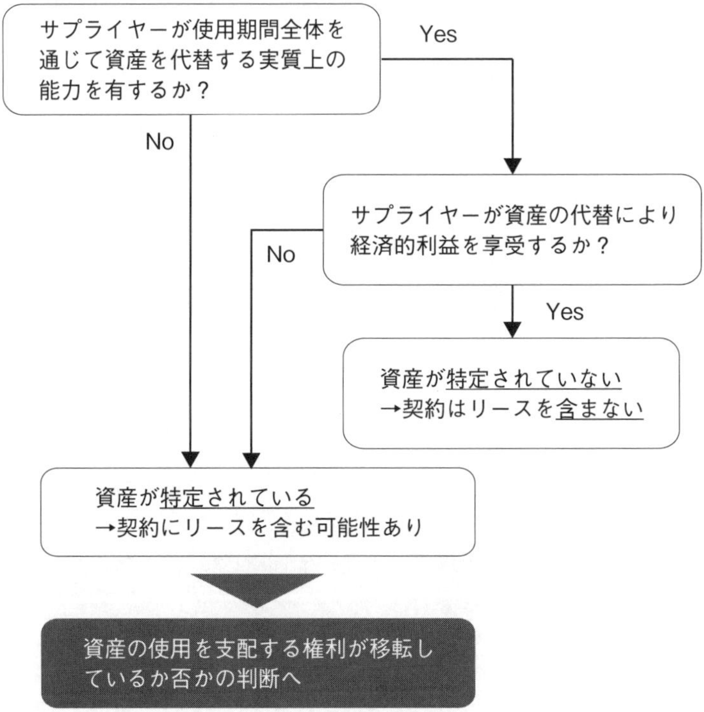

18

第2章　リースの識別

① 　対象資産の特定

〈資産が特定されない場合の例〉

　資産は、通常、契約に明記することで特定される。リースの対象となる資産は、シリアルナンバーなどを含め契約に明記することで特定されることが一般的である。

　一方、サービスの提供の場合、使用する資産が特定されないことが多い。例えば、輸送運搬サービスの提供等のケースでは、輸送に使う車両や運搬具等が特定されない場合がある。この場合、当該サービスの提供に係る契約はリースを含まない。

〈黙示的に資産が特定される場合の例〉

　顧客の敷地内でサプライヤーが製造する特別仕様の製造物を顧客が購入するケースが考えられる。サプライヤーは特殊な機械装置を使い特別仕様の製造物を製造することで顧客との契約を履行する。このケースでは、資産の使用権が顧客に移転していることも考えられ、特殊な機械装置は黙示的に特定されているといえる。

② 　サプライヤー等による対象資産の入れ替え

　サプライヤーが次の2点をともに満たせば、資産は特定されておらず、当該契約はリースを含まない（新適用指針第6項）。

　(i) 　サプライヤーが使用期間全体を通じて資産を代替する実質上の能力を有するか

　(ii) 　資産の代替によりサプライヤーが経済的利益を享受するか

　サプライヤーとして輸送業者を例にとると、サプライヤーは数ある拠点から経済効率を考慮し輸送運搬車両を割り当てる。サプライヤーは、輸送運搬車両を入れ替えることで効率化を果たし経済的利益を享受するが、入れ替えにあたり顧客の承認は通常要しない。この場合、資産は特定されず、契約はリースを含まない。

　(i)の例として、顧客はサプライヤーが資産を入れ替えることを妨げることができず、かつ、サプライヤーが代替資産を容易に利用可能であるか又は合理的

19

な期間内に調達できる場合等がある。

　(ii)の経済的利益の享受を明確に示すことは困難な場合がある。例えば、小売りテナントの賃貸借で、貸手の指定によって借手の営業場所が変わるケースを想定する。この場合、契約上コストの負担関係が明確でない場合がある。この際、経済的利益の享受につき実質的な判断をする必要があるが、契約に明記されていないことから判断が難しい場合がある。さらに、今後の契約書の在り方にも対応が及ぶ可能性がある。

⑷　資産の使用を支配する権利の移転

　契約がリースを含むかどうかを判断するにあたり、資産が特定されている場合、次に、新適用指針第5項及び同第8項に準拠して、当該資産に係る使用権の支配が顧客（借手）に移転しているかどうかを判断する。

　顧客（借手）に特定の資産の使用を支配する権利が移転する、つまり、顧客による当該資産の使用権の支配の要件は、顧客が、特定された資産の使用期間全体を通じて、①資産の使用から生じる経済的利益のほとんどすべてを享受する権利を有し、かつ、②資産の使用を指図する権利を有する場合である（図表1-6参照）。

　資産の使用を支配する権利の移転に係る判断のフローを図表1-8に示した。

第2章　リースの識別

図表1-8　資産の使用を支配する権利の移転に係るフローのイメージ

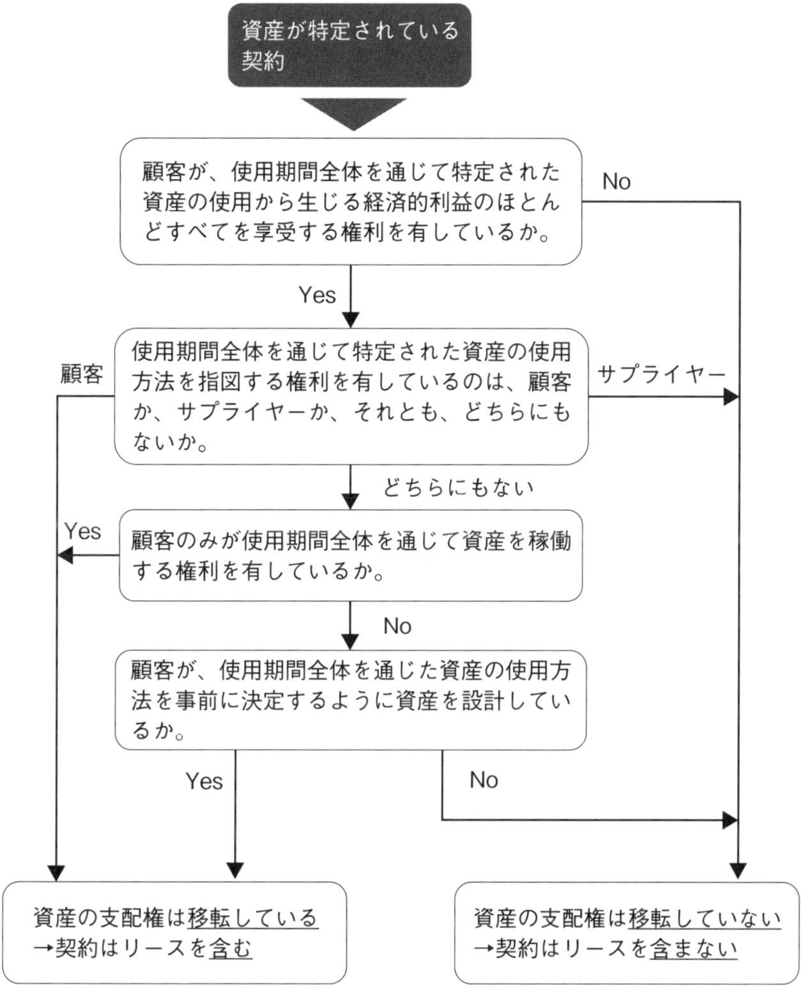

```
          ┌────────────────────┐
          │ 資産が特定されている │
          │ 契約               │
          └────────────────────┘
                   │
                   ▼
  ┌──────────────────────────────────────┐
  │ 顧客が、使用期間全体を通じて特定された   │        No
  │ 資産の使用から生じる経済的利益のほとん   │───────────────┐
  │ どすべてを享受する権利を有しているか。   │               │
  └──────────────────────────────────────┘               │
                   │ Yes                                   │
                   ▼                                       │
  ┌──────────────────────────────────────┐               │
  │ 使用期間全体を通じて特定された資産の使用 │ サプライヤー  │
  顧客│ 方法を指図する権利を有しているのは、顧客 │───────────────┤
  │ か、サプライヤーか、それとも、どちらにも │               │
  │ ないか。                               │               │
  └──────────────────────────────────────┘               │
                   │ どちらにもない                        │
                   ▼                                       │
  ┌──────────────────────────────────────┐               │
  Yes│ 顧客のみが使用期間全体を通じて資産を稼働 │               │
  │ する権利を有しているか。                │               │
  └──────────────────────────────────────┘               │
                   │ No                                    │
                   ▼                                       │
  ┌──────────────────────────────────────┐               │
  │ 顧客が、使用期間全体を通じた資産の使用方 │               │
  │ 法を事前に決定するように資産を設計してい │               │
  │ るか。                                 │               │
  └──────────────────────────────────────┘               │
          │ Yes                  │ No                      │
          ▼                      └─────────────────────────┤
  ┌─────────────────────┐              ┌─────────────────────┐
  │ 資産の支配権は移転している │          │ 資産の支配権は移転していない │
  │ →契約はリースを含む     │          │ →契約はリースを含まない   │
  └─────────────────────┘              └─────────────────────┘
```

　以下、①及び②について実務上の留意点等を示す。

① 経済的利益の享受

　「顧客が特定された使用から生じる経済的利益のほとんどすべてを享受する権利を有する場合」とは、資産使用に伴う経済的利益の大部分を顧客が稼得することを指す。ここで、経済的利益には、顧客が直接使用することから得られる

21

利益はもちろんのこと、当該資産を使用して得られるアウトプット（成果物）や、その売却や処分によって得られるキャッシュ・フロー等も含まれる。

「経済的利益の享受」に関する〈具体例１〉と〈具体例２〉を取り上げよう。

〈具体例１〉

✓顧客が、売電会社（サプライヤー）と、売電会社所有の電源設備が産出する電力サービスのほとんどすべてを一定期間購入する契約を締結し、売電会社は当該発電所を稼働し維持管理を行う。

✓顧客は、使用期間全体を通じて当該電源設備が産出する電力のほとんどすべてを得る権利があるため、使用期間全体を通じて資産の使用から生じる経済的利益のほとんどすべてを享受する権利がある。

✓したがって、新適用指針第５項(1)を満たす。

〈具体例２〉

✓顧客が、熱供給会社（サプライヤー）が指定する設備プラント区画に熱供給源を貯蔵する契約につき、熱供給設備プラントを保有する熱供給会社と締結する。

✓設備プラント区画内は物理的に区分されておらず、顧客は、熱供給会社が指定する設備プラントの容量の７割程度の熱供給源を貯蔵する権利を有している。

✓顧客が使用する権利を有する熱供給源の設備プラントの稼働能力は、当該資産の稼働能力の７割程度であるため、顧客は使用期間全体を通じて資産の使用から生じる経済的利益のほとんどすべてを享受する権利があるとは言えない。

✓したがって、新適用指針第５項(1)を満たさない。

なお、「顧客が特定された使用から生じる経済的利益のほとんどすべてを享受する権利を有する場合」の判定にあたり、以下は通常その判断に影響を及ぼさない。

●サプライヤーから人員等の人的資源や他の資源を入手しなければ経済的利益を享受できないケース

●輸送運搬車両を使用する契約などの場合で、経済的利益の享受にあたり、使

用する権利が一定の地域やエリアに限定されているケースや、走行範囲や走行距離等が一定の範囲内に限られているケース

② **使用を指図する権利**

顧客が使用期間全体を通じて特定された資産の使用を指図する権利を有しているか否かの判断を行うにあたっては、使用期間全体を通じて使用から得られる経済的利益に影響を与える資産の使用方法に係る意思決定を考慮する。当該意思決定は、資産の性質及び契約の条件に応じて、契約によって異なると考えられる。

新適用指針第8項(1)の「顧客が使用期間全体を通じて使用から得られる経済的利益に影響を与える資産の使用方法を指図する権利を有している」について、使用方法を指図する権利とは、例えば、対象資産から得られるアウトプットの種類、量、生み出す時期や場所などを決めて指図することが考えられる。

以下で、使用方法を指図する権利の具体例を例示した。

- 船積用コンテナを輸送と保管のいずれで使用するかの決定権
- 小売スペースで販売する製品構成の決定権
- 資産が産出するアウトプットの種類を変更する権利
- 発電所や機械をいつ使用するかの決定権
- アウトプットを産出するかを変更する権利
- トラックや船の目的地、設備を使用する場所の決定権
- アウトプットの産出場所を変更する権利
- 発電所からエネルギーを産出するか否か、産出するエネルギー量の決定権
- アウトプットを産出するか否か、及びアウトプットの量を変更する権利

「使用を指図する権利」に関する〈具体例3〉と〈具体例4〉を取り上げよう。

〈具体例3〉

✓サプライヤーが所有する発電所が産出する電力のすべてを7年間購入する契約をサプライヤーと顧客が締結した場合（サプライヤーは業界で認められた事業慣行に従い日々当該発電所を稼働し維持管理を行う）で、顧客が当該発電所の使用方法、つまり、産出する電力の量及び時期などを決定する権利を有して

いることを契約で定めている。

✓この場合、顧客は、契約により当該発電所の使用方法を決定する権利を有する。

✓したがって、新適用指針第8項(1)を満たす。

✓このため、顧客は、使用期間全体を通じて資産の使用を指図する権利がある。

✓つまり、新適用指針第5項(2)を満たす。

✓加えて、顧客は、7年の使用期間全体を通じて当該発電所が産出する電力のすべてを得る権利を有するため、7年の使用期間全体を通じて資産の使用から生じる経済的利益のほとんどすべてを享受する権利を有している。

✓したがって、新適用指針第5項(1)を満たす。

✓以上により、使用期間全体を通じて新適用指針第5項(1)及び(2)のいずれも満たすため、本事例では、当該発電所の使用を支配する権利がサプライヤーから顧客に移転していると判断する。

〈具体例4〉

✓顧客が3年間にわたりサプライヤーが提供するネットワークサービスを利用する契約を締結するケースで検討する。当事例では以下の実態があるとする。

実態1：顧客が有する唯一の決定権は、当該ネットワークサービスの水準を契約の締結時に決定することだけで、契約を変更しない限り当該水準を変更できない。

実態2：顧客は、サーバーを使用してどのようにデータを送信するのか、サーバーを再設定するのか、他の目的でサーバーを使用するのか等のサーバーの使用を指図する権利がない。また、サーバーを稼働する権利はなく、設計にも関与していない。

✓顧客ではなくサプライヤーが資産の使用を指図する権利を有しており、新適用指針第8項(1)及び(2)のいずれも満たさない。

✓このため、顧客は、使用期間全体を通じて資産の使用を指図する権利がない。つまり新適用指針第5項(2)を満たさず、当該契約にリースは含まれていないと判断する。

⑸ リースの識別に関するフローチャート

　以上、⑴から⑷のまとめとして図表 1 - 9 にリースの識別に関するフローチャートを示した。

図表 1 - 9　リースの識別に関するフローチャート

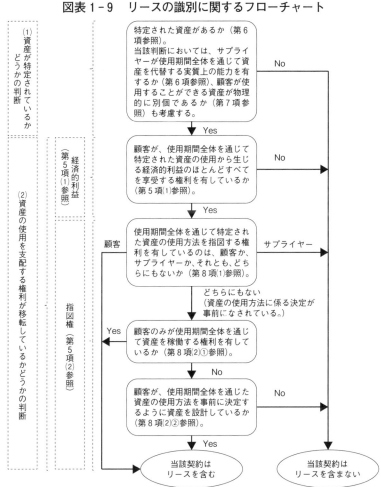

出所：企業会計基準適用指針第33号「リースに関する会計基準の適用指針」
　　　の設例　設例 1

第1部　新リース会計基準の勘所　徹底解説

3　リースの識別に係る事例検討

　第2章「リースの識別」のまとめとして、以下5つの事例（事例1から事例5まで）を検討することで、リースの識別の考え方、契約がリースを含むかどうかの判断に至る根拠等を検討する。新リース会計基準等では、リースの定義に従い、すべての契約についてリースが含まれるか否かを判断するとしている。不動産賃貸借がリースとなることはもちろんだが、輸送車両、販売区画、エネルギー貯蔵タンクなど資産の特別な使用契約や、外注投資、ネットワークサービス、クラウドサービス、電力供給など資産を介したサービス契約などは、契約要件を検討したうえで、リースを含むかどうかを判断する必要がある。なお、検討にあたり、適用指針に示された「設例」等が参考になると思われる。

(1)　資産が特定されているかどうかの判断

> **事例1　輸送車両：資産を他の資産に代替する権利が実質的であるケース**
>
> 《前提》
> - ✓顧客が一定期間にわたり所定の数量の物品を所定の日程で輸送することを依頼する契約を輸送業者（サプライヤー）と締結した。
> - ✓契約では車両の種類のみが指定されている。
> - ✓輸送業者は、複数の車両を所有しており、輸送する物品の日程及び内容に応じて使用する車両を決定する。

　資産が契約に明記されている場合でも、サプライヤーが、①使用期間全体を通じて当該資産を代替する実質上の能力を有し、かつ、②資産の代替により経済的利益を享受する場合、サプライヤーは資産を代替する実質的な権利を有しており、資産は特定されていない。そこで、資産が特定されているかどうかの判断につき以下の検討を行う。

①　使用期間全体を通じて資産を他の資産に代替するサプライヤーの実質上の能力

26

輸送業者は、複数の車両を有しており、顧客の承認なしに車両を入れ替えることができる。したがって、輸送業者は、使用期間全体を通じて資産を他の資産に代替する実質上の能力を有している。つまり、新適用指針第6項(1)を満たしている。

② 資産を代替する権利の行使によるサプライヤーの経済的利益の享受

輸送業者は適切な車両の使用を決めることで業務の効率化を図っており、車両を他のものに代替することで得る経済的利益が代替することで生じるコストを上回るよう決定するため、輸送業者は、資産を代替する権利の行使により経済的利益を享受する。つまり、新適用指針第6項(2)を満たしている。

《資産が特定されているかどうかの判断》

①及び②により、新適用指針第6項(1)及び(2)のいずれも満たすため、顧客及び輸送会社の契約において、資産は特定されていないと判断する。

資産が特定されていない以上、「資産の使用を支配する権利の移転」にかかる判断は行わず、顧客と輸送業者の契約においてリースは含まれていないと判断する。

事例2 販売区画：資産を他の資産に代替する権利が実質的でないケース

《前提》

✓ 顧客（販売業者）が集合店舗内の1区画を使い店舗を出店する契約を、当該物件所有者（サプライヤー）と締結した。顧客は使用期間（7年）全体を通じて当該1区画を独占的に使用することができる。

✓ 顧客は、使用期間全体を通じて当該1区画の使用を指図する権利がある。

✓ 物件所有者は、契約上の面積及び仕様を満たす区画を顧客に提供し、顧客の移転から生じるコストを全額負担する。一方、顧客に割り当てた1区画を使用期間中いつでも変更する権利がある。

✓ 物件所有者が上記移転コストを超えて経済的利益を得るには、他の複数区画を大口テナントが占める必要があるが、本契約時ではまだ見通しが

たっておらず、大口テナントとの契約ができるかは不透明である。

　契約がリースを含むかどうかの判断にあたり、契約は、(1)資産が特定され、かつ、(2)特定された資産の使用を支配する権利を移転する場合に、リースを含むことから、以下の検討を行う。

(1)　**資産が特定されているかどうかの判断**

　サプライヤーが資産を代替する実質的な権利を有しており資産は特定されないケースに該当するかを確認する。

①　**使用期間全体を通じて資産を他の資産に代替するサプライヤーの実質上の能力**

　　物件所有者は、顧客が使用する区画を契約に定めた仕様を満たす他の区画に変更する権利がある。このため、物件所有者は使用期間全体を通じて資産を他の資産に代替する実質上の能力がある。つまり、新適用指針第6項(1)を満たす。

②　**資産を代替する権利の行使によるサプライヤーの経済的利益の享受**

　　物件所有者が、区画入替えで生じるコストを上回る経済的利益を得るには、他の複数区画を大口テナントが占める必要がある。一方、現状では、見通しが不透明であることから、当該資産を他の資産に代替することからもたらされる経済的利益が、代替することから生じるコストを上回るとは見込まれない。このため、物件所有者は、資産を代替する権利の行使により経済的利益を享受することとならない。つまり、新適用指針第6項(2)を満たさない。

　①により、新適用指針第6項(1)は満たすが、②により、新適用指針第6項(2)が満たさないため、①及び②の両方を満たす契約ではなく、顧客及び物件所有者の契約において、資産は特定されていると判断する。

(2)　**資産の使用を支配する権利が移転しているかどうかの判断**

　顧客が、特定された資産の使用期間全体を通じて、①資産の使用から生じる経済的利益のほとんどすべてを享受する権利を有し（新適用指針第5項(1)）、かつ、②資産の使用を指図する権利を有する場合（新適用指針第5項

第 2 章　リースの識別

(2))、資産の使用を支配する権利が移転する。

そこで、①及び②につき検討する。

① **顧客が資産の使用から生じる経済的利益のほとんどすべてを享受する権利**

　　顧客は使用期間全体を通じて 1 区画を独占的に使用できるため、使用期間全体を通じて資産の使用から生じる経済的利益のほとんどすべてを享受する権利がある。つまり、新適用指針第 5 項(1)を満たす。

② **顧客が資産の使用を指図する権利**

　　①により新適用指針第 5 項(1)を充足し、また前提から、顧客は使用期間全体を通じて資産の使用を指図する権利がある。つまり、新適用指針第 5 項(2)を満たす。

　　①及び②により、使用期間全体を通じて新適用指針第 5 項(1)及び(2)のいずれも満たすため、割り当てられた区画の使用を支配する権利が物件所有者から顧客に移転していると判断する。

(3) **リースを含むかどうかの判断**

　(1)により、資産が特定され、かつ、(2)により、物件所有者から顧客に特定された資産の使用を支配する権利が移転しているため、顧客と物件所有者との契約にはリースが含まれていると判断する。

事例 3　熱供給プラント：稼働能力部分が特定された資産に該当するケース

《前提》

✓顧客は、熱供給会社（サプライヤー）が指定する設備プラント区画に熱供給源を貯蔵する契約につき、熱供給設備プラントを保有する熱供給会社と締結した。

✓設備プラント区画内は物理的に区分されておらず、顧客は、熱供給会社が指定する設備プラントの容量のほぼすべての熱供給源を貯蔵する権利を有している。

✓顧客は、使用期間全体を通じて熱供給源の設備プラントの使用を指図す

> る権利を有している。

　契約は、(1)資産が特定され、かつ、(2)特定された資産の使用を支配する権利が移転する場合にリースを含む。そこで、以下で(1)及び(2)の検討を行う。

(1)　資産が特定されているかどうかの判断

　顧客が使用できる資産の稼働能力が、当該資産の稼働能力のほとんどすべてであることで、顧客が当該資産の使用による経済的利益のほとんどすべてを享受する権利がある場合、当該資産の稼働能力部分は特定された資産に該当する（新適用指針第7項）。

　顧客が使用できる熱供給会社が指定する熱供給設備プラントは、物理的に別個のものではないが、設備プラントの容量のほぼすべての熱供給源を貯蔵することができる。このため、顧客が使用する権利を有する資産の稼働能力が、当該資産の稼働能力のほとんどすべてに該当することで、顧客には熱供給源の設備プラントの使用による経済的利益のほとんどすべてを享受する権利がある。

　したがって、顧客と熱供給会社との契約において顧客が使用できる稼働能力部分は、特定された資産に該当すると判断する。

(2)　資産の使用を支配する権利が移転しているかどうかの判断

　顧客が、特定された資産の使用期間全体を通じて、①資産の使用から生じる経済的利益のほとんどすべてを享受する権利を有し、かつ、②資産の使用を指図する権利を有する場合、資産の使用を支配する権利が移転する。

　そこで、①及び②について以下で検討する。

①　顧客が資産の使用から生じる経済的利益のほとんどすべてを享受する権利

　顧客が使用する権利を有する熱供給源の設備プラントの稼働能力は、当該資産の稼働能力のほとんどすべてであることから、顧客は使用期間全体を通じて資産の使用から生じる経済的利益のほとんどすべてを享受する権利がある。すなわち、新適用指針第5項(1)を満たす。

② 顧客が資産の使用を指図する権利

　　顧客は、使用期間全体を通じて当該熱供給源設備プラントの使用を指図
する権利を有している。すなわち、新適用指針第5項(2)を満たす。

　　①及び②により、使用期間全体を通じて新適用指針第5項(1)及び(2)のい
ずれも満たすため、当該熱供給源設備プラントの使用を支配する権利が熱
供給会社から顧客に移転していると判断する。

(3)　リースを含むかどうかの判断

　(1)により、資産が特定され、かつ、(2)により、特定された資産の使用を
支配する権利が熱供給会社から顧客に移転しているため、顧客と熱供給会
社との契約にはリースが含まれていると判断する。

⑵　資産の使用を指図する権利の判断

> ### 事例4　電力：使用方法が契約で定められており、顧客が資産の使用を指図する権利を有していないケース
>
> 《前提》
> ✓顧客とサプライヤーは、サプライヤーが所有する発電設備が算出する電
> 　力のすべてを5年間にわたり購入する契約を締結した。
> ✓サプライヤーは当該発電設備を稼働し、維持管理のオペレーションを行
> 　う。顧客は当該発電設備の設計に関与していない。
> ✓使用期間全体を通じた当該発電設備の使用方法が契約で定められており、
> 　特別な事情がない限り使用方法を変更することはできない。
> ✓当該発電設備は特定された資産である。つまり、新適用指針第6項(1)及
> 　び(2)が満たされていない。

(1)　資産が特定されているかどうかの判断

　　前提により、顧客が購入する電力を産出する発電設備は特定されている。

(2)　資産の使用を支配する権利が移転しているかどうかの判断

① 顧客が資産の使用から生じる経済的利益のほとんどすべてを享受する

第1部　新リース会計基準の勘所　徹底解説

権利

　顧客は、5年の使用期間全体を通じて当該発電設備が産出する電力のすべてを得る権利を有するため、5年の使用期間全体を通じて資産の使用から生じる経済的利益のほとんどすべてを享受する権利を有している。すなわち新適用指針第5項(1)が満たされている。

② **顧客が資産の使用を指図する権利**

　①により、新適用指針第5項(1)が満たされているため、顧客が資産の使用を指図する権利を有するかを判断する。

　当該発電設備の使用方法は契約で事前に定められており、次の通り新適用指針第8項(1)及び(2)のいずれも満たされていない。したがって、顧客は、使用期間全体を通じて資産の使用を指図する権利を有していない。すなわち、新適用指針第5項(2)が満たされていない。

- 顧客は、使用期間全体を通じて当該発電設備の事前に決定されている使用方法を変更することができないため、当該発電設備の使用方法を指図する権利を有していない（新適用指針第8項(1)参照）。
- 顧客は、使用期間全体を通じて当該発電設備を稼働する権利を有していない（新適用指針第8項(2)①参照）。また、顧客は、当該発電設備を設計していない（新適用指針第8項(2)②参照）。

　①により、新適用指針第5項(1)が満たされているが、②により、新適用指針第5項(2)が満たされていないため、当該発電設備の使用を支配する権利はサプライヤーから顧客に移転していないと判断した。

(3) **リースを含むかどうかの判断**

　(1)により、資産は特定されたが、(2)により、特定された資産の使用を支配する権利がサプライヤーから顧客に移転していないため、契約にリースが含まれていないと判断する。

第 2 章　リースの識別

事例 5　売電：顧客が資産の使用を指図する権利を有しているケース

《前提》

✓ 顧客は、売電会社（サプライヤー）と、売電会社所有の電源設備が産出する電力サービスのすべてを購入する契約を締結した（5 年間）。売電会社は当該電源設備を稼働し、維持管理を行う。

✓ 契約上、顧客が当該電源設備の産出する電力の量及び時期等の使用方法を決定する権利をもつ。また、契約上、売電会社が他の契約を履行するために当該電源設備を使用することはできない。

✓ 当該電源設備は、特定された資産である。つまり、新適用指針第 6 項(1)及び(2)が満たされていない。

　契約は、(1)資産が特定され、かつ、(2)特定された資産の使用を支配する権利を移転する場合にリースを含む。ここで、3 つ目の《前提》から顧客が購入する電力を産出する電源設備は特定されており、(1)の資産は特定されているので、次に(2)を検討する。

(1)　資産の使用を支配する権利が移転しているかどうかの判断

　顧客が、特定された資産の使用期間全体を通じて、①資産の使用から生じる経済的利益のほとんどすべてを享受する権利を有し、かつ、②資産の使用を指図する権利を有する場合、資産の使用を支配する権利が移転する。以下で①及び②を検討する。

①　顧客が資産の使用から生じる経済的利益のほとんどすべてを享受する権利

　顧客は、使用期間（5 年）全体を通じて当該電源設備が産出する電力のすべてを得る権利があるため、使用期間全体を通じて資産の使用から生じる経済的利益のほとんどすべてを享受する権利がある。つまり、新適用指針第 5 項(1)を満たす。

②　顧客が資産の使用を指図する権利

　顧客は、契約により当該電源設備の使用方法を決定する権利を有する。

33

つまり、新適用指針第8項(1)「顧客が使用期間全体を通じて使用から得られる経済的利益に影響を与える資産の使用方法を指図する権利を有している」を満たす。このため、顧客は、使用期間全体を通じて資産の使用を指図する権利を有している。つまり、新適用指針第5項(2)を満たす。

①及び②により、使用期間全体を通じて新適用指針第5項(1)及び(2)のいずれも満たすため、当該電源設備の使用を支配する権利が売電会社から顧客に移転していると判断する。

(2) リースを含むかどうかの判断

(1)により、資産が特定され、かつ、(2)により、特定された資産の使用を支配する権利が売電会社から顧客に移転しているため、売電会社と顧客との契約にはリースが含まれていると判断する。

4 リースを構成する部分とリースを構成しない部分との区分

(1) リースとリース以外（サービス等）の区分はなぜ重要なのか

実務上最も影響があるのが、「一定の重要性のあるサービス部分が組み込まれているリース取引」の取扱いである。

例えば、比較的重要性のある人的サービス（システム関連業務における役務提供等）などが該当する。従来の基準では、当該サービス部分が組み込まれているファイナンス・リース取引は、取り扱っていなかった。このため、リースとして会計処理してこなかったと思われる。

一方、新リース会計基準等では、原則としてリース部分とリース以外（サービス等）の部分とに分けて会計処理を行う必要がある。したがって、リース部分をリースとして会計処理するとともに、区分の方法が課題となる。

(2) 区分の必要性と区分に係る会計処理

リース契約には、リース以外のサービス等を含む場合がある。このため、リース契約には、リースを構成する部分とリースを構成しない部分（サービス等）を区分すべきか否かが問題となる。自動車のリースにおいてメンテナンス・サー

ビスが含まれる場合などのように、契約の中には、リースを構成する部分とリースを構成しない部分の両方を含むものがある。役務提供を含むシステム関連業務では、サービス提供部分に重要性があるケースも多く、当該サービスを伴うことが資産活用の前提となる場合もある。サービス等のリースを構成しない部分に一定の重要性がある場合、従来の基準では、リース取引部分と役務提供部分が容易に分離できる場合を除き、取り扱っていなかった。しかし、新リース会計基準等では、新会計基準第29項の借手の例外処理（全体をリースとして処理する例外処理）をしない限り、リースを構成する部分とリースを構成しない部分とに分けて会計処理を行う必要がある。

　また、以下の点にも留意を要する。

- 会計処理を行う単位は契約単位とは必ずしも一致しない。1契約内に複数のリースを含む場合もあれば、自動車のリースにおいてメンテナンス・サービスが含まれる場合等のように、1契約の中に、リースを構成する部分とリースを構成しない部分の両方を含むものがある。法形式上の契約単位と会計処理上の契約の単位が異なることも考えられる。

- 特定された資産の使用を支配する権利に注目すれば、使用する資産が特定されており、顧客が資産の使用を支配している契約はリースであり、供給者が資産の使用を支配している契約はサービスである。リースを構成する部分は資産・負債を貸借対照表に計上する一方、サービス等リースを構成しない部分は資産・負債をオンバランスしないため、リースを構成する部分とサービス等リースを構成しない部分の区分は重要になる。

- 顧客である借手が重要なサービス部分を含む契約について新会計基準第29項の例外処理（以下《新リース会計基準等の取扱い》を参照）を採ると、借手のリース負債が大きく増大する可能性がある。このため、契約のうちリースを構成しないサービス構成部分が比較的小さい場合に借手は新会計基準第29項の例外処理を採ると想定される。

　リースを構成する部分とリースを構成しない部分の取扱いや会計処理について、従来の基準と新リース会計基準等とで比較すると次の通りである。

第1部　新リース会計基準の勘所　徹底解説

《従来の基準の取扱い》

- 典型的なファイナンス・リース、すなわち役務提供相当額のリース料に占める割合が低いものを対象としており、サービスに関連する役務提供相当額（リースを構成しない部分）は通常、重要性が乏しいことを想定し、維持管理費用相当額に準じて会計処理を行ってきた。

- 通常の保守等（自動車やコピー機等のリースにおけるメンテナンス等）以外の比較的重要性のある労務等（システム関連業務に係る役務提供等）が組み込まれていないリース取引が従来の基準の適用対象となっていた。つまり、通常の保守等以外の役務提供が組み込まれているリース取引は、従来の基準では取り扱っていなかった。ただし、リース取引部分と役務提供部分が容易に分離できる場合は、リース取引部分は従来の基準の適用対象となっていた。

- 役務提供相当額について、当該金額がリース料に占める割合に重要性が乏しい場合は、役務提供相当額をリース料総額から控除しないことができた。

《新リース会計基準等の取扱い》

　　役務提供相当額について、当該金額がリース料に占める割合に係る重要性の定めはないため、従来、役務提供相当額として取り扱っていた金額は、リースを構成しない部分に含まれることとなる。

- 借手及び貸手は契約におけるリースを構成する部分とリースを構成しない部分とに分けて会計処理を行う（新会計基準第28項、新適用指針第9項）。

- 借手は、契約におけるリースを構成しない部分について、該当する他の会計基準等に従って会計処理を行う（新適用指針第10項）

- 借手は、対応する原資産を自ら所有していたと仮定した場合に貸借対照表において表示するであろう科目ごと又は性質及び企業の営業における用途が類似する原資産のグループごとに、リースを構成する部分とリースを構成しない部分とを分けずに、リースを構成する部分と関連するリースを構成しない部分とを合わせてリースを構成する部分として会計処理

を行うことを選択することができる（新会計基準第29項）。なお、連結財務諸表においては、個別財務諸表において個別貸借対照表に表示するであろう科目ごと又は性質及び企業の営業における用途が類似する原資産のグループごとに行った前項の選択を見直さないことができる（新会計基準第30項）。

IFRS16との関連では以下の点にも留意を要する。
- リースを構成する部分と当該リースに関連するリースを構成しない部分とを合わせてリースを構成しない部分として会計処理することは、IFRS16でも認めていない。借手のすべてのリースについて資産及び負債を計上する会計基準の開発方針を踏まえて、新リース会計基準等でもこれを認めていない。
- IFRS16では、「維持管理費用相当額」に類似するものとして「借手に財又はサービスを移転しない活動及びコスト」に言及している。当該コストには、固定資産税及び保険料のほか、例えば、契約締結のために貸手に生じる事務コストの借手への請求等、借手に財又はサービスを移転しない活動に係る借手への請求が含まれる。

リースを構成する部分とリースを構成しない部分を区分する会計処理のイメージが、図表1-10である。

図表1-10　リースを構成する部分とリースを構成しない部分の会計処理イメージ

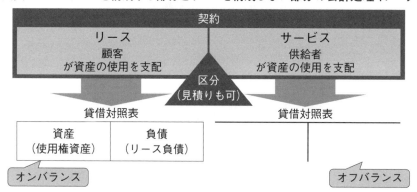

第1部　新リース会計基準の勘所　徹底解説

⑵　区分の方法

〈借手の取扱い〉

①　基準の取扱いと区分のイメージ

新リース会計基準等の取扱いは、以下の通りである。

- 借手は、契約におけるリースを構成する部分について、会計基準及び本適用指針に定める方法により会計処理を行い、契約におけるリースを構成しない部分について、該当する他の会計基準等に従って会計処理を行う（新適用指針第10項）。
- 借手は、契約における対価の金額について、リースを構成する部分とリースを構成しない部分とに配分するにあたって、それぞれの部分の独立価格の比率に基づいて配分する。また、借手は、契約における対価の中に、借手に財又はサービスを移転しない活動及びコストについて借手が支払う金額が含まれる場合、当該金額を契約における対価の一部としてリースを構成する部分とリースを構成しない部分とに配分する（新適用指針第11項）。

上記「区分の方法」を踏まえ、新会計基準第29項の「例外処理」を考慮したリースとサービスとの区分のイメージが図表1-11である。

図表1-11　リースとサービスの区分イメージ

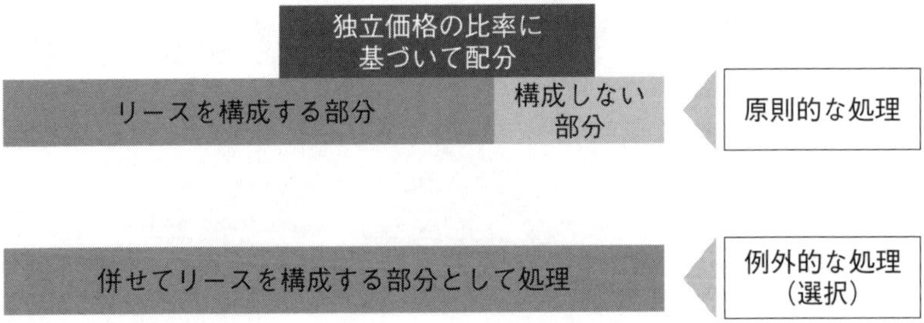

②　具体的な区分の方法

区分するための具体的な方法は以下の通りである。

第 2 章 リースの識別

✓ 借手は、「独立価格」、すなわち、貸手又は類似のサプライヤーが当該構成部分又は類似の構成部分につき企業に個々に請求するであろう価格に基づき算定する。

✓ リースを構成する部分とリースを構成しない部分の独立価格が借手にとって明らかでない場合は、観察可能な情報を最大限に利用して、独立価格を合理的な方法で見積る。

また、区分にあたり次の点にも留意を要する。

● 貸手による価格付けに関する情報は借手には提供されないのが一般的であり、観察可能でないケースも多いと思われるため、合理的な見積りの方法が実務上重要になる。

● 契約における対価の中に、借手に財又はサービスを移転しない活動及びコストについて借手が支払う金額が含まれる場合、当該金額を契約における対価の一部として、リースを構成する部分とリースを構成しない部分とに配分する（新適用指針第11項）。

　借手が負担するリース料の中に含まれる固定資産税、保険料等の維持管理費用相当額は、従来、リース料総額から控除することとしていた。これは、ファイナンス・リース取引の判定、すなわちリースの分類に、当該維持管理費用相当額が影響を及ぼす可能性（特にカーリース等）があったからである。

　しかし、新リース会計基準等では、ファイナンス・リース取引及びオペレーティング・リース取引の区分を廃止したため、リースを分類する観点から維持管理費用相当額の取扱いを定める必要はなくなった。このため、維持管理費用相当額に関する従来の「リース料総額から控除する」とする定めは引き継がず、独立価格の比率に基づきリース部分と非リース部分とに配分することとした。

〈貸手の取扱い〉

　借手と相違し、貸手はファイナンス・リース取引及びオペレーティング・リース取引の区分が残る。貸手は、契約におけるリースを構成する部分について、新リース会計基準等に定める方法によりファイナンス・リース又はオペレーティング・リースの会計処理を行い、契約におけるリースを構成しない部分につい

39

第1部　新リース会計基準の勘所　徹底解説

て、該当する他の会計基準等に従って会計処理を行う（新適用指針第12項）こととした。

　貸手の取扱いにつき、以下の点に留意を要する。

- サービス等の役務提供相当額がリース料総額に占める割合の多寡にかかわらず、リースを含む契約であるか否かの判定をしたうえで、リースと認定されれば、新リース会計基準等を適用してリースとしての会計処理を行うとしている。したがって、リース料総額にサービス等役務提供相当額の占める割合が低い取引、すなわち「典型的なリース取引」を対象としていた従来の基準とは異なり、契約にサービス等の役務提供等部分が含まれ新リース会計基準等の適用対象となるケースが想定される。このため、IFRS 16との整合も考慮し、貸手もリースを構成する部分とリースを構成しない部分とに分けて会計処理を行うこととした。

- 貸手は、契約における対価の金額について、リースを構成する部分とリースを構成しない部分とに具体的に配分するにあたり、それぞれの部分の独立販売価格の比率に基づいて配分する（新適用指針第13項）。貸手における対価の配分は、収益認識会計基準との整合性を図っており、「独立販売価格」は、収益認識新会計基準第9項における定義（「財又はサービスを独立して企業が顧客に販売する場合の価格をいう」）を参照する。

- 貸手は、契約における対価の中に、借手に財又はサービスを移転しない活動及びコストについて借手が支払う金額、あるいは、原資産の維持管理に伴う固定資産税、保険料等の諸費用が含まれる場合、当該配分にあたり、次の(i)又は(ii)のいずれかの方法を選択できる（新適用指針第13項）。

(i)　契約における対価の中に、借手に財又はサービスを移転しない活動及びコストについて借手が支払う金額が含まれる場合に、当該金額を契約における対価の一部としてリースを構成する部分とリースを構成しない部分とに配分する方法

(ii)　契約における対価の中に、維持管理費用相当額が含まれる場合、当該維持管理費用相当額を契約における対価から控除し収益に計上する、又は、貸手の固定資産税、保険料等の費用の控除額として処理する方法（ただし(ii)で、維

持管理費用相当額がリースを構成する部分の金額に対する割合に重要性が乏しいときは、当該維持管理費用相当額についてリースを構成する部分の金額に含めることができる。）

(ii)について、貸手は借手と異なり、リースの分類（ファイナンス・リースかオペレーティング・リースの分類）を継続しており、また、固定資産税や保険料等の金額を把握している。このため、貸手では、従来の基準における「維持管理費用相当額」に関する定めを新リース会計基準等においても選択できることとした。

● リースを含む契約についてリースを構成しない部分が「収益認識会計基準」の適用対象であって、かつ、次の(i)及び(ii)のいずれも満たす場合には、貸手は、契約ごとにリースを構成する部分と関連するリースを構成しない部分とを合わせて取り扱うことができる（新適用指針第14項）。

(i) リースを構成する部分と関連するリースを構成しない部分の収益の計上の時期及びパターンが同じである。

(ii) リースを構成する部分がオペレーティング・リースに分類される。

● 貸手が新適用指針第14項の取扱いを適用する場合、リースを構成する部分がリースを含む契約の主たる部分であるかどうかに応じて次の(i)又は(ii)により会計処理を行う（新適用指針第15項）。

(i) リースを構成する部分がリースを含む契約の主たる部分であるときは、リースを構成する部分と関連するリースを構成しない部分とを分けずに合わせてリースを構成する部分としてオペレーティング・リースに係る会計処理を行う（新適用指針第82項参照）。

(ii) (i)に該当しないときは、リースを構成する部分と関連するリースを構成しない部分とを分けずに合わせて収益認識会計基準に従って単一の履行義務として会計処理を行う。

(3) 独立したリースを構成する部分の判定

貸手が機器とソフトウェアのリースを同時に行うケースなど契約には複数のリースを構成する部分が含まれる場合がある。この場合、独立したリースを構

第1部　新リース会計基準の勘所　徹底解説

成する部分をどのように判定するか、という問題がある。借手にも同様の問題がある。

　これについては、当該原資産の使用から単独で（又は、当該原資産と借手が容易に利用できる他の資源を組み合わせて）借手が経済的利益を得ることができ、かつ、当該原資産の契約の中の他の原資産への依存性又は相互関連性が高くない場合には、独立したリースを構成する部分である（新適用指針第16項）としている。なお、この独立したリースの構成部分の定めは、収益認識会計基準第34項における定めと整合的なものである。

⑷　対価の配分の計算例

　⑴⑵⑶のまとめとして、リースを構成する部分とリースを構成しない部分への対価の配分の計算例を事例6として示した。

事例6　リースを構成する部分とリースを構成しない部分への対価の配分（借手）

《前提》

✓ 契約にリースを構成する部分とリースを構成しない部分、つまり、借手のリース期間にわたる役務提供が含まれると判断した。

✓ リース開始日は、X1年4月1日でリース期間5年、年1度の決算（決算日3月31日）をしている。

✓ 契約対価9,000千円で、各期末に1,800千円ずつ支払う。

✓ リースを構成する部分の貸手による独立販売価格8,000千円。これは借手が把握している独立価格と等しい。

✓ リースを構成しない部分（役務提供）の貸手による独立販売価格2,000千円。これは借手が把握している独立価格と等しい。

✓ 上記の他に借手に財又はサービスを移転しない活動及びコストはないものとする。

✓ 借手の減価償却方法は定額法で、借手の支払う付随費用はゼロとする。

✓ 単純化のため、借手は、割引の影響を無視し、定額でリース負債の取崩

42

しを行う。

✓ リースを構成しない部分の費用は契約期間に応じて毎月定額で会計処理する。

　以上の前提から、リースを構成する部分とリースを構成しない部分への対価の配分を行う。なお、会計処理は、1．リースを構成する部分とリースを構成しない部分とに分けて会計処理する場合と、2．リースを構成する部分と関連するリースを構成しない部分とを合わせてリースを構成する部分として会計処理する場合とに分けて行う。

1．リースを構成する部分とリースを構成しない部分とに分けて会計処理する場合（新会計基準第28項）

① リースを構成する部分とリースを構成しない部分への対価の配分

　借手は、契約における対価の金額について、リースを構成する部分とリースを構成しない部分とに配分するにあたって、それぞれの部分の独立価格の比率に基づいて配分する。契約における対価の中に、借手に財又はサービスを移転しない活動及びコストについて借手が支払う金額が含まれる場合、借手は、当該金額を契約における対価の一部としてリースを構成する部分とリースを構成しない部分とに配分する。借手は、固定資産税及び保険料の金額を把握していたとしても、これを対価から控除することはしない（新適用指針第11項）。

《契約における対価の配分》

リースを構成する部分：7,200千円（＝9,000×8,000 [*2] /10,000 [*1]）

リースを構成しない部分：1,800千円（＝9,000×2,000 [*3] /10,000 [*1]）

契約における対価の金額：9,000千円

[*1] 独立価格の合計額（＝72,000千円＋18,000千円）

[*2] リースを構成する部分の独立価格

[*3] リースを構成しない部分の独立価格

第1部　新リース会計基準の勘所　徹底解説

② **会計処理**

● X1年4月1日（リース開始日）

(単位：千円)

| 使用権資産 | 7,200 | / | リース負債 | 7,200 | (＊1) |

(＊1) 契約における対価のうち、リースを構成する部分に配分した金額でリース負債及び使用権資産を計上する。

● X2年3月31日（第1回支払日）

(単位：千円)

リース負債	1,440	/	現金預金	1,800	(＊2)
費用	360				(＊3)
減価償却費	1,440	/	減価償却累計額	1,440	(＊4)

(＊2) リース負債の返済額（7,200千円×1年/5年＝1,440千円）

(＊3) 契約における対価のうち、リースを構成しない部分に配分した金額（1,800千円×1年/5年＝360千円）は、その内容を示す科目で費用に計上する。

(＊4) 減価償却費は借手のリース期間を耐用年数とし、残存価額をゼロとして計算する。（7,200千円×1年/5年＝1,440千円）

以後も同様な会計処理を行う。

2．リースを構成する部分と関連するリースを構成しない部分とを合わせてリースを構成する部分として会計処理する場合（新会計基準第29項）

① **リースを構成する部分とリースを構成しない部分への対価の配分**

　　リースを構成する部分と関連するリースを構成しない部分とを合わせてリースを構成する部分として会計処理するため、対価の配分は必要ない。

② **会計処理**

● X1年4月1日（リース開始日）

(単位：千円)

| 使用権資産 | 9,000 | / | リース負債 | 9,000 | (＊1) |

(＊1) 契約における対価の全額を、リースを構成する部分として、リース負債及び使用権資産を計上する。

- X2年 3 月31日（第 1 回支払日）

(単位：千円)

リース負債	1,800	現金預金	1,800	(＊2)
減価償却費	1,800	減価償却累計額	1,800	(＊3)

(＊2) リース負債の返済額（9,000千円× 1 年/ 5 年＝1,800千円）

(＊3) 減価償却費は借手のリース期間を耐用年数とし、残存価額をゼロとして計算する。（9,000千円× 1 年/ 5 年＝1,800千円）

以後も同様な会計処理を行う。

第1部　新リース会計基準の勘所　徹底解説

第3章 ┃ リース期間

1 ┃ なぜリース期間が重要なのか

　借手のリース期間は、リースの識別とともに、新リース会計基準等の中でも、財務諸表や実務に影響を及ぼす特に重要なテーマである。理由は、以下の通りである。

> （i）　従来の基準とは大きく異なる定義、考え方になり、実務対応が必要になること
>
> （ii）　リース期間の決定は、借手が貸借対照表に計上する資産及び負債の金額、及び損益に直接重要な影響を及ぼすこと
>
> （iii）　リース期間を合理的に見積る必要があり、また、リース期間が事後的に変動する可能性があること
>
> （iv）　リース期間の変動に伴い貸借対照表や損益計算書に影響があるため、継続的に状況を把握し管理する必要があること。また、それを可能にする体制（含むシステム）やオペレーションを整備する必要があること

2 ┃ 借手のリース期間の定義と定め

従来の基準と新リース会計基準等の定義と決め方には以下の違いがある。

> 〈従来の基準〉
>
> 　リース期間は合意された期間であり、契約上の「解約不能期間」が実質的な「リース期間」となることが一般的であった。延長・解約オプションには触れていない。
>
> 〈新リース会計基準等〉
>
> 　解約不能期間に、延長オプション（行使が合理的に確実な）及び解約オプションの（行使しないことが合理的に確実な）対象期間を加えて決定する。

46

第3章　リース期間

《新リース会計基準等における借手のリース期間についての定め》

　　借手は、借手のリース期間について、借手が原資産を使用する権利を有する解約不能期間に、次の(i)及び(ii)の両方の期間を加えて決定する。

(i)　借手が行使することが合理的に確実であるリースの延長オプションの対象期間

(ii)　借手が行使しないことが合理的に確実であるリースの解約オプションの対象期間

　　借手のみがリースを解約する権利を有している場合、当該権利は借手が利用可能なオプションとして、借手は借手のリース期間を決定するにあたってこれを考慮する。貸手のみがリースを解約する権利を有している場合、当該期間は、借手の解約不能期間に含まれる（新会計基準第31項）。

　図表1-12に借手のリース期間のイメージを示した。

図表1-12-1　借手のリース期間のイメージ図

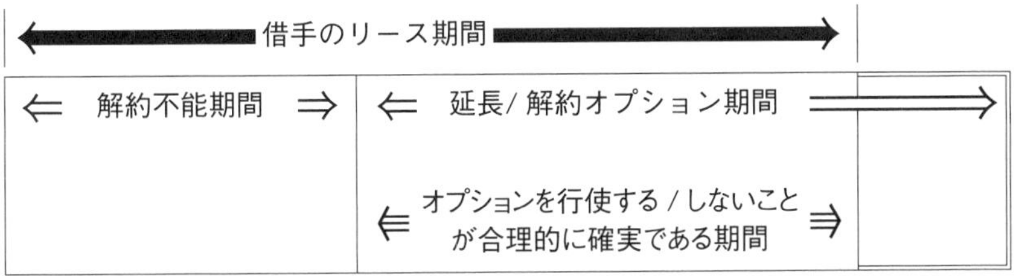

47

図表1-12-2　借手のリース期間のイメージ図（IFRSとの比較）

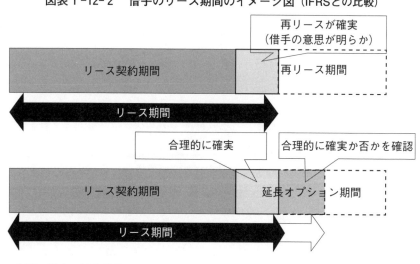

上図：従来の日本基準
下図：日本新リース会計基準等及びIFS16のイメージ図

3　借手のリース期間の決め方

2 で示したリース期間（新会計基準第31項）を決めるにあたり、不動産賃貸借を含む多様なリース取引について、オプションの期間等をどのように考え、いかなる判断を経て、リース期間を適正に決定するかがポイントとなる。

リース期間は、経営者の意思や見込みに基づくのではなく、新会計基準第31項に従い合理的に決定することを要する。ここで、「合理的に確実」をどのように判断するかがポイントとなる。以下(1)(2)で「合理的に確実」の判断にあたっての考え方を示す。

(1) 経済的インセンティブの考慮

新会計基準第31項の(1)(2)の延長及び解約オプションを行使すること/行使しないことが「合理的に確実」であるか等を判定する際に、経済的インセンティブを生じさせる要因を考慮する必要がある。この点につき、新適用指針第17項

では次のように定めている。

> 借手は、借手が延長オプションを行使すること又は解約オプションを行使しないことが合理的に確実であるかどうかを判定するにあたって、経済的インセンティブを生じさせる要因を考慮する。これには、例えば、次の要因が含まれる（新適用指針第17項）。
>
> (i) 延長又は解約オプションの対象期間に係る契約条件（リース料、違約金、残価保証、購入オプションなど）
>
> (ii) 大幅な賃借設備の改良の有無
>
> (iii) リースの解約に関連して生じるコスト
>
> (iv) 企業の事業内容に照らした原資産の重要性
>
> (v) 延長又は解約オプションの行使条件

以下、(i)から(v)の各要因につき、実務上考慮すべき事項を示す。

(i) **延長又は解約オプションの対象期間に係る契約条件**

例をあげると、契約条件が次のように定められている場合、経済的インセンティブを有する可能性がある。

- 延長オプションの対象期間のリース料がマーケットの水準に比して有利な場合は、借手は、リースを市場水準より有利な条件で継続するために、延長オプションを行使する経済的インセンティブを有する可能性がある。

- 解約オプションを行使に伴うペナルティが多額に及ぶ場合、当該支払いを回避するため、解約オプションを行使しない経済的インセンティブを有する可能性がある。

(ii) **大幅な賃借設備の改良の有無**

賃借設備には、例えば、建物等に付設した建物附属設備や土地の上に建設した建物等がある。賃借設備の大幅な改良が借手のリース期間の決定に影響を及ぼすか否かは、例えば、賃借設備の改良に必要な金額、移設の可否、資産除去のための金額等の事実及び状況に基づく総合的な判断を要する。改良コストが少額で継続使用もできるケースや、コストを延長オプション行使前に回収可能なケース等においては、経済的インセンティブを生じさせる大幅な賃借設備の

49

改良にはあたらないことも考えられる。

また、設備の改良は、延長オプション等が行使可能となるタイミングまでに実施する予定のものも含まれる。

(iii) リースの解約に関連して生じるコスト

解約に関連して生じるコストとして、原資産に関連する撤去コスト、解約違約金（ペナルティ）、代替資産を獲得するためのコスト等が考えられるが、これらのコストが大きくなれば、借手には契約を継続する経済的インセンティブが働くと考えられる。

(iv) 企業の事業内容に照らした原資産の重要性

原資産が特別仕様である場合、代わりになる資産がほとんどない場合は、原資産の価値は希少となり重要性が大きくなる。こうした場合には、借手は代替資産に置き換えることは困難であり、契約を継続する経済的インセンティブが働くと考えられる。

(v) 延長又は解約オプションの行使条件

延長又は解約オプションの行使条件が借手にとって有利である場合には、経済的インセンティブが生じると考えられる。

(2) すべての事実及び状況を考慮した判断

(1)で示した考慮すべき事項は、例示であるため、経済的インセンティブを生じさせる要因については、これらに限定せず、すべての事実及び状況を考慮した判断が必要となる。これは例えば、オフィスや店舗用の建物に係る賃貸借、事業展開用の店舗の建物に係る賃貸借、新規出店店舗用土地に係る賃貸借など様々な我が国の不動産賃貸借契約（普通借家契約）において見られる延長オプション（解約予告期間等）の行使可能性にかかる「合理的に確実」の判断をどのように行うかにあたって、留意すべきポイントとなる。

「すべての事実及び状況を考慮した判断」とは、例えば、事業計画等の実現可能性、関連する事業の安定性、建物等原資産の物理的使用可能期間、代替資産の調達可能性やカスタマイズの有無、原資産に付設された資産の有無、契約終了や解約に伴うペナルティの有無、返却に伴うコストの有無、顧客の投資回収

期間、店舗やオフィスの平均賃貸期間、建物の転貸可能性などを考慮すること
が考えられる。これらと、(1)に示した「経済的インセンティブを生じさせる要
因」も併せて考慮し、自社や顧客が置かれている外部環境や事業環境のもとで
総合的にこれらを勘案して評価し、リース期間を決定する。

　借手のリース期間は、経営者の意図や見込みのみに基づく年数ではなく、借
手のリース期間には、借手が行使する経済的インセンティブを有するオプショ
ンのみを反映させる。借手のリース期間は、借手が延長オプションを行使する
経済的インセンティブを有し、当該延長オプションを行使することが合理的に
確実か否かの判断の結果によることになる。

4　実務上の懸念とその対応

(1)　「合理的に確実」の判断にバラつきが生じる懸念及び過去実績に偏る懸念

　これまで説明してきた「リース期間の決定方法」について、例えば、次のよ
うな実務上の懸念が存在する。

- 「合理的に確実」の判断にバラつきが生じる懸念

- 過去実績に偏る懸念

　借手が延長オプションを行使する可能性又は解約オプションを行使しない可
能性が「合理的に確実」であるかの判断では、借手が行使する経済的インセン
ティブを有しているオプション期間を借手のリース期間に含める。この対応も
含めて、当該判断の際に考慮すべき経済的インセンティブの例を新適用指針第
17項に示している。

　借手が特定の種類の資産を通常使用してきた過去の慣行及び経済的理由が、
借手のオプションの行使可能性を評価する上で有用な情報を提供する可能性が
ある。一方、一概に過去の慣行に重きを置いてオプションの行使可能性を判断
することを求めるものではなく、将来の見積りに焦点を当てる必要がある。合
理的に確実か否かの判断は、 3 で示した諸要因を総合的に勘案して行う。

第1部　新リース会計基準の勘所　徹底解説

(2)　不動産リースに関する具体的な懸念

リース物件における附属設備の耐用年数や資産計上された資産除去債務に対応する除去費用の償却期間と借手のリース期間との整合性を考慮する場合、実務上の負荷が生じるとの懸念がある。これにつき、「合理的に確実」か否かの判定をする際、新適用指針第17項(2)として示された「大幅な賃借設備の改良の有無」を考慮する。

賃借設備の改良が借手のリース期間の判断に影響を与える「大幅な賃借設備の改良」に該当するか否かは、例えば、賃借設備の改良の金額、移設の可否、資産を除去するための金額等の事実及び状況に基づく総合的な判断が必要になる。また、借手のリース期間とリース物件における附属設備の耐用年数は、相互に影響を及ぼす可能性があるが、それぞれの決定における判断及びその閾値は異なるため、借手のリース期間とリース物件における附属設備の耐用年数は、必ずしも整合しない場合がある。

なお、不動産リースに関する懸念として、その他、普通借地契約及び普通借家契約につき、借手のリース期間を判断することに困難が伴う、との議論もあったが、当該論点については、新リース会計基準等の設例において実務上の判断に資する事例が示されている。

5　リース期間中におけるリース期間の見直し

従来の基準では、リース期間中においてリース期間に変更があった場合の取扱いについての定めはなかった。新リース会計基準等では、借手のリース期間の見直しに関する定めを置いた。具体的には、以下の事象が生じた場合に、リース期間を見直すとともにリース負債の計上額を見直す必要がある。

(a)　条件変更に伴いリース期間の変更が生じたケース（新会計基準第39項(2)、新適用指針第44項）

(b)　条件変更が生じていない場合で、延長オプションの行使等に伴い借手の解約不能期間に変更が生じたケース（新会計基準第40項、新適用指針第46項）

(c)　条件変更が生じていない場合で、次の(i)及び(ii)のいずれも満たす重要な事

52

象又は重要な状況が生じたケース（新会計基準第41項、新適用指針第46項）

(i) 借手の統制下にあること

(ii) 延長オプションを行使すること又は解約オプションを行使しないことが
合理的に確実であるかどうかの借手の決定に影響を与えること

(c)については、原資産を使用する状況が変わるなど契約の内容とは関係がな
いケースも含まれる。このため、例えば、延長オプションを含むリースを多数
契約している借手においては、リース期間の変更に影響を与える事象や状況を
網羅的に把握する方法や仕組みを検討する必要がある。

なお、「(i)借手の統制下にあること」とは、例えば、リース開始日には想定
していなかった大幅な賃借設備の改良を行うこと、あるいは、事業単位の拡大
や縮小を受けて使用している原資産につき今後の使用方針を変更することなど
が考えられる。

6　貸手のリース期間

貸手は、貸手のリース期間について、次のいずれかの方法を選択して決定す
る（新会計基準第32項）。

(1) 借手のリース期間と同様に決定する方法

(2) 借手が原資産を使用する権利を有する解約不能期間（事実上解約不能と認め
られる期間を含む。）にリースが置かれている状況からみて借手が再リースす
る意思が明らかな場合の再リース期間を加えて決定する方法

(2)の取扱いは、国際的な会計基準との整合性を図らずに、従来の基準の定め
を踏襲するものである。貸手は、借手による延長又は解約オプションの行使可
能性が合理的に確実か否かを評価することが難しいことも考慮した取扱いであ
る。

一方、(1)の取扱いは、延長又は解約オプションの行使可能性の判断が困難で
あるものの、当該判断を行うことができる財務諸表作成者に対して国際的な会
計基準と同様の取扱いを認めるものである。

第1部　新リース会計基準の勘所　徹底解説

7 事例等に基づく具体的な借手のリース期間の決定方法

　当章のまとめの観点から、具体的な借手のリース期間の決定方法について、事例7に基づいて説明する。その前にまずは、不動産賃貸借契約（普通借家契約）において、次の前提をおいて、延長オプションを含むか否かの判断の一例を示す。

《前提》

✓顧客（借手）が不動産会社（貸手）と建物の賃貸借契約（普通借家契約）を締結し、新適用指針第5項に従って、当該契約がリースを含むと判断されるとする。

✓当該賃貸借契約の契約期間は2年だが、顧客が3か月前に解約の旨を通知すれば契約を解約できる。

✓契約期間は2年だが、借地借家法により、貸手は、正当な事由がある場合でなければ、更新の拒絶の通知を行うことができない。

　借手のリース期間を決定するにあたり、解約不能期間である3か月を超えて、借手が行使することが合理的に確実であるリースの延長オプションの対象期間及び借手が行使しないことが合理的に確実であるリースの解約オプションの対象期間を考慮することとなる（新会計基準第31項）。借手が延長オプションを行使すること又は解約オプションを行使しないことが合理的に確実であるかどうかの判断は、経済的インセンティブを生じさせる要因となる可能性のあるすべての事実及び状況を考慮した判断が必要となる。

　このような不動産賃貸借契約（普通借家契約）は、オフィスや店舗用の建物に係る賃貸借、事業展開用の店舗の建物に係る賃貸借、新規出店店舗用土地に係る賃貸借など、さまざま考えられる。それを前提に付け加えると、「すべての事実及び状況を考慮した判断」とは、例えば、事業計画等の実現可能性、該当事業の安定性、今後の事業展開の安定性、建物等の物理的使用可能期間、代替資産の調達可能性やカスタマイズの有無、原資産に付設された資産の有無、契約終了や解約に伴うペナルティー支払いの有無、返却に伴うコストの有無、顧客

54

の投資回収期間、店舗やオフィスの平均賃貸期間、建物の転貸可能性などを考慮することが考えられる。また、新適用指針第17項に「経済的インセンティブを生じさせる要因」として示されている次の事項も併せて考慮し、自社や顧客が置かれている外部環境や事業環境のもとで総合的にこれらを勘案して評価し、リース期間を決定する。

➢ 延長又は解約オプションの対象期間に係る契約条件（リース料、違約金、残価保証、購入オプションなど）

➢ 大幅な賃借設備の改良の有無

➢ リースの解約に関連して生じるコスト

➢ 企業の事業内容に照らした原資産の重要性

➢ 延長又は解約オプションの行使条件

　以下、事例7において、普通借家契約における借手のリース期間の決定に関して、基本的な考え方や判断の仕方の例を示す。

事例7　延長オプションを行使することが合理的に確実である場合

《前提》

✓ 顧客は、不動産会社が保有する建物の複数階を顧客が展開する新規事業の店舗兼事務所として使用するため、不動産会社と普通借家契約の賃貸借契約を締結した。

✓ 当該賃貸借契約の契約期間は2年であり、顧客は2年の間契約を中途解約できないが、2年経過後は、更新時市場レートの賃料で契約を更新できる。

✓ 顧客（借手）は、新適用指針第5項に従い、本契約がリースを含むと判断している。また、2年を超える期間につき借手のリース期間を決定するための延長オプションを有すると判断した。

✓ 顧客は、契約開始時点において、当該店舗事務所において新規事業を少なくとも数年の間は継続するとする事業計画を策定している。

✓ 顧客は、この新規事業について、多角化経営を志向する中期経営計画の

第1部　新リース会計基準の勘所　徹底解説

柱の一つとして有望視しており、早期に利益体質に転換すべく多方面から下支えや梃入れを検討している。

✓当該店舗兼事務所に、重要な内装や簡易設備を施した（建物附属設備の設置）がこの物理的使用期間は18年と見積もっている。

✓顧客の他の事業における店舗や事務所の平均賃貸期間は15年である。

✓当該店舗兼事務所の立地は、現在の顧客の新規事業にとって比較的いい条件を具備しており、この水準を超える条件で店舗兼事務所を別に見出すことは困難と判断している。

事例7における借手のリース期間の決定について、例えば、以下のように検討する。

賃貸借契約の解約不能期間は2年だが、《前提》により顧客は2年を超える期間について借手のリース期間を決定するための延長オプションを有すると判断した。

このため、借手のリース期間の決定にあたり、新会計基準第31項に従い、当該解約不能期間を超えて、借手が行使することが合理的に確実であるリースの延長オプションの対象期間及び借手が行使しないことが合理的に確実であるリースの解約オプションの対象期間を考慮することとなる。

顧客は、当該店舗兼事務所で新規事業を少なくとも数年の間は継続するとする事業計画を立て、また、中期経営計画の柱の一つとして多方面から下支えや梃入れを検討していること、店舗の立地も当該新規事業にとって良い条件であり、他に代替できる物件が見つかる可能性が低いことから、借手のリース期間は必ずしも2年に限定されない可能性がある。

顧客は、リース開始日において、借手のリース期間として確実である2年の解約不能期間を出発点として、店舗兼事務所の立地、事業計画等の実現可能性、新規事業展開の安定性、立地、18年という建物附属設備の物理的使用可能期間、店舗や事務所の平均賃期間などを考慮したうえで、併せて、新適用指針第17項に示された「経済的インセンティブを生じさせる要因」も含めた要因を自社の事業環境のもとで総合的に勘案して評価する。

第3章　リース期間

　評価にあたり、その期間までは延長する可能性が合理的に確実といえる
まで高いが、その期間を超えると合理的に確実よりは延長する可能性が低
下すると判断するその期間を借手のリース期間として決定する。事例7に
おいては、これらを評価した結果、リースを延長する経済的インセンティ
ブが存在するため、顧客が借手のリース期間について2年を超えると判断
する場合があると考えられるが、実際のリース期間の決定にあたっては、
個社の置かれた状況に応じて異なる判断が求められる。

　なお、こうしたオプション行使が絡む借手のリース期間の決定に関して、
一般的には、上記のほか次のことにも留意する必要がある。

- 予想される投資の回収期間は、投資が順調であるか否かを判断するため
の指標として有用だが、借手のリース期間の決定に直接的な影響を与え
ることはない場合がある。
- 物件の物理的使用可能期間は、借手のリース期間の決定に際して考慮す
べき点の一つではあるものの、他の諸要因との関連から、当該年数をそ
のまま「借手のリース期間」とすることはできないケースが考えられる。
- 賃貸借契約の開始時点での事業計画における事業の継続見込み年数は、
事業計画の実現可能性（計画の下振れリスク）や事業展開の不確実性に係
る先行き不透明度等との関連から、当該年数をそのまま「借手のリース
期間」とすることはできないケースが考えられる。

8　リース期間（借手）についての実務上の留意事項

　リース期間は、従来の基準から大きく変わった論点の一つである。また、リー
ス期間は、使用権資産及びリース負債の額やその後の損益計算にも影響を及ぼ
す。実務対応を検討するにあたり、例えば、次の点に留意を要する。

✓ 他の会計処理やその前提条件との整合性に注意が必要である。例えば、①資
産除去債務に対応する除去費用の償却期間、②減損会計を適用する前提とな
るキャッシュ・フローの見積り期間、③リース物件における附属設備の耐用
年数など、関連する使用権資産のリース期間との整合性を考慮する必要が

第1部　新リース会計基準の勘所　徹底解説

ある。

✓リース期間について、オプションの対象期間をリース期間に反映する、あるいはリース期間中の見直し等もあり得るため、契約期間とは異なるリース期間に事後的に変更になる場合がある。リース期間は、リース契約管理やリース業務管理上重要なだけでなく、使用権資産やリース負債の額など重要な会計数値に影響を及ぼすため、システムの機能強化を含め体制構築やオペレーション対応を検討する必要がある。

✓不動産賃貸借契約は金額規模が膨らむことがあり、店舗を賃借する小売業等や、多くの借上社宅などの対象不動産を有する企業等への影響が大きい。リース契約管理やリース業務管理を徹底することに加え、従来、不動産管理部門や総務部門が主管していた当該契約につき、経理財務部門において管理や会計処理を行う必要が生じるため、業務フロー変更等の検討を要する場合がある。

第4章　借手のリース　（その1）借手の会計処理の全体像とその影響

第4章 借手のリース （その1）借手の会計処理の全体像とその影響

　新リース会計基準等では、借手のリースの費用配分の方法として、IFRS16と同様、リースがファイナンス・リース取引かオペレーティング・リース取引かに関わらず、その区分を廃止し、すべてのリースを金融の提供と捉え使用権資産に係る減価償却費及びリース負債に係る利息相当額を計上することとした。

　これは、リース対象となる資産そのものではなく、リース対象期間における「使用権」につき、その支配が借手に移転することに着目し、リース対象資産ではなく「使用権という権利」をオンバランスする考え方である。

1 借手の当初の会計処理

借手の当初の会計処理は次の通りである。

- リース開始日に新会計基準第34項に従い算定された額によりリース負債を計上する。また、当該リース負債にリース開始日までに支払った借手のリース料、付随費用及び資産除去債務に対応する除去費用を加算し、受け取ったリース・インセンティブを控除した額により使用権資産を計上する（新会計基準第33項）。
- 借手は、リース負債の計上額を算定するにあたって、原則として、リース開始日において未払である借手のリース料からこれに含まれている利息相当額の合理的な見積額を控除し、現在価値により算定する（新会計基準第34項）。
- その後、使用権資産をリース期間にわたり定額法により減価償却を通じて費用化し、リース負債残高に応じた利息費用を計上する。利息相当額については、借手のリース期間にわたり、原則として利息法により配分する（新会計基準第36項）。

59

第1部　新リース会計基準の勘所　徹底解説

2 　借手の会計処理のイメージ

⑴　資産負債の当初の計上イメージ

　使用権資産は、新会計基準第33項に示した方法により計上する。図表1-13に資産負債計上のイメージを示した。

図表1-13　使用権資産計上のイメージ図

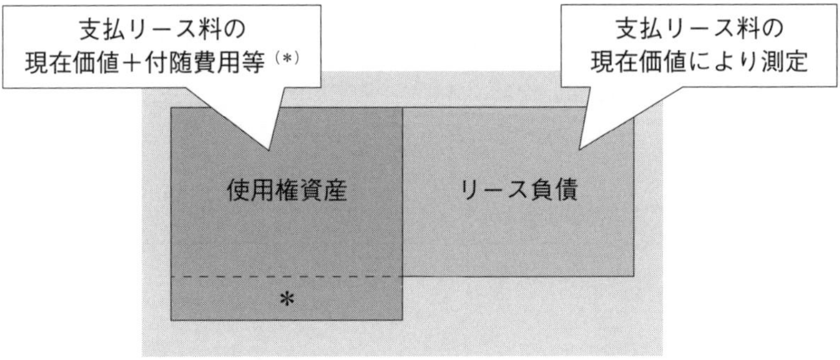

支払リース料の
現在価値＋付随費用等(＊)

支払リース料の
現在価値により測定

使用権資産　　　リース負債

＊

(＊)：使用権資産の計上にあたり、リース負債の計上額にリース開始日までに支払った借手のリース料、付随費用及び資産除去債務に対応する除去費用を加算し、受け取ったリース・インセンティブを控除する。この他、借地権の設定に係る権利金等も考慮する。

3 　借手の貸借対照表に係る会計処理ステップ

　リースの当初の条件の一部ではないリースの範囲や対価を変更したり、リース期間やリース料等を事後的に変更したりする場合など、リースの契約条件の変更等に伴い、リース負債の見直し等が生じることがある。このようなリース負債の見直し等の事後測定のケースに至る前の、当初の借手の貸借対照表に係る会計処理ステップを図表1-14に示した。

60

図表1-14　借手の貸借対照表に係る会計処理ステップ

リース要素と非リース要素（サービス等）を区分する

リース期間を決定する

リース期間に基づきリース料総額を算定する

割引率を決定する

リース料総額を現在価値に割り引きリース負債を算定する

リース負債の額に当初直接コスト等を加減算し使用権資産を算定する

4　従来のオペレーティング・リースへの影響

　従来の基準でオペレーティング・リースに分類されている取引につき会計処理上は、例えば、以下の影響が生じる可能性がある。

- 従来の基準では貸借対照表上に計上してこなかった「使用権資産」「リース負債」が貸借対照表に計上される。使用権資産は減価償却により費用配分を行い、利息相当額については利息法（実効金利法）により配分する。定額での費用配分であった従来の基準下と比べ、費用が前倒し計上される。
- 多額のオペレーティング・リースに当該処理を適用すると、リース料や

第1部　新リース会計基準の勘所　徹底解説

　リース期間によっては、貸借対照表に大きな違いが生じる可能性がある。

● 店舗及びオフィス、借上社宅を含む不動産賃貸借に係る取引を含め従来
　のオペレーティング・リースの取扱いが大きい場合には、トップヘビー
　な費用配分により期間損益への影響があるとともに、総資産（資産負債）
　が膨らみ、経営管理指標や財務指標に影響を及ぼす可能性がある。

5 経営管理指標、財務指標等への影響

　従来の基準でオペレーティング・リースに分類されてきたリースも含めて、原則としてすべてのリースをオンバランスすることで想定される経営管理指標や財務指標等への主な影響な影響は以下の通りである。

✓ 従来の基準では、賃借料等を営業費用で計上してきたが、新リース会計
　基準等では、減価償却費（営業費用）と利息費用相当分の支払利息（営業
　外費用）とに分けて計上するため、営業利益やEBITDA〔税引前当期純
　利益+特別損益+支払利息+減価償却費〕が改善する可能性がある。

✓ 一方、インタレスト・カバレッジ・レシオ〔(税引前当期純利益+支払利息
　-受取利息)/支払利息〕は、支払利息の増加に伴い、悪化する可能性が
　ある。

✓ ROA（利益/総資産）、総資本回転率（売上高/総資本（=総資産））、自己資
　本比率〔資本/（総負債+資本)〕、負債比率（負債/資本）、流動比率（流動
　資産/流動負債）等の財務指標比率が悪化する可能性がある。

✓ ROAや総資本回転率の悪化は資産効率や投資効率の判断に影響する可能
　性があり、また、負債比率の悪化は、格付けや財務制限条項等に影響す
　る可能性がある。

✓ 従来、リース料の支払いは、営業活動によるキャッシュ・フローに含め
　られていた。新リース会計基準等では、リース負債の返済及び支払利息
　の計上として財務活動によるキャッシュ・フローとして分類されること
　で営業活動によるキャッシュ・フローが増加する可能性がある。一方、

財務活動によるキャッシュ・フローは減少する可能性がある。

✓ 従来オフバランスで新たに計上した使用権資産の減価償却費は、営業活動によるキャッシュ・フローの増加になる。

　経営の観点からは、総資産、営業利益や純利益にも影響を及ぼす可能性もあるため、KPIの見直しや予算策定方法の変更、あるいは中期経営計画の再検討などが必要になる場合がある。併せて、IR等におけるステークホルダーへ業績説明の方法に検討を要する。

第1部　新リース会計基準の勘所　徹底解説

第5章 | 借手のリース （その２）使用権資産とリース負債の計上

1 | 新リース会計基準等の定め

　新リース会計基準等では、使用権資産とリース負債の計上について次の定めを置いている。

> 　借手は、リース開始日に、原則として、同日において未払である借手のリース料からこれに含まれている利息相当額の合理的な見積額を控除し、現在価値により算定する方法によりリース負債を計上する。また、当該リース負債にリース開始日までに支払った借手のリース料及び付随費用及び資産除去債務に対応する除去費用を加算し、受け取ったリース・インセンティブを控除した額により使用権資産を計上する（新会計基準第33項、第34項）。

　従来の基準では、リース料の合計につき「リース料総額」として処理してきたが、新会計基準第33項、第34項では「借手のリース料」という考え方が示されている。「借手のリース料」については以下の 3 で取扱う。

　新リース会計基準等が示す「単一の会計処理モデル」による会計処理の主なポイントは次の通りである。

> ● すべてのリースにつき、財政状態計算書（貸借対照表）の借方に「使用権資産」を計上し、その相手勘定として貸方に「リース負債」を計上する。リース負債は金融負債として扱う。
> ● 借手のリース料の支払いは元本返済と利息の支払いとして会計処理し、支払利息は原則として利息法に基づき各期に期間配分する。
> ● 利息法による期間配分によれば、リース料の支払いが進むにつれ負債元本残高は減少し、支払利息は逓減する（負債元本返済額は逓増する）。
> ● 支払利息は逓減するため、当初は利息費用が大きく費用が前倒し計上される。

2 従来の基準におけるファイナンス・リースとの異同

(1) 資産負債の計上額の算定方法

　従来の基準では、ファイナンス・リースのリース資産及びリース債務の計上額について、リース料総額の割引現在価値と貸手の購入価額又は借手の見積現金購入価額のいずれか低い額によるとしていた。これは、リース債務の評価の側面だけでなくリース資産の評価の側面も併せて考慮していることによる。

　従来の基準の考え方について、図表1-15にファイナンス・リースの判定に用いる現在価値基準のイメージ図を、図表1-16にリース資産及びリース債務の計上方法を示した。

図表1-15　ファイナンス・リースの判定に用いる現在価値基準（従来の基準）

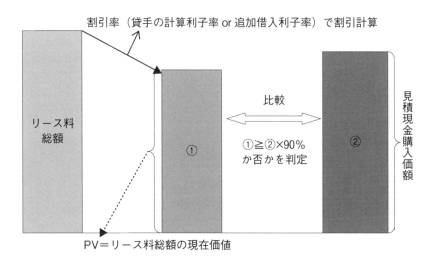

図表1-16 リース資産及びリース債務の計上方法（従来の基準）

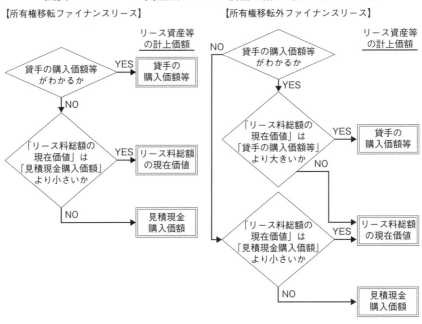

　一方、新リース会計基準等では、ファイナンス・リースに限らず、借手のすべてのリースにつき資産及び負債を計上することを求めているため、従来の基準のように貸手の購入価額又は借手の見積現金購入価額と比較を行う方法を踏襲せず、借手のリース料の現在価値を基礎として、使用権資産の計上額を算定することとした。これはIFRS 16と整合的な定めとなっている。

(2) 資産負債の計上額とリース料総額との関係

　新リース会計基準等では、借手は、リース開始日に、借手のリース料から利息相当額の合理的な見積額を控除した現在価値によりリース負債を算定し、当該リース負債に付随費用等を加減した額により使用権資産を計上する。

　従来の基準でも、リース契約時に合意されたリース料総額から利息相当額を控除した額をリース債務の計上額とし、リース資産はリース債務と貸手の購入価額又は借手の見積現金購入価額を基礎に算定してきた。

第5章　借手のリース　（その2）使用権資産とリース負債の計上

　そのため、「リース料総額」が「借手のリース料」として定義されたこと、使用権資産とされる範囲が明確化されたこと等による影響はあるが、使用権資産の測定の基礎となるリース負債の計上額とリース料総額との関係、利息相当額との関係自体は、新リース会計基準等でも実質的に変わりはない。

(3)　現在価値算定に用いる割引率

　借手がリース負債の現在価値の算定に用いる割引率は、貸手の計算利子率を借手が知り得るときにはこれによるが、知り得ないときには借手が割引率を見積ることになり、借手の追加借入に適用されると合理的に見積られる利率による（新適用指針第37項）。

　新適用指針における割引率の考え方自体は従来の基準と比べ大きな違いはない。実務上は、貸手が適用する内部利益率である「貸手の計算利子率」を借手が知り得ないケースが多いため、借手の追加借入に適用されると合理的に見積られる利率（追加借入利子率）によることになる。この利率には、例えば、次のような利率を含む（新適用指針第BC66項）。

(i)　借手のリース期間と同一の期間におけるスワップレートに借手の信用スプレッドを加味した利率

(ii)　新規長期借入金等の利率

①　契約時点の利率

②　契約が行われた月の月初又は月末の利率

③　契約が行われた月の平均利率

④　契約が行われた半期の平均利率

　なお、(ii)の場合には、借手のリース期間と同一の期間の借入れを行う場合に適用される利率を用いる。

(4)　利息相当額の各期への配分

　利息相当額の各期への配分について、新適用指針は次のように定めている。

　✓借手のリース料は、原則として、利息相当額部分とリース負債の元本返

67

第1部　新リース会計基準の勘所　徹底解説

> 済額部分とに区分計算し、前者は支払利息として会計処理を行い、後者
> はリース負債の元本返済として会計処理を行う。借手のリース期間にわ
> たる利息相当額の総額は、リース開始日における借手のリース料とリー
> ス負債の計上額との差額になる（新適用指針第38項）。
> ✓ 利息相当額の総額を借手のリース期間中の各期に配分する方法は、原則
> として、利息法による（新会計基準第36項）。利息法においては、各期の
> 利息相当額をリース負債の未返済元本残高に一定の利率を乗じて算定す
> る（新適用指針第39項）。

ここで、利息法とは、各期の支払利息について、リース債務の未返済残高に
一定の利率を乗じて算定する方法だが、この「一定の利率（＝r）」とは次の算
式を満たす利率として計算される。

$$I = p_0 + \frac{p_1}{(1+r)} + \frac{p_2}{(1+r)^2} + \frac{p_3}{(1+r)^3} + \cdots + \frac{p_{n-1}}{(1+r)^{n-1}} + \frac{p_n}{(1+r)^n}$$

I：リース資産計上価額　p0〜pn：リース料総額の毎期(月)の支払額（割安購入選択
権の行使価額や残価保証額も含む。）で前払リース料がある場合を前提とする。

利息法を適用すると、リース期間の前半に支払利息が多額に計上される一方、
後半に計上される支払利息は小さくなる。この取扱いは従来の基準と変わらな
い。

リース開始日における借手のリース料とリース負債の計上額との差額は、利
息相当額として取り扱い、リース期間にわたり各期に配分する。当該利息相当
額の各期への配分は利息法による。この配分の考え方は従来の基準のファイナ
ンス・リースの取扱いと同様だが、新リース会計基準等では、借手が簡便的な
取扱いを選択する場合を除き、すべてのリース（従来はファイナンス・リース取
引のみが対象）について当該会計処理を行う点が相違する。

第5章　借手のリース　（その2）使用権資産とリース負債の計上

3 借手のリース料

「借手のリース料」という考え方は、新リース会計基準等で新たに導入された。借手のリース料は、借手が借手のリース期間中に原資産を使用する権利に関して行う貸手に対する支払いであり、次の(i)から(v)の支払いで構成される（新会計基準第35項）。

(i)　借手の固定リース料

(ii)　指数又はレートに応じて決まる借手の変動リース料

(iii)　残価保証に係る借手による支払見込額

(iv)　借手が行使することが合理的に確実である購入オプションの行使価額

(v)　リースの解約に対する違約金の借手による支払額（借手のリース期間に借手による解約オプションの行使を反映している場合）

従来の基準では明示されていなかった借手のリース料につき、IFRS16と同様に、借手が借手のリース期間中に原資産を使用する権利に関して貸手に対して行う支払いとして上記(i)～(v)を定めた。

(1) 指数又はレートに応じて決まる借手の変動リース料

従来の基準では、「典型的なリース取引」を適用対象としており、例えば、リース料が売上高等の将来の一定の指標により変動するリース料、など典型的でない特殊なリース取引については定めがなかった。新リース会計基準等では、変動リース料のうち指数又はレートに応じて決まるものを借手のリース料として取り扱っている。具体的には、(ii)の「指数又はレートに応じて決まる借手の変動リース料」につき次の定めを置いている。

- 市場における賃貸料の変動を反映するよう当事者間の協議により見直されることが契約条件で定められているリース料が含まれる（新適用指針第24項）。
- リース開始日には、借手のリース期間にわたりリース開始日現在の指数

第1部　新リース会計基準の勘所　徹底解説

又はレートに基づきリース料を算定する（新適用指針第25項）。

- ただし、借手は、指数又はレートに応じて決まる借手の変動リース料につき、合理的な根拠により当該指数又はレートの将来の変動を見積れる場合、リース料が参照する当該指数又はレートの将来の変動を見積り、当該見積られた指数又はレートに基づきリース料及びリース負債を算定することを、リースごとにリース開始日に選択することができる（新適用指針第26項）。
- 指数又はレートが変動し、そのことにより、今後支払うリース料に変動が生じたときにのみ、残りの借手のリース期間にわたり、変動後の指数又はレートに基づきリース料及びリース負債を修正し、リース負債の修正額に相当する金額を使用権資産に加減する（新適用指針第48項）。

　新適用指針第24項に定める「市場における賃貸料の変動を反映するよう当事者間の協議により見直されることが契約条件で定められているリース料」について、例えば、次のような条項が該当すると思われる。

- 不動産リースにおいて、契約期間内における地価やその他経済事情の変化の影響を考慮して定期的にリース料を見直す等の条項
- 消費者物価指数等の特定の指標をもとに自動的にリース料を改定する等の条項

　新リース会計基準等では、IFRS16と同様、参照する指数又はレートがリース開始日以降にリース期間にわたり変動しないとみなしてリース負債を測定する定めを置いている。

　一方、将来の変動を見積るとする新適用指針第26項の「例外的な取扱い」を採る場合、決算日ごとに参照する指数又はレートの将来の変動を見積り、当該見積られた指数又はレートに基づきリース料及びリース負債を見直す必要がある。さらに当該取扱いを選択した旨及びその内容を「会計方針に関する情報」として注記し、当該選択をしたリースに係るリース負債が含まれる科目及び金額の開示を要する（新適用指針第99項(2)）。

第5章　借手のリース　（その2）使用権資産とリース負債の計上

　なお、借手の変動リース料のうち、将来の一定の指標に連動して支払額が変動するものには、当該変動リース料をリース負債の計上額に含めるものと含めないものとがある。具体例として、次のものが考えられる。

(i)　指数又はレートに応じて決まる借手の変動リース料（例えば、消費者物価指数の変動に連動するリース料）

(ii)　原資産から得られる借手の業績に連動して支払額が変動するリース料（例えば、テナント等の原資産を利用することで得られた売上高の所定の割合を基礎とすると定めているようなリース料）

(iii)　原資産の使用に連動して支払額が変動するリース料（例えば、原資産の使用量が所定の値を超えた場合に、追加のリース料が生じるようなリース料）

● (i)について、当該リース料は借手の将来の活動に左右されず、将来のリース料の金額に不確実性があるものの、借手はリース料を支払う義務を回避できない。これは、IFRS16においては負債の定義を満たす。新リース会計基準等においても、IFRS16との整合も踏まえて当該変動リース料をリース負債の計上額に含める。

● (ii)及び(iii)のリース料は、借手の将来の活動を通じリース料の支払義務を回避できる。このため、リース料の支払いが要求される将来事象が生じるまではIFRS16においても負債の定義を満たさないとも考えられる。この点、国際的なコンセンサスも得られておらず、IFRS16との整合も考慮して、新リース会計基準等では、当該リース料はリース負債の計上額に含めない。

● 借手の変動リース料には、形式上は一定の指標に連動して変動する可能性があるが実質上は支払いが不可避である、又は、変動可能性が解消され支払額が固定化されるものがある。当該リース料の経済実態は借手の固定リース料に近いので借手の固定リース料と同様にリース負債の計上額に含める。当該リース料として、例えば、リース開始日では原資産の使用に連動するが、リース開始日後のある時点で変動可能性が解消され、残リース期間で支払いが固定化されるリース料等が該当する。

● 借手は、リース負債の計上額に含めなかった借手の変動リース料について、

第1部　新リース会計基準の勘所　徹底解説

当該変動リース料の発生時に損益に計上する。

⑵　残価保証に係る借手による支払見込額

「残価保証」とは、リース終了時に、原資産の価値が契約上取り決めた保証価額に満たない場合、その不足額について貸手と関連のない者が貸手に対して支払う義務を課せられる条件をいう（新会計基準第22項）。

保証に係る借手による支払見込額についての取扱いは次の通りである。

〈従来の基準〉

　所有権移転外ファイナンス・リース取引のリース料に残価保証額を含めていた。

〈新リース会計基準等〉

　借手が支払うと見込む金額（残価保証額からリース終了時の原資産の価値を控除した額）を借手のリース料に含めている。

このため、新リース会計基準等の適用に伴い負債の金額が変わる可能性がある。残価保証支払見込額が変動すれば、借手のリース料の変更として、リース負債の見直しを行う（新会計基準第40項⑵、新適用指針第46項⑵）。残価保証を含むリースでは、借手は、リース開始日以降リース期間にわたり、残価保証に係る借手の支払見込額を見積る必要がある。

また、残価保証の取決めがある場合、従来の基準では、リース資産について、当該保証額を残存価額として減価償却を行ってきた（所有権移転外ファイナンス・リース）。一方、新リース会計基準等では、残価保証の取決めがある場合でも、使用権資産について、残存価額はゼロとして減価償却を行う（新会計基準第38項）。

なお、借手が支払見込額を見積ることが困難な場合に、残価保証額で代替する等の簡便的な取扱いは基準上設けられていないため、実務上の論点になる可能性がある。

第5章　借手のリース　（その2）使用権資産とリース負債の計上

(3)　借手が行使することが合理的に確実である購入オプションの行使価額

　従来の基準では、所有権移転ファイナンス・リース取引のリース料において、リース期間終了後又はリース期間の中途で名目的価額又はその行使時点の原資産の価額に比して著しく有利な価額で借手が買い取る権利（割安購入選択権）が与えられている場合の行使価額を含めていた。

　新リース会計基準等では、購入オプションは実質的にリース期間を延長する最終的なオプションと考えるため、借手のリース期間を延長するオプションと同じ方法でリース負債に含める。つまり、借手のリース期間の判断と整合的に、借手が行使することが合理的に確実である購入オプションの行使価額をリース負債に含める。これもIFRS16と整合する取扱いである。

4　使用権資産及びリース負債計上に伴う実務上の留意事項

　以上、使用権資産及びリース負債計上について、従来の基準下での取扱いとの比較を交えて説明してきたが、実際の実務対応を検討するにあたっての留意事項は、例えば、次の通りである。

✓使用権資産及びリース負債の計上に必要な情報が従来に比して多岐にわたるため、実務上、タイムリーで適正な情報収集と、正確な現在価値計算が求められる。

✓リースの判定を経て使用権資産とリース負債の当初測定が求められるため、リース契約プロセスでの経理部門の関与や部門間の情報の共有など、オペレーションの見直しも含め検討することが望まれる。

✓使用権資産及びリース負債は当初測定の後もリース期間中に事後的な見積りの見直しもあり、継続的な帳簿管理を要する。使用権資産はさらに減損への対応も加わる。これらの対応にあたり、帳簿管理に資する固定資産台帳のような機能を果たす仕組みを取り入れることも検討を要する。

　使用権資産及びリース負債の計上に係るイメージを図表1-17に示した。

第1部 新リース会計基準の勘所 徹底解説

図表1-17 使用権資産及びリース負債の計上に係るイメージ図

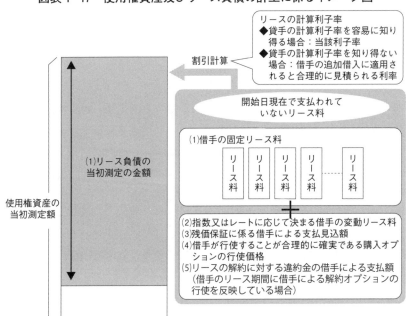

（*）：使用権資産の計上にあたり、リース負債の計上額にリース開始日までに支払った借手のリース料、付随費用及び資産除去債務に対応する除去費用を加算し、受け取ったリース・インセンティブを控除する。この他、借地権の設定に係る権利金等も考慮する。

第6章 借手のリース （その3）使用権資産の償却

第6章 借手のリース （その3）使用権資産の償却

　新リース会計基準等における使用権資産の償却に係る取扱いは、基本的に従来の基準を踏襲している。

1　従来の基準の定め

　従来の基準では、ファイナンス・リース取引及びオペレーティング・リース取引の区分があり、ファイナンス・リース取引における所有権移転取引及び所有権移転外取引の区分も存在した。その前提でリース資産の減価償却に係る取扱いをまとめたのが図表1-18ある。

図表1-18　従来の基準におけるリース資産の減価償却の取扱い

所有権移転ファイナンス・リース取引	所有権移転外ファイナンス・リース取引
【減価償却の方法】 自己所有と同種の固定資産と同じ方法	【減価償却の方法】 実態に応じて定額法、級数法、生産高比例法等の中から選択
【耐用年数】 経済的使用可能予測期間	【耐用年数】 リース期間（再リース期間を判定に含めた場合は再リース期間を耐用年数に加算）
【残存価額】 合理的な見積額	【残存価額】 原則としてゼロ （残価保証があれば残存価額とする）

2　新リース会計基準等の定め

新リース会計基準等でも次の通り従来の基準と同様の定めを置いている。

- 契約上の諸条件に照らして原資産の所有権が借手に移転すると認められるリースに係る使用権資産の減価償却費は、原資産を自ら所有していたと仮定した場合に適用する減価償却方法と同一の方法により算定する。

この場合の耐用年数は、経済的使用可能予測期間とし、残存価額は合理的な見積額とする（新会計基準第37項）。

- 契約上の諸条件に照らして原資産の所有権が借手に移転すると認められるリース以外のリースに係る使用権資産の減価償却費は、定額法等の減価償却方法の中から企業の実態に応じたものを選択適用した方法により算定し、原資産を自ら所有していたと仮定した場合に適用する減価償却方法と同一の方法により減価償却費を算定する必要はない。この場合、原則として、借手のリース期間を耐用年数とし、残存価額をゼロとする（新会計基準第38項）。

ここで、新会計基準第38項における「契約上の諸条件に照らして原資産の所有権が借手に移転すると認められるリース」とは、次の(i)から(iii)のいずれかに該当するものをいう（新適用指針第43項）。

(i)　契約期間終了後又は契約期間の中途で、原資産の所有権が借手に移転することとされているリース

(ii)　契約期間終了後又は契約期間の中途で、借手による購入オプションの行使が合理的に確実であるリース

(iii)　原資産が、借手の用途等に合わせて特別の仕様により製作又は建設されたものであって、当該原資産の返還後、貸手が第三者に再びリース又は売却することが困難であるため、その使用可能期間を通じて借手によってのみ使用されることが明らかなリース

取扱いのポイントは以下の通りである。

- 新リース会計基準等では、ファイナンス・リース取引及びオペレーティング・リース取引の区分や、所有権移転取引及び所有権移転外取引の区分を撤廃したが、使用権資産償却の考え方や方法については、基本的には従来の取扱いを踏襲しており実務対応上の大きな変更点はない。

- 契約上の諸条件に照らし原資産の所有権が借手に移転するか否かの判断をしたうえで償却方法や耐用年数等を決める。したがって、残価保証の取扱いを

除き、図表1-18の取扱いが新リース会計基準等でも踏襲されている。契約上の諸条件に照らし、原資産の所有権が借手に移転するか否かの判断を行ったうえで償却方法や耐用年数等を決めることがポイントとなる。

● 原資産の所有権が借手に移転するリース以外のリース取引では、リース期間を耐用年数とするが、実態に応じ借手のリース期間より短い使用権資産の耐用年数により減価償却費を算定することもできる。

● 償却方法についても、原資産の取得とは異なる性質を有するため、企業の実態に応じ、原資産を自ら所有していたとしたら適用する減価償却方法と異なる償却方法を選択できる等、従来の基準の定めを踏襲している。

● 新リース会計基準等でも、使用権資産総額に重要性が乏しい場合の簡便的な取扱いが定められており、こちらも従来の実務を踏襲している（この点は次章第7章を参照）。

3 新リース会計基準等の取扱いで従来の基準から変更した点

(1) 残存価額と残価保証額

従来の基準では、所有権移転外ファイナンス・リース取引について契約上に残価保証の取決めがある場合、原則として、当該残価保証額を残存価額としていた。

一方、新リース会計基準等では、残価保証額を残存価額にするのではなく、残価保証に係る借手による支払見込額が借手のリース料を構成する。残価保証の取決めがある場合でも、使用権資産について、残存価額をゼロとして減価償却を行う（新会計基準第38項）。

(2) 購入オプション

従来の基準では、購入オプションにつき、リース契約上、借手に対し割安購入選択権が与えられ、その行使が確実に予想される場合としていた。

一方、新リース会計基準等では購入オプションの行使が合理的に確実である場合に変更している（新適用指針第43項）。これは、割安かどうかだけでなく他

第 1 部　新リース会計基準の勘所　徹底解説

の要因も考慮して購入オプションの行使が合理的に確実な場合とする方が、借手への所有権移転の可能性を反映して減価償却費を算定することが可能になるからである。

4 使用権資産の償却に伴う実務上の留意事項

　以上、使用権資産の償却について、従来の基準下での取扱いとの比較も含め説明してきた。実際の実務対応を検討するにあたり、例えば、以下の点に留意を要する。

✓使用権資産の帳簿が増加する前提で、減損損失が生じる可能性について、例えば、次のケースが想定される。

- ●回収可能価額がマイナスの資金生成単位に使用権資産が計上されるケース
- ●減損を認識していた資金生成単位に使用権資産が計上された結果、資金生成単位の固定資産の帳簿価額の合計が、減損損失の測定に用いられる割引率を用いて算定された回収可能価額を上回るケース

✓使用権資産としてオンバランスしたリースの減損兆候判定等の関連業務が発生する。そのため、開示に必要な広範な情報収集、及び使用権資産の減損をシミュレーションできる仕組みの構築が必要になる。

第7章　借手のリース　（その4）短期リース及び少額リース等に関する簡便的な取扱い

| 第7章 | 借手のリース　（その4）短期リース及び少額リース等に関する簡便的な取扱い |

1　なぜ簡便的な取扱いが重要なのか

　新リース会計基準等においては、主要な定めについてIFRSの考え方を取り入れているが、この「簡便的な取扱い」については、IFRSに一定の定めはあるものの、日本独自の取扱いも含まれている。

　一定の要件のもとで、1．簡便な売買処理、2．例外的な賃貸借処理を採ることができる「簡便的な取扱い」は実務に及ぼす影響が大きい。従来の基準下でも、多くの企業が当取扱いを活用し、実務に浸透してきた取扱いである。

　新リース会計基準等でも大枠は当取扱いが継続されており、適用にあたっての要件を含め、実務対応を検討しておく必要がある。

2　従来の基準の定め

　従来の基準では、ファイナンス・リース取引に係る売買処理（リース資産及びリース債務の計上と、利息法に基づく費用配分等の処理）につき、次の2つの簡便的な取扱い、例外的な処理を認めてきた。

(1)　リース資産総額に重要性が乏しい場合の簡便的な取扱い

　リース取引残高（未経過リース料期末残高）の、当該残高及び固定資産残高に対する比率（リース比率）が10％未満であること（リース資産総額に重要性が乏しいこと）を条件に、「簡便な売買処理」を認めてきた。

(2)　個々のリース資産に重要性が乏しい場合の例外的な賃貸借処理の容認

　「個々のリース資産に重要性が乏しい場合」は、売買処理でなく、オペレーティング・リース取引に準じて「例外的な賃貸借処理」を認めてきた。ファイナンス・リース取引は売買処理が原則なので、この意味で「例外的な賃貸借処理」となる。

第1部　新リース会計基準の勘所　徹底解説

　従来の基準における借手の(1)(2)の簡便的な取扱い、例外的な処理をまとめたのが図表1-19である。

図表1-19従来の基準における借手の簡便的な取扱い、例外的な処理

【原則的な取扱い】	リース料総額から利息相当額の合理的な見積額を控除し、利息法により配分する
【簡便な売買処理】 リース資産総額に重要性が乏しい場合の取扱い(a) (ただし、所有権移転外ファイナンス・リースのみ適用できる)	以下のいずれかを適用できる i　リース料総額から利息相当額の合理的な見積額を控除しない方法 ii　利息相当額を利息法ではなく定額法で費用配分する方法
【例外的な賃貸借処理】 個々のリース資産に重要性が乏しい場合の取扱い(b)	オペレーティング・リース取引に準じ、通常の賃貸借取引に係る方法に準じて会計処理を行うことができる

　図表中(a)の「リース資産総額に重要性が乏しい場合」とは、以下の算式で算定されるリース比率が10％未満になる場合をいう。

$$\text{リース比率} = \frac{\text{未経過リース料期末残高}}{\text{未経過リース料期末残高 + 有形固定資産期末残高} + \text{無形形固定資産期末残高}}$$

　図表中(b)の「個々のリース資産に重要性が乏しい場合」とは、次の(i)〜(iii)のいずれかに該当する場合である（所有権移転ファイナンス・リース取引は(i)(ii)しか適用できず、(iii)は適用できない）。

所有権移転ファイナンス・リース取引	所有権移転外ファイナンス・リース取引
(i)　購入時に費用処理する方法を採用しリース料総額が当該基準額に満たない取引 (ii)　リース期間が1年以内の取引	(i)　購入時に費用処理する方法を採用しリース料総額が当該基準額に満たない取引 (ii)　リース期間が1年以内の取引 (iii)　事業内容に照らし重要性が乏しく契約1件あたりのリース料総額が300万円以下の取引

80

第7章　借手のリース　（その4）短期リース及び少額リース等に関する簡便的な取扱い

3　新リース会計基準等の取扱い

　新リース会計基準等において、ファイナンス・リース取引及びオペレーティング・リース取引の区分は撤廃したが、原則として、(1)リース資産総額に重要性が乏しい場合の簡便的な取扱い、(2)個々のリース資産に重要性が乏しい場合の例外的な賃貸借処理の容認、の考え方は、実務に浸透していることも考慮し、これを踏襲し、これまでの実務を継続することができる。

　このように、大枠の定めは変わらないものの、追加や変更点も一部あるため、以下で説明する。

(1)　使用権資産総額に重要性が乏しい場合の簡便的な取扱い

　従来の基準における「リース料総額」は新リース会計基準等では、「借手のリース料」に置き換えられている。

- 使用権資産総額に重要性が乏しいと認められる場合は、次のいずれかの方法を適用することができる（新適用指針第40項）。
- (i)　新適用指針第38項の定めによらず、借手のリース料から利息相当額の合理的な見積額を控除しない方法。この場合、使用権資産及びリース負債は、借手のリース料をもって計上し、支払利息は計上せず、減価償却費のみ計上する。
- (ii)　新適用指針第39項の定めによらず、利息相当額の総額を借手のリース期間中の各期に定額法により配分する方法
- 使用権資産総額に重要性が乏しいと認められる場合とは、未経過の借手のリース料の期末残高が当該期末残高、有形固定資産及び無形固定資産の期末残高の合計額に占める割合が10％未満である場合をいう（新適用指針第41項）。
- 連結財務諸表においては、前項の判定を、連結財務諸表の数値を基礎として見直すことができる。見直した結果、個別財務諸表の結果の修正を行う場合、連結修正仕訳で修正を行う（新適用指針第42項）。

81

第1部　新リース会計基準の勘所　徹底解説

① 重要性の判断（リース比率）

　重要性の判断に係るリース比率算出にあたり、未経過の借手のリース料を使用するのは、割引計算により使用権資産を求める煩雑さを避けるためである。無形固定資産を判断基準に加えているのは、「無形固定資産のリース」について会計基準の適用は任意としているものの、「無形固定資産のリース」を会計基準の範囲に含めているためと考えられる。これらの取扱いは、従来の考え方を踏襲している。

　なお、未経過のリース料の期末残高からは、リース開始日に使用権資産及びリース負債を計上せず、借手のリース料を借手のリース期間にわたって原則として定額法により費用として計上することとしたものや、利息相当額を利息法により各期に配分している使用権資産に係るものを除く。

② リースの種類ごとの重要性判断

　不動産に係るリースとその他のリースを分けて重要性の判断を行うなど、リースの種類によって重要性の判断基準を分けることはできない。

③ 対象範囲の拡大

　従来の基準では、この簡便的な取扱いは所有権移転外ファイナンス・リース取引のみについて認めていたが、新リース会計基準等では、これらの対象範囲は、これまでオペレーティング・リース取引に分類されていたリース及びこれまで所有権移転ファイナンス・リース取引に分類されていたリースにまで拡大する。

(2) 少額リースに関する簡便的な取扱い（個々のリース資産に重要性が乏しい場合の例外的な賃貸借処理の容認）

　従来の基準における「個々のリース資産に重要性が乏しい場合」（図表1-19(b)の(i)〜(iii)）に、原則的な売買処理（リース資産及びリース負債のオンバランス）をせず、賃貸借処理を例外的に認める取扱いを、新リース会計基準等でも踏襲している。

　ただし、新リース会計基準等では、ファイナンス・リース取引及びオペレーティング・リース取引の区分や、所有権移転取引及び所有権移転外取引の区分

第 7 章　借手のリース　（その 4 ）短期リース及び少額リース等に関する簡便的な取扱い

を撤廃したため、リース取引全般について、当該取扱いを適用する。

① **短期リースに関する簡便的な取扱い**

- 借手は、短期リース（リース開始日に借手のリース期間が12か月以内であり、購入オプションを含まないリース）について、リース開始日に使用権資産及びリース負債を計上せず、借手のリース料を借手のリース期間にわたり原則として定額法により費用として計上することができる。借手は、この取扱いについて、対応する原資産を自ら所有していたと仮定した場合に貸借対照表上で表示するであろう科目ごと又は性質及び企業の営業における用途が類似する原資産のグループごとに適用するか否かを選択することができる（新適用指針第20項）。
- 連結財務諸表では、個別財務諸表で個別貸借対照表に表示するであろう科目ごと又は性質及び企業の営業における用途が類似する原資産のグループごとに行った前項の選択を見直さないことができる（新適用指針第21項）。

✓この取扱いは、短期リースは重要性が乏しい場合が多いためであり、図表1 -19(b)の(ii)の取扱いを踏襲したものである。IFRS16でも短期リースの簡便的な取扱いが認められている。

② **少額リースに関する簡便的な取扱い**

次の(i)又は(ii)のいずれかを満たす場合、借手は、新会計基準第33項の定めにかかわらず、リース開始日に使用権資産及びリース負債を計上せず、借手のリース料を借手のリース期間にわたり原則として定額法により費用として計上することができる。なお、(ii)については、(a)又は(b)のいずれかを選択できるものとし、選択した方法は首尾一貫して適用する（新適用指針第22項）。

(i)　重要性が乏しい減価償却資産について、購入時に費用処理する方法が採用されている場合で、借手のリース料が当該基準額以下のリース。

83

ただし、その基準額は当該企業が減価償却資産の処理について採用している基準額より利息相当額だけ高めに設定することができる。また、この基準額は、通常取引される単位ごとに適用し、リース契約に複数の単位の原資産が含まれる場合、当該契約に含まれる原資産の単位ごとに適用することができる。

(ii)　次の(a)又は(b)を満たすリース

　(a)　企業の事業内容に照らして重要性の乏しいリースで、リース契約1件あたりの金額に重要性が乏しいリース

　　　この場合、1つのリース契約に科目の異なる有形固定資産又は無形固定資産が含まれているときは、異なる科目ごとに、その合計金額により判定することができる。

　(b)　新品時の原資産の価値が少額であるリース

　　　この場合、リース1件ごとにこの方法を適用するか否かを選択できる。

✓(i)は図表1-19(b)の(i)の取扱いを、(ii)は図表1-19(b)の(iii)の取扱いをそれぞれ踏襲したものである。

✓(i)について、通常の固定資産の取得でも購入時に費用処理される少額なものは、重要性が乏しい場合が多いため、当該取扱いを踏襲した。このときの基準額を企業が減価償却資産の処理につき採用している基準額より利息相当額だけ高めに設定できるのは、借手のリース料には原資産の取得価額の他に利息相当額が含まれているためである。

✓(ii)(a)について、「リース契約1件あたりの金額に重要性が乏しいリース」としているが、これは、従来の基準の「リース契約1件あたりのリース料総額が300万円以下」で判定する方法を踏襲する目的で取り入れたものである。なお、「物件1件あたり」ではなく、「リース契約1件あたり」であることに留意を要する。

✓(ii)(b)について、「新品時の原資産の価値が少額であるリース」としているが、これは、IFRS16の「原資産の価値が新品時におよそ5千米ドル以下のリース」

第 7 章　借手のリース　（その 4）短期リース及び少額リース等に関する簡便的な取扱い

を念頭に置いている。

✓ (ⅱ)について、事務機器等の比較的少額な資産がリースの対象となる場合があることを踏まえ、一定の金額以下のリースについても当該取扱いを踏襲した。従来の基準で、リース「契約 1 件あたり」のリース料総額が300万円以下のリースにつき、簡便的な取扱いを認めてきたが、IFRS16では基準開発時点の2015年に新品時に 5 千米ドル以下という規模の価値の原資産を念頭に置き、「リース 1 件ごとに」簡便的な取扱いを選択適用できるとの考え方が示されていた。

✓ (ⅱ)について、「リース契約 1 件あたり300万円以下のリースに関する簡便的な取扱い(a)」と、IFRS16をもとに採り入れた「少額リースの簡便的な取扱い(b)」を比較した場合、適用単位の定め方、数値、条件が異なるため、どちらの取扱いが広範であるかは一概にはいえない。前者は「契約 1 件あたりの借手のリース料」であり、後者は「リース 1 件あたりの原資産の価値」の違いもある。これらの様々な要素が影響する。

✓ (ⅱ)について、日本基準の「300万円以下のリースに関する簡便的な取扱い」を適用している企業では、これを継続することを認めることで、追加的な負担を減らせる。一方、IFRS 任意適用企業でも、IFRS16における簡便的な取扱いを認めることで、「IFRS16の定めを個別財務諸表に用いても、基本的に修正が不要となることを目指す」方針と整合する(ⅱ)の(a)(b)のいずれかを方針を選択できるが、選択した方法は首尾一貫して適用する必要がある。

(ⅱ)の(b)について、「リース 1 件ごとにこの方法を適用するか否かを選択できる」とされているなかで、「リース 1 件ごと」の判断をする際に、次の「独立したリース」（新適用指針第16項）の考え方に基づいて行うものと考えられる。

《新適用指針第16項》
　原資産を使用する権利は、次の(ⅰ)及び(ⅱ)の要件のいずれも満たす場合、独立したリースを構成する部分である。
(ⅰ)　当該原資産の使用から単独で借手が経済的利益を得ることができること、又は、当該原資産と借手が容易に利用できる他の資源を組み合わせ

第1部　新リース会計基準の勘所　徹底解説

　て借手が経済的利益を得ることができること
(ii)　当該原資産の契約の中の他の原資産への依存性又は相互関連性が高く
　　ないこと

　判断にあたり、例えば、契約により同じ種類の資産を複数リースする場合、
借手が各資産を他の資産と関係なく独立して使用できる状況であれば、そのよ
うな各資産が「リース1件」と判断される可能性がある。

③　少額リースの判定に係る判定に係る判定期間の例外

　少額リースに該当するか否かの判定にあたり、「リース契約1件あたりの金額
に重要性が乏しいリース」（リース契約1件あたり300万円基準等）を適用する際の
「リース期間」は、「契約で定められた期間」によることができる（**例外規定**）。

《新適用指針第23項》
　前項(2)①に該当するリースに前項で定める会計処理を適用するにあたり、
リース契約1件あたりの金額の算定の基礎となる対象期間は、原則として、
借手のリース期間とする。ただし、当該借手のリース期間に代えて、契約
上、契約に定められた期間とすることができる。また、リース契約1件あ
たりの金額の算定にあたり維持管理費用相当額の合理的見積額を控除する
ことができる。

　こうした例外規定を設け、以下のような取扱いとすることで、実務にすでに
浸透している従来の基準を踏襲し、「少額リースに関する簡便的な取扱い」をス
ムーズに適用できるよう配慮がされている。

✓新リース会計基準等では、借手のリース期間を合理的に見積る必要がある。
　このため、少額リースに該当するか否かの判定にあたり、先にリース期間を
　延長オプション等の可能性（更新期間等）も考慮したうえで合理的に見積る必
　要があるが、例外的に「契約上の解約不能期間」によることもできることと
　した。

✓この結果、借手のリース料について、契約上、契約に定められた期間に貸手

86

第7章 借手のリース （その4）短期リース及び少額リース等に関する簡便的な取扱い

に支払うリース料によることができる。
✓ 従来の基準と同様、借手のリース料から「維持管理費用相当額」の合理的な見積額を控除することもできる。

簡便的な取扱いを含めたリースの会計処理フローを示したのが図表1-20である。

図表1-20 簡便的な取扱いを含めたリースの会計処理フロー

少額リース判定に係るリース期間の例外（新適用指針第23項）に留意

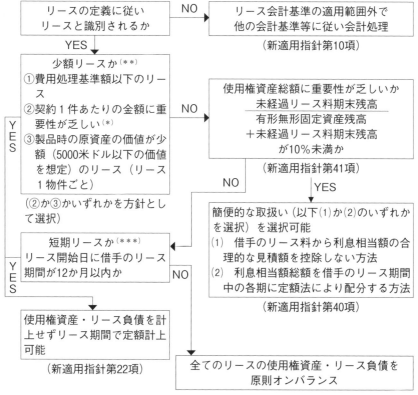

（*）「契約1件あたりの金額に重要性が乏しい」とは従来の基準における「契約1件あたりのリース料総額が300万円以下」により判定することを想定している。
（**）少額リースには、「借手のリース期間に代えて、契約上、契約に定められた期間とすることができる」例外規定（新適用指針第23項）がある。
（***）短期リースには、少額リースのような「例外規定」がないため、判定にあたり借手のリース期間を合理的に見積る必要がある。

第1部　新リース会計基準の勘所　徹底解説

4　数値例による借手の会計処理（原則法及び簡便的な取扱い）

　借手のリースと判定されたリース取引について、数値例（事例8）による借手の会計処理を示す。次の前提に基づき、Ⅰ原則的な会計処理、Ⅱ簡便的な取扱い　その1．利子込み法（利息相当額の合理的な見積額を控除しない方法）、その2．定額配分法（利息相当額の総額を定額法により配分する方法）の3通りの算定過程及び会計処理を比較する。

事例8　数値例による借手の会計処理（原則法及び簡便的な取扱い）

《前提》

✓特別仕様のリースには該当しない。また、行使が合理的に確実な購入選択権は付されておらず、所有権移転条項も付されていない。

✓リース開始日はX1年4月1日とし、決算期は3月とする。消費税は考慮しない。

✓リース開始日までに支払った借手のリース料や付随費用はないものとする。

✓借手が貸手に支払うリース料は半年ごとの後払いで年2回（3月末と9月末）払い。

✓解約不能のリース期間は5年、計10回払いで、1回あたりのリース料は2,000千円。リース料総額は20,000千円。延長オプションや解約オプションはない。

✓貸手が購入した原資産価額は16,000千円で、借手は貸手の計算利子率を知り得ない。

✓リース物件の経済的耐用年数は7年で、借手は、リース期間を耐用年数として残存価額をゼロとする定額法により減価償却する。

✓借手の追加借入利子率を年8％とする。

88

第7章 借手のリース （その4）短期リース及び少額リース等に関する簡便的な取扱い

I 原則的な会計処理

(1) 使用権資産及びリース負債計上額の算定

借手は貸手の計算利子率の情報がないため、借手の追加借入利子率（年8％）を用いて借手のリース料（リース料総額）を現在価値に割引計算し算定する。

$$\frac{2{,}000}{(1+0.08\times 6/12)}+\frac{2{,}000}{(1+0.08\times 6/12)^2}+\frac{2{,}000}{(1+0.08\times 6/12)^3}$$
$$+\cdots\cdots\cdots\cdots+\frac{2{,}000}{(1+0.08\times 6/12)^{10}}=16{,}221$$

〔リース開始日の仕訳〕

● x1年4月1日

使用権資産	16,221	/	リース負債	16,221

(2) リース負債の返済（支払い）と利息の計上

リース負債の返済（支払い）と利息の計上を行う。利息相当額の総額は、借手のリース料（リース料総額）20,000千円から、リース負債計上額16,221千円を控除した額3,779千円となる。この3,779千円を利息相当額として各返済日（支払日）に配分する。支払利息は、リース負債の未返済元本残高に一定の利率、すなわち、現在価値算定に用いた借手の追加借入利子率8％を乗じて算定する。

リース料の支払スケジュールに沿って、リース負債の元本返済額及び支払利息計上額等をまとめたのが、図表1-21である。

〔リース料支払日の仕訳〕

● x1年9月30日　第1回支払日

リース負債	1,351	/	現金預金	2,000
支払利息	649	/		

● x2年3月31日　第2回支払日

リース負債	1,405	/	現金預金	2,000
支払利息	595	/		

第1部　新リース会計基準の勘所　徹底解説

● x2年9月30日　第3回支払日

| リース負債 | 1,461 | 現金預金 | 2,000 |
| 支払利息 | 539 | | |

以後、第4回支払日から第9回支払日にかけて同様の会計処理を行う。

● x6年3月31日　第10回（最終回）支払日

| リース負債 | 1,922 | 現金預金 | 2,000 |
| 支払利息 | 78 | | |

図表1-21　リース料の支払い及び元本返済と利息額区分

（単位：千円）

支払回数	支払日	前月末元本残高	返済額合計	元本返済額	利息相当額	月末元本残高
1	x1.9.30	16,221	2,000	1,351	649	14,870
2	x2.3.31	14,870	2,000	1,405	595	13,465
3	x2.9.30	13,465	2,000	1,461	539	12,004
4	x3.3.31	12,004	2,000	1,520	480	10,484
5	x3.9.30	10,484	2,000	1,581	419	8,903
6	x4.3.31	8,903	2,000	1,644	356	7,259
7	x4.9.30	7,259	2,000	1,710	290	5,549
8	x5.3.31	5,549	2,000	1,778	222	3,771
9	x5.9.30	3,771	2,000	1,849	151	1,922
10	x6.3.31	1,922	2,000	1,922	78	0
	合計		20,000	16,221	3,779	

＊元本返済額及び利息相当額は四捨五入の関係で一部一の位の調整がある。

(3)　使用権資産の償却

　使用権資産はリース期間定額法により減価償却を行う。年間の減価償却費は、使用権資産計上額16,221千円×1年/5年＝3,244.2千円と算定される。

〔x1期の減価償却費計上の仕訳〕（金額は小数点以下四捨五入している）

● x2年3月31日（年間の減価償却費計上）

| 減価償却費 | 3,244 | 減価償却累計額 | 3,244 |

以後、x2期以降も同様の会計処理を行う。

90

第7章　借手のリース　（その4）短期リース及び少額リース等に関する簡便的な取扱い

〔x5期の減価償却費計上及び原資産返却の仕訳〕（金額は小数点以下四捨五入している）

・x6年3月31日（年間の減価償却費計上）

減価償却費	3,244	/	減価償却累計額	3,244

・x6年3月31日（原資産の返却）

減価償却累計額	16,221	/	使用権資産	16,221

Ⅱ　簡便的な取扱い

その1．利子込み法（利息相当額の合理的な見積額を控除しない方法）

　使用権資産総額に重要性が乏しいと認められる場合、例外的に「簡便的な会計処理」を適用できる。まず、「Ⅱその1」では、利息相当額の合理的な見積額を控除しない方法、すなわち、利子込み法について会計処理を示す。

(1)　使用権資産及びリース負債計上額の算定

　利息相当額の合理的な見積額を控除しないことから、リース開始日に借手のリース料（リース料総額）にて、使用権資産及びリース負債の額とする。

〔リース開始日の仕訳〕

・x1年4月1日

使用権資産	20,000	/	リース負債	20,000

(2)　リース負債の返済（支払い）

　利子込み法では、利息相当額の合理的な見積額を控除せず、借手のリース料（リース料総額）によりリース負債を計上することから、リース料の支払日ごとに定額をリース負債の返済（支払い）として計上する。

〔リース料支払日の仕訳〕

・x1年9月30日　第1回支払日

リース負債	2,000	/	現金預金	2,000

・x2年3月31日　第2回支払日

リース負債	2,000	/	現金預金	2,000

第1部　新リース会計基準の勘所　徹底解説

● x2年9月30日　第3回支払日

リース負債	2,000	/	現金預金	2,000

以後、第4回支払日から第9回支払日にかけて同様の会計処理を行う。

● x6年3月31日　第10回（最終回）支払日

リース負債	2,000	/	現金預金	2,000

⑶　使用権資産の償却

　利子込み法では、利息相当額の合理的な見積額を控除せず、借手のリース料（リース料総額）により使用権資産を計上する。このため、支払利息は発生せず、使用権資産をリース期間定額法により期間配分した減価償却費のみが毎期定額で発生する。

　年間の減価償却費は、使用権資産計上額20,000千円×1年/5年＝4,000千円と算定される。

〔x1期の減価償却費計上の仕訳〕

● x2年3月31日（年間の減価償却費計上）

減価償却費	4,000	/	減価償却累計額	4,000

以後、x2期以降も同様の会計処理を行う。

〔x5期の減価償却費計上及び原資産返却の仕訳〕

● x6年3月31日（年間の減価償却費計上）

減価償却費	4,000	/	減価償却累計額	4,000

● x6年3月31日（原資産の返却）

減価償却累計額	20,000	/	使用権資産	20,000

Ⅱ　簡便的な取扱い

その2．定額配分法（利息相当額の総額を定額法により配分する方法）

　次に、「Ⅱその2」では、利息相当額の総額を定額法により配分する方法、すなわち、定額配分法について会計処理を示す。

⑴　使用権資産及びリース負債計上額の算定

　「Ⅰ　原則的な会計処理」と同様に、借手の追加借入利子率（年8％）を

92

用いて借手のリース料（リース料総額）を現在価値に割引計算し算定する。

$$\frac{2,000}{(1+0.08\times 6/12)}+\frac{2,000}{(1+0.08\times 6/12)^2}+\frac{2,000}{(1+0.08\times 6/12)^3}$$

$$+\cdots\cdots\cdots+\frac{2,000}{(1+0.08\times 6/12)^{10}}=16,221$$

〔リース開始日の仕訳〕

● x1年4月1日

使用権資産	16,221	リース負債	16,221

(2) リース負債の返済（支払い）

　リース負債の返済（支払い）と利息の計上を行う。利息相当額の総額は、借手のリース料（リース料総額）20,000千円から、リース負債計上額16,221千円を控除した額3,779千円となる。この3,779千円を利息相当額として各返済日（支払日）に定額配分する。半期ごとに計上する支払利息は、利息相当額3,779千円×6か月/60か月＝377.9千円と算定される。

〔リース料支払日の仕訳〕

● x1年9月30日　第1回支払日（金額は小数点以下四捨五入している）

リース負債	1,622	現金預金	2,000
支払利息	378		

● x2年3月31日　第2回支払日（金額は小数点以下四捨五入している）

リース負債	1,622	現金預金	2,000
支払利息	378		

● x2年9月30日　第3回支払日（金額は小数点以下四捨五入している）

リース負債	1,622	現金預金	2,000
支払利息	378		

　以後、第4回支払日から第9回支払日にかけて同様の会計処理を行う。

● x6年3月31日　第10回（最終回）支払日（金額は小数点以下四捨五入している）

リース負債	1,622	現金預金	2,000
支払利息	378		

(3) 使用権資産の償却

使用権資産はリース期間定額法により減価償却を行う。年間の減価償却費は、使用権資産計上額16,221千円×1年/5年＝3,244.2千円と算定される。

〔x1期の減価償却費計上の仕訳〕（金額は小数点以下四捨五入している）

● x2年3月31日（年間の減価償却費計上）

減価償却費	3,244	/	減価償却累計額	3,244

以後、x2期以降も同様の会計処理を行う。

〔x5期の減価償却費計上及び原資産返却の仕訳〕（金額は小数点以下四捨五入している）

● x6年3月31日（年間の減価償却費計上）

減価償却費	3,244	/	減価償却累計額	3,244

● x6年3月31日（原資産の返却）

減価償却累計額	16,221	/	使用権資産	16,221

Ⅲ　前提に残価保証額がある場合の取扱い

Ⅰの原則的な会計処理において、残価保証の取決めがあった場合は、原則として、以下の会計処理を行う。

(1) 使用権資産及びリース負債計上額の算定時における残価保証額の取扱い

借手は、貸手の計算利子率の情報がない場合には、借手の追加借入利子率を用いて借手のリース料（リース料総額）を現在価値に割引計算して、使用権資産及びリース負債計上額を算定する。この際、割引計算する対象となる「借手のリース料」の中に、借手の残価保証による支払見込額を、借手のリース期間の月額リース料合計額に加算して算定する。

(2) 借手のリース期間終了後の取扱い

借手のリース期間終了後には、残価保証支払額も、通常、確定する。このため、原資産の返却に伴う使用権資産及び減価償却累計額の取崩しの仕訳とともに、残価保証支払額の確定に伴う仕訳をおこす。具体的にはリース期間終了後に以下の仕訳が発生する。

第7章　借手のリース　（その4）短期リース及び少額リース等に関する簡便的な取扱い

リース負債	×××	未払金 [*]	×××
未払利息	×××		

[*] 残価保証額と実際処分額との差額

　リース負債の額は、最終返済日（支払日）に元利返済した後の支払後元本残高を取り崩した額を計上する。また、未払金は、確定した残価保証支払額（残価保証額から実際処分額を控除した金額）を計上する。

95

第1部　新リース会計基準の勘所　徹底解説

第8章 借手のリース （その5）リースの契約条件の変更

1 リースの契約条件の変更がなぜ重要なのか

　従来の基準では、事後的にリース契約条件等が変更された場合の取扱いについての定めは特においていなかった。新リース会計基準等では、当該取扱いについて、要件や会計処理を定めた。すなわち、契約の条件変更や、リース期間及びリース料の変更等により、一度計上した使用権資産及びリース負債の額を見直す必要が生じる場合があるとした。つまり、一旦計上した使用権資産及びリース負債について「事後測定」を求めている。

　このため、使用権資産及びリース負債に係る継続的で適切な帳簿管理が必要になる。また、事後測定を可能にする数値管理等の仕組みやプロセスの整備を要する。

2 リースの契約条件の変更とは

　実務上、契約で決められていた条件、例えば、リースの範囲やリースの対価等が事後的に変更されるケースがある。こうしたケースでの取扱いが従来の基準では明確になっていなかった。新リース会計基準等では、リースの契約条件の変更とは、「リースの当初の契約条件の一部ではなかったリースの範囲又はリースの対価の変更（例えば、1つ以上の原資産を追加若しくは解約することによる原資産を使用する権利の追加若しくは解約、又は、契約期間の延長若しくは短縮）をいう」（新会計基準第24項）とされている。

　つまり、リースの当初の条件の一部ではないリースの範囲（契約上のリース期間の増減や物件の物量の増減等）や、リースの対価の変更を、リースの契約条件の変更という。

　新リース会計基準等では契約条件の変更以外の変更に関して、「リースの契約条件に変更が生じていない場合で、(i)借手のリース期間に変更がある場合、(ii)借手のリース期間に変更がなく借手のリース料に変更がある場合のいずれかに

96

該当するときは、借手は、リース負債の計上額を見直す（新会計基準第40項）」こととしている。こちらは次章第9章で取扱う。

　従来の基準では、リースの契約条件の変更に関する取扱いを定めてなかったが、新リース会計基準等では、当該取扱いを明確にするために、IFRS16におけるリースの契約条件の変更に関する取扱いを「IFRS16における主要な定め」として取り入れている。

---

3 契約条件の変更に係る会計処理

✓借手は、リースの契約条件の変更が生じた場合、一定の要件を満たせば変更前のリースとは独立したリースとして会計処理を行う又はリース負債の計上額の見直しを行う。

✓ただし、リースの契約条件の変更に複数の要素がある場合、これらの両方を行うことがある（新会計基準第39項）。

✓なお、これらの両方を行う例としては、不動産の賃貸借契約で、独立価格であるリース料によりリースの対象となる面積を追加すると同時に、既存のリースの対象となる面積について契約期間を短縮する場合がある。

✓この場合、前者について独立したリースとして会計処理を行い、後者についてリース負債の計上額の見直しを行う。

　新リース会計基準等では、リース契約条件の変更について、(1)実質的に変更前のリースとは独立したリースが生じるケース、(2)独立したリースとして会計処理されないリース契約条件の変更のうちリースの範囲が縮小されるケース、(3)独立したリースとして会計処理されないリース契約条件の変更のうちリースの範囲が縮小されるもの以外のケースに、分けて会計処理を示している。

(1)　実質的に変更前のリースとは独立したリースが生じるケース

　リースの契約条件の変更が、一定の要件を満たす場合、実質的に変更前のリースとは独立したリースが生じる。具体的には以下の新適用指針第44項の通りである。

第1部　新リース会計基準の勘所　徹底解説

> 　リースの契約条件の変更が、以下の(ⅰ)及び(ⅱ)の要件をいずれも満たす場合、借手は、当該リースの契約条件の変更を独立したリースとして取り扱い、当該独立したリースのリース開始日に、リースの契約条件の変更の内容に基づくリース負債を計上し、当該リース負債にリース開始日までに支払った借手のリース料及び付随費用等を加減した額により使用権資産を計上する（新適用指針第44項）。
>
> (ⅰ)　1つ以上の原資産を追加することにより、原資産を使用する権利が追加され、リースの範囲が拡大されること
>
> (ⅱ)　借手のリース料が、範囲が拡大した部分に対する独立価格に特定の契約の状況に基づく適切な調整を加えた金額分だけ増額されること

- (ⅱ)の「特定の契約の状況に基づく適切な調整」は、例えば、類似の資産を顧客にリースする際に生じる販売費を貸手が負担する必要がない場合に借手に値引きを行う際、独立価格を値引額につき調整することが考えられる。
- 契約期間のみが延長されるリースの契約条件の変更は、原資産の追加に該当しないため、(ⅰ)の要件を満たさない。

　仕訳のイメージは以下の通りである。

| （借方）使用権資産 | ××× | （貸方）リース負債 | ××× |
| | | 現預金（付随費用） | ××× |

(2)　独立したリースとして会計処理されないリース契約条件の変更のうちリースの範囲が縮小されるケース

　このケースには、例えば、リースの対象となる面積が縮小される場合や契約期間が短縮される場合等が含まれる。このケースは、契約条件変更前のリースの一部又は全部を解約するものと考えられる。具体的には以下の新適用指針第45項の通りである。

> 　借手は、リースの契約条件の変更のうち、前項に従い独立したリースとしての会計処理が行われないリースの契約条件の変更について、リースの

契約条件の変更の発効日に、次の会計処理を行う（新適用指針第45項）。

(1) リース負債について、変更後の条件を反映した借手のリース期間を決定し、変更後の条件を反映した借手のリース料の現在価値まで修正する。

(2) 使用権資産について、次のことを行うことによって、(1)のリース負債の見直しに対応する会計処理を行う。

① リースの契約条件の変更のうちリースの範囲が縮小されるものについては、リースの一部又は全部の解約を反映するように使用権資産の帳簿価額を減額する。このとき、使用権資産の減少額とリース負債の修正額とに差額が生じた場合は、当該差額を損益に計上する。

② 他のすべてのリースの契約条件の変更については、リース負債の修正額に相当する金額を使用権資産に加減する。

仕訳のイメージは以下の通りである。

（借方）リース負債	×××	（貸方）使用権資産	×××
		損　益	×××

(3) 独立したリースとして会計処理されないリース契約条件の変更のうちリースの範囲が縮小されるもの以外のケース

このケースには、例えば、リース料の単価のみが変更される場合や契約期間が延長される場合等が含まれる。このケースは、変更前のリースは解約されておらず、借手は引き続き、リースの契約条件の変更前のリースにおいて特定されていた原資産を使用する権利を有するものと考えられる。したがって、変更前のリースを修正する会計処理を行う。具体的には、上記の新適用指針第45項に従い、リースの契約条件の変更の発効日に次の会計処理を行う。

(i) リース負債について、変更後の条件を反映した借手のリース期間を決定し、変更後の条件を反映した借手のリース料の現在価値まで修正する。

(ii) 使用権資産について、リース負債の修正額に相当する金額を使用権資産に加減する。

仕訳のイメージは以下の通りである。

第1部　新リース会計基準の勘所　徹底解説

| （借方）使用権資産　　　　×××　　（貸方）リース負債　　　　××× |

　以上、リースの契約条件の変更（借手）について、(1)から(3)の考え方のフロー図を図表1-22に示した。

図表1-22　リースの契約条件の変更（借手）のフロー図

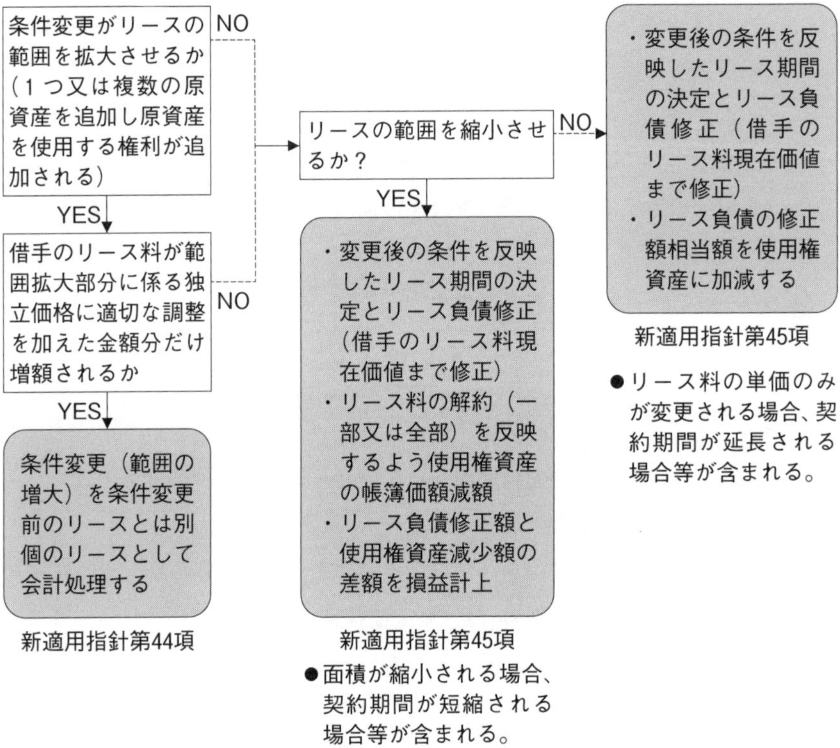

```
┌─────────────┐ NO
│条件変更がリースの│┈┈┈┈┐
│範囲を拡大させるか│     ┊
│（1つ又は複数の原│     ┊
│資産を追加し原資産│     ┊      ┌─────────────┐ NO
│を使用する権利が追│     ┊      │リースの範囲を縮小させ│┈┈┈┈┐
│加される）    │     ┊      │るか？        │    ┊
└─────────────┘     ┊      └─────────────┘    ┊
      │YES          ┊            │YES          ┊
┌─────────────┐     ┊                           ┊
│借手のリース料が範│     ┊                           ┊
│囲拡大部分に係る独│┈┈┈┈┤                           ┊
│立価格に適切な調整│  NO                              ┊
│を加えた金額分だけ│                                 ┊
│増額されるか   │                                 ┊
└─────────────┘                                 ┊
      │YES
```

変更後の条件を反映したリース期間の決定とリース負債修正（借手のリース料現在価値まで修正）

リース負債の修正額相当額を使用権資産に加減する

新適用指針第45項

● リース料の単価のみが変更される場合、契約期間が延長される場合等が含まれる。

条件変更（範囲の増大）を条件変更前のリースとは別個のリースとして会計処理する

新適用指針第44項

・変更後の条件を反映したリース期間の決定とリース負債修正（借手のリース料現在価値まで修正）

・リース料の解約（一部又は全部）を反映するよう使用権資産の帳簿価額減額

・リース負債修正額と使用権資産減少額の差額を損益計上

新適用指針第45項

● 面積が縮小される場合、契約期間が短縮される場合等が含まれる。

100

第 8 章　借手のリース　（その 5）リースの契約条件の変更

4　契約条件の変更に係る数値例による会計処理

　契約条件の変更につき、数値例として事例 9 （リース範囲縮小及びリース単価増額）及び事例10（契約期間の延長）をあげ、当該事例に基づく借手の会計処理を示す。

　まず、事例 9 について、次の前提に基づいて、必要な会計処理を検討する。

事例 9　契約条件の変更（リース範囲縮小及びリース単価増額）

《前提》

✓ 顧客は不動産会社と700坪の店舗用建物に係る不動産賃貸借契約を締結した。

✓ 顧客は新適用指針第 5 項に照らして、当該契約はリースを含むと判断した。

✓ リースの当初の契約条件は次の通り。

　● リース料は年額6,000万円…リース期間10年（支払いは年 1 回毎年 3 月末）

　● リース開始日はX1年 4 月 1 日

✓ 借手の追加借入利子率年 7 ％で、借手は貸手の計算利子率を知り得ない。

✓ 顧客と不動産会社は、X6年 4 月 1 日に次の条件で契約条件変更に合意した。

　● 店舗用建物の坪数をX6年 4 月 1 日から350坪に縮小する。

　● 年間リース料を4,000万円に変更する。

✓ X6年 4 月 1 日現在の借手の追加借入利子率年 6 ％で、顧客は、リースの範囲の縮小については変更前の割引率を使用し、リース料の単価の増額については変更後の割引率を使用する。

《会計処理》

　X6年 4 月 1 日の契約条件の変更は、リースの契約条件の変更に該当する。条件変更に伴い、店舗用建物の縮小によりリースの範囲が縮小するととも

101

第1部　新リース会計基準の勘所　徹底解説

に、リース料の単価の増額を伴う。顧客は、当該条件変更に関して、新適用指針第45項に準拠して、店舗用建物の縮小とリース料の単価の増額のそれぞれにつき、別個に会計処理を行う。

(1)　リース開始日における使用権資産及びリース負債の計上額

リース開始日の使用権資産及びリース負債の計上額は以下により42,141万円となる。

よって、リース負債のX1年期首残高は図表1-23[*1]の通り、42,141万円となる。

$$\frac{6,000}{(1+0.07)} + \frac{6,000}{(1+0.07)^2} + \cdots\cdots\cdots + \frac{6,000}{(1+0.07)^{10}} = 42,141$$

(2)　リースの契約条件変更前のリース負債及び支払利息

リースの契約条件変更前のリース負債、元本残高、支払利息は以下のように計算される。この結果、X5年末のリース負債残高は図表1-23[*2]の通り、24,600万円と算定される。

図表1-23　リースの契約条件変更前のリース負債及び支払利息

（単位：万円）

年	リース負債				
	期首残高	支払リース料	元本	利息	期末残高
X1	42,141[*1]	6,000	3,050	2,950	39,091
X2	39,091	6,000	3,264	2,736	35,827
X3	35,827	6,000	3,492	2,508	32,335
X4	32,335	6,000	3,737	2,263	28,598
X5	28,598	6,000	3,998	2,002	24,600[*2]

(3)　使用権資産の償却

(1)で算定した通り、使用権資産の当初計上額は42,141万円となる。借手のリース期間10年にわたり減価償却を行うため、各期の減価償却費は4,214万円となる。

42,141万円 × 1年/10年 = 4,214万円

第 8 章　借手のリース　（その 5 ）リースの契約条件の変更

したがって、X5年末の使用権資産残高は、以下の通り、21,071万円と算定される。

42,141万円 − 4,214万円 × 5 年 ＝ 21,071万円（千円の位を四捨五入）

⑷　店舗用建物の縮小に係る会計処理

①　リースの範囲を縮小する契約変更における会計処理の考え方

店舗用建物の坪数を縮小する変更は、リースの契約条件の変更に該当する。具体的にはリースの範囲を縮小する契約変更である。新適用指針第45項に従い、顧客は、当該リースの契約条件の変更につき、当該契約条件の変更の発効日に、変更後の条件を反映してリース負債を修正し、リースの一部又は全部の解約を反映するように使用権資産の帳簿価額を減額する。この際、使用権資産の減少額とリース負債の修正額とに差額が生じた場合は、当該差額を損益に計上する。なお、事例 9 では、前提に記載の通り、リースの範囲の縮小については変更前の割引率を使用する。

②　リースの契約条件変更の発効日における仕訳

リースの契約条件の変更の発効日における仕訳は、以下の通りである。

（単位：万円）

| リース負債 [*3] | 12,300 | 使用権資産 [*4] | 10,535 |
| | | 利　益　[*5] | 1,765 |

[*3]：リース負債の減少額　24,600万円（図表 1 -23 [*2]）×50％
　　　（350坪/700坪）＝12,300万円
[*4]：使用権資産の減少額　21,071万円（⑶参照）×50％（350坪/700坪）
　　　＝10,535万円（千円の位を四捨五入）
[*5]：リース負債の減少額　12,300万円 − 使用権資産の減少額　10,535万円 ＝
　　　1,765万円

⑸　リース料の単価の増額に係る会計処理

①　リース料の単価の増額における会計処理の考え方

事例 9 では、リース料の単価が増額されている。単価が増額される変更は、リースの契約条件の変更に該当するものの、新適用指針第44項に定める「 1 つ以上の原資産を追加するリースの範囲の拡大」ではなく、また、

新適用指針第45項(2)①に定める「リースの範囲の縮小」にも該当しない。新適用指針第45項(2)②に定めるその他の契約条件の変更（リース料の変更）に該当する。

　顧客は、リースの契約条件の変更につき、当該リースの契約条件変更の発効日に、変更後の条件を反映してリース負債を修正し、当該リース負債の修正額に相当する金額を使用権資産に加減する。なお、事例9では、前提に記載の通り、リース料の単価の増額については変更後の割引率を使用する。

② リースの契約条件変更の発効日における仕訳

　リースの契約条件の変更の発効日X6年4月1日における仕訳は次の通りである。

（単位：万円）

使用権資産 (*7)	4,549	/	リース負債 (*6)	4,549

(*6)：単価の増額に対応した修正後のリース負債の額は、変更後の年間リース料4,000万円の5年分を変更後の割引率の年6％で割引いた現在価値として算定する。

$$\frac{4,000}{(1+0.06)} + \frac{4,000}{(1+0.06)^2} + \cdots\cdots\cdots\cdots + \frac{4,000}{(1+0.06)^5} = 16,849$$

　　リース負債の増加額は、修正後リース負債 16,849万円 −（X5年リース負債期末残高 24,600万円（図表1-23 (*2)）−契約変更に伴うリース負債減少額 12,300万円）＝4,549万円

(*7)：リース負債の修正額に相当する金額

続いて、事例10につき次の前提に基づき、必要な会計処理を検討する。

事例10　契約条件の変更（契約期間の延長）

《前提》

✓ 顧客は不動産会社と700坪の店舗用建物に係る不動産賃貸借契約を締結した。

✓ 顧客は新適用指針第5項に照らして、当該契約はリースを含むと判断

第8章　借手のリース　（その5）リースの契約条件の変更

した。

✓ リースの当初の契約条件は次の通り。

● リース料は年額6,000万円…リース期間10年（支払は年1回毎年3月末）

● リース開始日はX1年4月1日

✓ 借手の追加借入利子率年7％で、借手は貸手の計算利子率を知り得ない。

✓ 顧客と不動産会社は、X6年4月1日に次の条件で契約条件変更に合意した。

● 契約期間を4年延長する。

● 年間リース料は6,000万円のまま変更しない。

✓ X6年4月1日現在の借手の追加借入利子率年6％で、当該リースの契約条件の変更に伴い適用する割引率については、変更後の割引率を使用する。

《会計処理》

　契約期間が延長される変更は、リースの契約条件の変更に該当するものの、新適用指針第44項に定める「1つ以上の原資産を追加するリースの範囲の拡大」ではなく、また、新適用指針第45項(2)①に定める「リースの範囲の縮小」にも該当しない。新適用指針第45項(2)②に定めるその他の契約条件の変更（契約期間の変更）に該当する。

(1)　リース開始日における使用権資産及びリース負債の計上額

　リース開始日の使用権資産及びリース負債の計上額は以下により42,141万円となる。

　よって、リース負債のX1年期首残高は図表1-24[＊1]の通り、42,141万円となる。

$$\frac{6{,}000}{(1+0.07)}+\frac{6{,}000}{(1+0.07)^2}+\cdots\cdots\cdots\cdots+\frac{6{,}000}{(1+0.07)^{10}}=42{,}141$$

(2)　リースの契約条件変更前のリース負債及び支払利息

　リースの契約条件変更前のリース負債、元本残高、支払利息は以下のように計算される。この結果、X5年末のリース負債残高は図表1-24[＊2]の

105

第1部　新リース会計基準の勘所　徹底解説

通り、24,600万円と算定される。

図表1-24　リースの契約条件変更前のリース負債及び支払利息

（単位：万円）

年	リース負債				
	期首残高	支払リース料	元本	利息	期末残高
X1	42,141[（＊1）]	6,000	3,050	2,950	39,091
X2	39,091	6,000	3,264	2,736	35,827
X3	35,827	6,000	3,492	2,508	32,335
X4	32,335	6,000	3,737	2,263	28,598
X5	28,598	6,000	3,998	2,002	24,600[（＊2）]

(3)　店舗用建物の契約延長に係る会計処理

①　リースの契約を延長する契約条件変更における会計処理の考え方

　顧客は、当該リースの契約条件の変更につき、新適用指針第45項(1)及び(2)②に照らして、当該リースの契約条件の変更の発効日に、変更後の条件を反映してリース負債を修正し、当該リース負債の修正額に相当する金額を使用権資産に加減する。なお、事例10では、前提に記載の通り、リースの契約条件の変更に伴い適用する割引率については変更後の割引率を使用する。

②　リースの契約条件変更の発効日における仕訳

　リースの契約条件の変更の発効日X6年4月1日における仕訳は次の通りである。

（単位：万円）

使用権資産[（＊4）]	16,210	／	リース負債[（＊3）]	16,210

[（＊3）]：単価の増額に対応した修正後のリース負債の額は、年間リース料6,000万円の変更後の残存リース期間9年分を変更後の割引率の年6％で割引いた現在価値として算定する。

$$\frac{6,000}{(1+0.06)}+\frac{6,000}{(1+0.06)^2}+\cdots\cdots\cdots+\frac{6,000}{(1+0.07)^9}=40,810$$

　　リース負債の増加額は、修正後リース負債 40,810万円－X5年リース負債期末残高 24,600万円（図表1-24[（＊2）]）＝16,210万円

[（＊4）]：リース負債の修正額に相当する金額

第9章　借手のリース　（その6）リースの契約条件の変更を伴わないリース負債の見直し

| 第9章 | 借手のリース　（その6）リースの契約条件の変更を伴わないリース負債の見直し |

前章（第8章）では、リースの契約条件に変更がある場合を前提に、リース負債の見直し等の会計処理を取り扱ってきたが、第9章では、リースの契約条件の変更を伴わないケースにおけるリース負債の見直しに係る会計処理を検討する。

1　リースの契約条件の変更を伴わないリース負債の見直しがなぜ重要なのか

前章「リースの契約条件の変更」と同様で、当該見直しに伴い、一度計上した使用権資産及びリース負債の額を見直す必要が生じる場合がある。つまり、一旦計上した使用権資産及びリース負債について「事後測定」を求めている。

このため、使用権資産及びリース負債に係る継続的で適切な帳簿管理が必要になる、また、事後測定を可能にする数値管理等の仕組みやプロセスの整備を要する。

2　新リース会計基準等の定め

従来の基準では、リースの契約条件の変更を伴わないリース負債の見直しに係る取扱いを定めてなかった。新リース会計基準等では、当該取扱いを明確にするためIFRS 16におけるリース負債の見直しに係る取扱いを「IFRS16における主要な定め」として取り入れている。

具体的には、新適用指針において以下のように定めている。

借手は、リースの契約条件の変更が生じていない場合で、次のいずれかに該当するときには、該当する事象が生じた日にリース負債について当該事象の内容を反映した借手のリース料の現在価値まで修正し、当該リース負債の修正額に相当する金額を使用権資産に加減する（新適用指針第46項）。

(1)　借手のリース期間に変更がある場合（新会計基準第41項及び第42項）

(2)　借手のリース期間に変更がなく借手のリース料に変更がある場合（新適用指針第47項から第49項参照）

107

第1部　新リース会計基準の勘所　徹底解説

仕訳のイメージは以下の通りである。

| （借方）使用権資産 | ××× | （貸方）リース負債 | ××× |

又は

| （借方）リース負債 | ××× | （貸方）使用権資産 | ××× |

使用権資産の帳簿価額をゼロまで減額してもなお、リース負債の測定の減額がある場合には、残額を損益に計上する。仕訳のイメージは以下の通りである。

| （借方）リース負債 | ××× | （貸方）使用権資産 | ××× |
| | | 損　　益 | ××× |

3　リース期間に変更がある場合（ 2 の(1)）の取扱い

新リース会計基準等では、リース契約条件に変更が生じていない場合で、借手のリース期間に変更がある場合の取扱いを以下のように定めている。

借手は、リースの契約条件の変更が生じていない場合で、次の(i)及び(ii)のいずれも満たす重要な事象又は重要な状況が生じたときに、新会計基準第31項の延長オプションを行使すること又は解約オプションを行使しないことが合理的に確実であるかどうかについて見直し、借手のリース期間を変更し、リース負債の計上額の見直しを行う（新会計基準第41項）。

(i)　借手の統制下にあること

(ii)　延長オプションを行使すること又は解約オプションを行使しないことが合理的に確実であるかどうかの借手の決定に影響を与えること

● 新会計基準第41項に関して、当該見直しは、現在の経済状況を反映して有用な情報を提供するために行う。また、「重要な事象又は重要な状況」とは、借手の統制下にあり、かつ、延長オプションを行使すること又は解約オプションを行使しないことが合理的に確実であるか否かの借手の決定に影響を与えるものである。

108

第9章 借手のリース （その6）リースの契約条件の変更を伴わないリース負債の見直し

- ここで、借手の統制下にあるとの要件を設けたのは、借手が市場動向による事象又は状況の変化に対応して、延長オプションを行使すること又は解約オプションを行使しないことが合理的に確実であるか否かにつき見直すことを要しないためである。
- 具体的に、「重要な事象又は重要な状況」として、例えば、以下が考えられる。
  - (a) リース開始日に予想されていなかった大幅な賃借設備の改良で、延長オプション、解約オプション又は購入オプションが行使可能となる時点で借手が重大な経済的利益を有すると見込まれるもの
  - (b) リース開始日に予想されていなかった原資産の大幅な改変
  - (c) 過去に決定した借手のリース期間の終了後の期間に係る原資産のサブリースの契約締結
  - (d) 延長オプションを行使すること又は解約オプションを行使しないことに直接的に関連する借手の事業上の決定（例えば、原資産と組み合わせて使用する資産のリースの延長の決定、原資産の代替となる資産の処分の決定、使用権資産を利用している事業単位の処分の決定）

  次に、新リース会計基準等では、解約不能期間の変更に関して以下を定めている。

> 借手は、リースの契約条件の変更が生じていない場合で、延長オプションの行使等により借手の解約不能期間に変更が生じた結果、借手のリース期間を変更するときには、リース負債の計上額の見直しを行う（新会計基準第42項）。

- 「借手の解約不能期間の変更が生じた」とは、例えば、過去に借手のリース期間の決定に含めていなかった延長オプションを借手が行使する場合等に当該変更が生じる。

第1部　新リース会計基準の勘所　徹底解説

4 借手のリース期間に変更がなく借手のリース料に変更がある場合（2の(2)）の取扱い

　新適用指針では、リースの契約条件や借手のリース期間に変更がなく借手の
リース料に変更がある状況について、次の定めをおいている。

　リースの契約条件や借手のリース期間に変更がなく借手のリース料に変
更がある状況として、例えば、次のようなものが挙げられる（新適用指針第
47項）。

(i)　原資産を購入するオプションの行使についての判定に変更がある場合

(ii)　残価保証に基づく支払見込額に変動がある場合

(iii)　指数又はレートに応じて決まる借手の変動リース料に変動がある場合

　また、(iii)の「指数又はレートに応じて決まる借手の変動リース料」に関して
は、以下のように定めている。

● 借手は、指数又はレートに応じて決まる借手の変動リース料について、
　当該指数又はレートが変動し、そのことにより、今後支払うリース料に
　変動が生じたときにのみ、残りの借手のリース期間にわたり、変動後の
　指数又はレートに基づきリース料及びリース負債を修正し、リース負債
　の修正額に相当する金額を使用権資産に加減する（新適用指針第48項）。

● 借手は、新適用指針第26項によりリース料が参照する指数又はレートの
　将来の変動を見積り、当該見積られた指数又はレートに基づきリース料
　及びリース負債を算定している場合、前項の定めにかかわらず、決算日
　ごとに参照する指数又はレートの将来の変動を見積り、当該見積られた
　指数又はレートに基づきリース料及びリース負債を修正し、リース負債
　の修正額に相当する金額を使用権資産に加減する（新適用指針第49項）。

第9章　借手のリース　（その6）リースの契約条件の変更を伴わないリース負債の見直し

5　短期リースに係る借手のリース期間の変更

　新適用指針では、短期リースに係る借手のリース期間の変更について次の定めをおいている。なお、この定めは「リースの契約条件の変更」の場合も該当する。

　借手は、第44項から第46項の定めにかかわらず、短期リースに関する簡便的な取扱いを適用していたリース（第20項参照）について、借手のリース期間に変更がある場合で、変更前の借手のリース期間の終了時点から変更後の借手のリース期間の終了時点までが12か月以内であるときは、次のいずれかの方法を選択することができる（新適用指針第50項）。

(i)　変更後のリースについて短期リースとして取り扱う方法

(ii)　変更後のリースのうち、借手のリース期間の変更時点から変更後の借手のリース期間の終了時点までが12か月以内である場合のみ、短期リースとして取り扱う方法

　この取扱いについては、対応する原資産を自ら所有していたと仮定した場合に貸借対照表において表示するであろう科目ごとに又は性質及び企業の営業における用途が類似する原資産のグループごとに適用することができる。

● 新リース会計基準等では、短期リースに関する簡便的な取扱いを適用していたリースの借手のリース期間に変更がある場合に関する定めを置いている。このような場合には、例えば、当初の契約条件に含まれている延長オプションの対象期間を借手のリース期間に含めないことを決定していた場合に、当該延長オプションを行使したとき等が含まれる。

6　リース負債の見直し時に用いる割引率

　IFRS16では、リースの契約条件の変更が生じた場合、及びリースの契約条件の変更を伴わないリース負債の見直しをする際に適用する割引率を、その状況

第1部　新リース会計基準の勘所　徹底解説

に応じて定めている。例えば、①変更前の割引率を継続的に適用するケース、②変更後の割引率を適用するケースに分けて定めを置いている（IFRS16第39項～第43項）

① **変更前の割引率を継続的に適用するケース**

- 残価保証に基づいて支払われると見込まれる金額に変動があった場合
- 将来のリース料の算定に使用する指数又はレートの変動による将来のリース料の変動があり、キャッシュ・フローの変動があった場合

② **変更後の割引率を適用するケース**

- リース期間が変更された場合
- 購入オプションの行使可能性の判定に変化があった場合

　一方、新リース会計基準等では、リース負債の見直し時に、変更前の割引率を継続的に適用するか、あるいは、変更後の割引率を適用するか、具体的にどのような割引率を適用すべきかについて定めを置いていない。

　これは、簡素で利便性が高い会計基準を開発するという「基本的な方針」を踏まえ、詳しい定めを置かないほうが、当該方針に整合する等との考え方による。

　このため、実務上は、IFRS16の取扱いと同じ取扱いにする方法や、IFRS16の取扱いとは別に取扱い方針を適切に定めてそれを適用する方法等が考えられる。

7　リースの契約条件の変更を伴わないリース負債の見直しに係る数値例による会計処理

　リースの契約条件の変更を伴わないリース負債の見直しにつき、数値例として事例11をとりあげ、当該事例に基づく借手の会計処理を示す。

事例11　リースの契約条件の変更を伴わないリース負債の見直し

《前提》

✓顧客は不動産会社と店舗用建物700坪に係る不動産賃貸借契約を締結した。

✓顧客は新適用指針第5項に照らして、当該契約はリースを含むと判断した。

112

第9章　借手のリース　（その6）リースの契約条件の変更を伴わないリース負債の見直し

✓リースの当初の契約条件は次の通り。

- 解約不能期間は10年で、5年の延長オプション付き
- 解約不能期間中のリース料は年額6,000万円、延長オプション期間中のリース料は年額7,000万円
- リース開始日はX1年4月1日で、支払いは年1回毎年3月末

✓リース開始日において、顧客は、リースを延長するオプションを行使することが合理的に確実ではないと判断し、リース期間を10年と定めた。

✓借手の追加借入利子率年7％で、借手は貸手の計算利子率を知り得ない。

✓顧客は当該事業を拡張する方針を決め新規スタッフを採用するとともに店舗用建物の賃借を1フロア分（200坪）増床することとした。これに伴い、X8年4月1日をリース開始日として新たに賃借する1フロア分のリース契約（9年）を締結する。

✓この決定により、当該事業は事業拡張の方針のもとマンパワー及び人材配置も確保され、具体的な事業展開と生産性の向上が期待されるため、顧客がこのリースを10年の解約不能期間終了後に延長する経済的インセンティブが生じる。

✓当該事業拡張の決定と増床及び人材採用は顧客の統制下にある重要な事象であり、延長オプションを行使することが合理的に確実かどうかの顧客の決定に影響を与える。このため、X7年4月1日に、顧客は、リースを延長するオプションを行使することが合理的に確実になっていると判断する。

✓X7年4月1日現在の借手の追加借入利子率年6％で、顧客は、延長オプションを行使することが合理的に確実かどうかについての見直しにあたり、変更後の割引率を使用する。

《会計処理》

　延長オプションを行使することが合理的に確実であるかどうかについての見直し前の当初契約に基づくリース負債は図表1-25の通りである。

113

第1部　新リース会計基準の勘所　徹底解説

(1)　リース開始日における使用権資産及びリース負債の計上額

　リース開始日の使用権資産及びリース負債の計上額は以下により42,141万円となる。

　よって、リース負債のX1年期首残高は図表1 -25$^{(*1)}$の通り、42,141万円となる。

$$\frac{6,000}{(1+0.07)}+\frac{6,000}{(1+0.07)^2}+\cdots\cdots\cdots\cdots+\frac{6,000}{(1+0.07)^{10}}=42,141$$

(2)　リースの契約条件変更前のリース負債及び支払利息

　リースの契約条件変更前のリース負債、元本残高、支払利息は以下のように計算される。この結果、X6年末のリース負債残高は図表1 -25$^{(*2)}$の通り、20,322万円と算定される。

図表1 -25　見直し前のリース負債及び支払利息

(単位：万円)

年	リース負債				
	期首残高	支払リース料	元本	利息	期末残高
X1	42,141$^{(*1)}$	6,000	3,050	2,950	39,091
X2	39,091	6,000	3,264	2,736	35,827
X3	35,827	6,000	3,492	2,508	32,335
X4	32,335	6,000	3,737	2,263	28,598
X5	28,598	6,000	3,998	2,002	24,600
X6	24,600	6,000	4,278	1,722	20,322$^{(*2)}$

(3)　契約条件の変更を伴わないリース期間の変更に係る会計処理

①　会計処理の考え方

　延長オプションを行使することが合理的に確実であるかどうかについての見直しは、リースの契約条件の変更を伴わない借手のリース期間の変更である。顧客は、当該変更に関して、当該変更が生じた日にリース負債について当該変更の内容を反映した借手のリース料の現在価値まで修正し、当該リース負債の修正額に相当する金額を使用権資産に加減する。なお、

第9章　借手のリース　（その6）リースの契約条件の変更を伴わないリース負債の見直し

事例11では、前提に記載の通り、当該リース期間の変更に伴い適用する割引率については変更後の割引率を使用する。

② リースの契約条件変更の発効日における仕訳

リースの契約条件の変更の発効日X7年4月1日における仕訳は次の通りである。

（単位：万円）

使用権資産[*4]	23,824	/	リース負債[*3]	23,824

[*3]：見直し後のリース負債の金額は、解約不能期間の年間リース料の6,000万円の4年分と、延長オプション期間の年間リース料の7,000万円の5年分をすべて変更後の割引率（年6％）で割引いた現在価値として算定する。

リース負債の増加額は、見直し後リース負債額44,146万円から、X6年リース負債期末残高20,322万円（図表1-25[*2]）を引いた金額23,824万円となる。

見直し後リース負債額の算定は以下の通りである。

$$\frac{6,000}{(1+0.06)} + \frac{6,000}{(1+0.06)^2} + \frac{6,000}{(1+0.06)^3} + \frac{6,000}{(1+0.06)^4} + \frac{7,000}{(1+0.06)^5} +$$

$$\frac{7,000}{(1+0.06)^6} + \cdots\cdots\cdots + \frac{7,000}{(1+0.06)^9}$$

$$= 44,146$$

[*4]：リース負債の修正額に相当する金額

8　リース負債の見直し等に伴う実務上の留意事項

第8章及び第9章では、契約条件の変更及び契約条件の変更を伴わないケースでの使用権資産及びリース負債の再測定を扱った。これらに係る実務上の留意事項は以下の通りである。

✓従来の基準においてファイナンス・リースに分類されているリース契約も含め、契約条件の変更等による使用権資産及びリース負債の再測定を可能にする仕組みやプロセスの整備を要する。

✓当初測定したリース負債や使用権資産は計算の前提となる条件や数値が変わり計上額の見直しを要する場合がある、また、リース期間も契約書とは異な

115

第1部　新リース会計基準の勘所　徹底解説

る期間に事後的に変更する場合もある。このため、一度計上した使用権資産及びリース負債に数値の見直しが必要になる場合がある。したがって、従来にも増して適切な業務判断や数値管理が実務上より重要になり、使用権資産及びリース負債に係る継続的で適切な管理が必要になる。

第10章　借手のリース　（その7）再リースの取扱い

第10章 | 借手のリース　（その7）再リースの取扱い

1 | 再リースの取扱いがなぜ重要なのか

　日本の実務において、再リース期間は1年以内が通常であり、再リース料も少額であるのが一般的である。従来の基準では、再リース期間を耐用年数に含めない場合の再リースは、資産及び負債のオンバランスの対象とならず、当期に発生した再リース料を費用処理してきた。この処理が継続して認められるか否かが問題となる。

　再リースについて、借手のリース期間に変更がある場合に準拠した会計処理を行うことになれば、延長オプションの行使可能性等を検討し、リース負債の見直し等の会計処理を行うこととなるため、影響は大きい。

　新リース会計基準等では、再リース期間を借手のリース期間に含めていない場合は、再リースを当初のリースとは独立したリースとして会計処理を行うことができる。具体的には当初のリースとは独立したリースとして、一定の場合には短期リース等に該当することになる。

　結果として、従来の「発生時の費用処理」を継続できることとなった。

2 | 新リース会計基準等の取扱い

　新適用指針では、再リースについて、以下のように定めている。

> 　借手は、会計基準第31項に基づきリース開始日に再リース期間を借手のリース期間に含めていない場合又は本適用指針第44項若しくは第45項の適用において会計基準第31項に基づき直近のリースの契約条件の変更の発効日に再リース期間を借手のリース期間に含めていない場合、会計基準第41項及び第42項にかかわらず、再リースを当初のリースとは独立したリースとして会計処理を行うことができる（新適用指針第52項）。

この結果、再リース期間を借手のリース期間に含めていないことを条件に、

117

第1部　新リース会計基準の勘所　徹底解説

従来の基準の取扱いである、再リース料を発生時の費用として処理する現在の会計処理を継続することができる。

3 IFRS16における原則的な考え方

IFRS16では、新リース会計基準等に示された取扱いはない。したがって、IFRS16を適用する場合には、借手のリース期間に変更がある場合に準拠した会計処理を検討することになる。つまり、原則として、延長オプションの行使やリースの条件変更の取扱いを踏まえ、リース負債の見直し等の会計処理を検討することになる。

4 新リース会計基準等における考え方の根拠

再リースは我が国固有の商慣習であり、従来の取扱いを継続することで、国際的な比較可能性を大きく損なわずに、作成者の追加的な負担を減らすことができる。このため、借手は、リース開始日及び直近のリースの契約条件の変更の発効日において再リース期間を借手のリース期間に含めないことを決めた場合、新会計基準第41項、第42項で定めた「借手のリース期間に変更がある場合」の取扱いにかかわらず、再リースを、当初のリースとは別の独立したリースとして扱い会計処理できることとした。

日本の再リースは、経済的耐用年数を考慮した解約不能期間経過後に、当初の月額リース料程度の年間リース料により行われる1年間のリースであることが一般的である。また、通常、再リースに関する条項が当初の契約で明示されている。

このため、再リースに該当するか否かは通常は明確と考えられるが、なかには該当するか否かの判断を要するケースもあると考えられる。なお、こうした再リースの特徴は貸手の再リースにおいても同じである。

118

第 10 章　借手のリース　（その 7）再リースの取扱い

5 　再リースに係る実務上の留意事項

再リースに関して、実務上の留意事項は以下の通りである。

✓再リースは日本固有の商習慣で、従来の取扱い（発生時の費用処理）が継続して認められ、再リースを当初のリースとは独立したリースとして扱う。ただし、リース開始日（及び直近のリースの契約条件の変更の発効日）において、再リース期間を借手のリース期間に含めないことを決定することが条件となっており、実態を踏まえた経営判断や契約の在り方がポイントになる。

第1部　新リース会計基準の勘所　徹底解説

第11章　借手のリース　（その8）借地権に係る権利金等

　本章で取扱う項目は、新リース会計基準等によりはじめて明確にされたものも多く、今後、実務上の検討を要することが想定されるため、始めに用語の定義を確認しておく。新適用指針第4項では、次のように借地権に係る権利金等に係る用語を定義している。

「借地権」：建物の所有を目的とする地上権又は土地の賃借権をいう（借地
　　　　　借家法（平成3年法律第90号）附則第2条の規定による廃止前の借地
　　　　　法（以下、「借地法」という。）第1条、借地借家法第2条第1号）。

「借地権者」：借地権を有する者をいう。

「借地権設定者」：借地権者に対して借地権を設定している者をいう。

「旧借地権」：借地法の規定により設定された借地権をいう。

「普通借地権」：定期借地権以外の借地権（旧借地権を除く。）をいう。

「定期借地権」：借地借家法第22条第1項、第23条第1項又は第24条第1項
　　　　　　　の規定による定めのある借地権をいう。

「借地権の設定に係る権利金等」：借地権の設定において借地権者である借
　　　　　　　手が借地権設定者である貸手に支払った権利金、及び借手と貸
　　　　　　　手との間で借地契約を締結するにあたり当該貸手が第三者と借
　　　　　　　地契約を締結していた場合に、当該借手が当該第三者に対して
　　　　　　　支払う借地権の譲渡対価をいう。

1　借地権と権利金等の取扱い

(1)　借地権の設定に係る権利金とは

　借地権設定に係る権利金等の授受は、例えば、次のようなケースで行われ、これらの借地権を除く底地に対して毎月支払う賃料が設定され、当該賃料と借地権の価格には、通常、一定の相関関係がある。

● 土地賃貸借契約締結時に借地権の設定対価として権利金の授受が行われる

120

第11章　借手のリース　（その8）借地権に係る権利金等

ケース

● 借手が貸手と借地契約を締結するにあたり、当該貸手が当該借手以外の第三者と借地契約を締結する場合、当該借手が当該第三者から借地権の譲渡を受け、当該第三者に対して当該借地権の譲渡対価を支払うケース

(2) 借地権の設定に係る権利金等の性格

借地権の設定に係る権利金等は、土地を使用する権利に関する支払いである。この点、借手が貸手に対して毎月支払う賃料と相違はない。このため、「借手のリース料」に含まれる。この点と以下を踏まえると、当該権利金等と賃料は一体として会計処理を行うことで合理的である。

● 賃料と借地権の価格には、通常、一定の相関関係がある
● 当該権利金等の支払いは、通常、土地の賃貸借契約とほぼ同時に行われる
● 当該権利金と賃料はパッケージとして交渉されている

2 借地権等の減価償却

旧借地権、普通借地権、定期借地権等の借地権の設定に係る権利金等について、新リース会計基準等では次の会計処理を定めている。

(1) 新リース会計基準等の原則的な取扱い

> 借地権の設定に係る権利金等は、使用権資産の取得価額に含め、原則として、借手のリース期間を耐用年数とし、減価償却を行う（新適用指針第27項第一段落）。

借地権の設定に係る権利金は、土地を使用する権利に対する支払いである点で、毎月支払われる賃料と違いはない。定期借地権が設定される土地の賃貸借契約は、賃借期間の満了時に当該賃貸借契約が終了する。このため、借地借家法第23条第1項の規定による定めのある事業用借地権等の定期借地権の設定に係る権利金等は、賃貸借契約の期間に係るコストと考えられ、上記新適用指針第27項第一段落の会計処理を行う。

121

第1部　新リース会計基準の勘所　徹底解説

　一方、従来の基準では、借地権の設定に係る権利金等について特に定めを置いてこなかったことから、従来は、(1)に定める原則的な処理は行われてこなかった可能性がある。そこで、旧借地権又は普通借地権の設定に係る権利金等について、例外的取扱いを容認している。これを次の(2)で説明する。

(2)　従来の基準下で旧借地権又は普通借地権の設定に係る権利金等を償却してこなかった借手に対する例外的な取扱い

　新リース会計基準等では、旧借地権又は普通借地権の設定に係る権利金等について、これまで償却してこなかった借手に対して例外的な取扱い及び新会計基準適用初年度における経過措置を定めて、例外的な取扱いを容認している。

　対象となる旧借地権又は普通借地権の設定に係る権利金等について、借手が計上するタイミングの観点から次の2つの権利金等に分類され、新リース会計基準等では、当該2つについて3通りの例外的な取扱い（経過措置を含む）を容認している。

A：新会計基準の適用初年度の期首に計上されている権利金等

B：新会計基準の適用後に新たに計上される権利金等

　上記A及びBについて、新リース会計基準等では、次の3通りの例外的な取扱いを容認している。

①　AもBも償却しない方法（例外的取扱い）

②　Bを償却する借手がAは償却しない方法（経過措置）

③　Bを償却する借手がAは簡便的な期首簿価を算定する方法（経過措置）

✓①について、従来の会計処理を継続できるようにするため、A、Bともに減価償却しないことが認められる（新適用指針第27項ただし書き(1)）。

✓②について、Bにつき減価償却する借手には、新会計基準適用初年度の経過措置として、Aにつき減価償却を行わないことが認められる（新適用指針第127項）。

　仮に、原則的な取扱いを一律に適用することを求めると、当初の契約の意図が会計処理に反映されなくなる可能性があること、また、新会計基準適用後に

122

第11章　借手のリース　（その8）借地権に係る権利金等

生じる権利金等に限り減価償却を行うとしても財務報告の改善に一定の効果があること、等を考慮して定めを置いたものである。

✓ ③について、Ｂにつき減価償却する借手企業には、新会計基準適用初年度の経過措置として、Ａについて次の処理（簡便的な期首簿価を算定する方法）が認められる。

- 権利金等を計上した日から借手のリース期間の終了までの期間で償却するものとして適用初年度の期首時点の帳簿価額を算定する。ただし、適用初年度の前事業年度期末日における権利金等の帳簿価額を上限とする（新適用指針第129項）。
- 当該取扱いは、新会計基準の適用初年度の経過措置として、新適用指針第118項ただし書きの方法（適用初年度の累積的影響額を適用初年度期首の利益剰余金に加減する等の方法）を選択する借手のみに認められる。

当該権利金等に係る会計処理はこれまで明確に定められていなかった。旧借地権及び普通借地権は、借手の権利が強く保護されており、借地権の設定対価は、減価しない土地の一部取得に準ずるとの見方もある。また、資産として計上する権利金等には「固定資産の減損会計」が適用されるため、仮に償却しない場合でも、必ずしも資産の過大計上にはつながらないと考えられる。

(3) 従来の基準下で旧借地権及び普通借地権の設定に係る権利金等を計上してこなかった場合の取扱い

(2)では、従来の基準下で権利金等を償却してこなかった借手に対する例外的な取扱いを扱ったが、中には、当該権利金等を貸借対照表上に計上してこなかった借手も存在すると思われる。

新会計基準適用初年度の期首に、旧借地権及び普通借地権の設定に係る権利金等が計上されていない場合についても、Ｂの権利金等について、減価償却を行わないことが認められる（新適用指針第27項ただし書き(2)）。

以上、旧借地権又は普通借地権の設定に係る権利金等について、借手が有する会計処理の選択可能性をまとめると、図表1-26の通りである。当該権利金等

123

には固定資産の減損会計を適用するため、こうした点も踏まえて、例外的取扱いも含めた減価償却の方法の中から借手は会計処理を選択することになる。

図表 1 -26　旧借地権又は普通借地権の設定に係る権利金等に関する会計処理の選択可能性

選択肢	新リース会計基準の適用初年度期首に計上されている権利金等	新リース会計基準の適用後に新たに計上される権利金等
その1	償却する（新適用指針第27項第一段落）	
その2	償却しない（新適用指針第127項）	償却する（新適用指針第27項第一段落）
その3	権利金等を計上した日から借手のリース期間の終了までの期間で償却するものとして、適用初年度期首時点の帳簿価額を算定する（ただし適用初年度の前事業年度の期末日における権利金等の帳簿価額を上限とする）（新適用指針第129項）	償却する（新適用指針第27項第一段落）
その4	償却しない（新適用指針第27項ただし書き(1)）	
その5	計上していない	償却しない（新適用指針第27項ただし書き(2)）

3　資産除去債務

　新リース会計基準等では、有形固定資産に係る資産除去債務に関連して、次の定めを置いている。

> 　借手は、資産除去債務を負債として計上する場合の関連する有形固定資産が使用権資産であるとき、企業会計基準第18号「資産除去債務に関する会計基準」第7項に従って当該負債の計上額と同額を当該使用権資産の帳簿価額に加える（新適用指針第28項）。

　企業会計基準第18号「資産除去債務に関する会計基準」（以下「資産除去債務会計基準」）では、「資産除去債務に対応する除去費用は、資産除去債務を負債として計上した時に、当該負債の計上額と同額を、関連する有形固定資産の帳

簿価額に加える。」（資産除去債務会計基準第7項）と定めている。また、資産除去債務会計基準でいう有形固定資産には、「財務諸表等規則において有形固定資産に区分される資産のほか、それに準じる有形の資産も含む」（資産除去債務会計基準第23項）としている。このため、新適用指針第28項の会計処理を行う。

第1部　新リース会計基準の勘所　徹底解説

第12章　借手のリース　（その9）建設協力金等の差入預託保証金

　建設協力金等や敷金は金融商品に該当するため、これらに関連する定めは移管指針第9号「金融商品会計に関する実務指針」（以下「金融商品実務指針」）で取り扱ってきた。一方、これらの項目は、主にリース契約の締結により生じる項目であるため、これらの具体的な会計処理の定めについて、金融商品実務指針から削除し、新リース会計基準等において定めている。

1　建設協力金等

　建設協力金は、建物建設時に消費寄託する建物等の賃貸に係る預託保証金である。建設協力金は当初無利息で、一定期間（10年等）経過後低利の金利が付利され、その後一定期間にわたり現金で返済されるもの等がある。建設協力金は、契約に定めた期日に預り企業である貸手が現金を返還し、差入企業である借手がこれを受け取る契約であり、金融商品に該当する。

⑴　金融商品実務指針等の取扱い（従前の取扱い）

　金融商品実務指針等の取扱いは次の通りであり、当初認識時の時価は、返済期日までのキャッシュ・フローを割り引いた現在価値が、建設協力金等の時価である（ただし敷金は除く）。

> （i）　差入預託保証金の支払額と当初認識時の時価との差額を、長期前払家賃として計上し、契約期間にわたり各期の純損益に合理的に配分する。
> （ii）　当初認識時の時価と返済金額との差額につき、契約期間にわたり配分し受取利息として計上する。また、差入預託保証金のうち将来返還されない額は、賃借予定期間にわたり定額法により償却する。

⑵　新リース会計基準等の取扱い（敷金以外の建設協力金等の差入預託保証金）

　建設協力金等の差入預託保証金は、貸手（預り企業）から借手（差入企業）に

126

第12章 借手のリース （その9）建設協力金等の差入預託保証金

将来返還される。金融商品実務指針等で長期前払家賃として取り扱ってきた部分は、利息の受取を定額とすることによる賃料の支払いとしての性質を有する。このため、当該部分はリース料として使用権資産の取得価額に含めることが合理的である。

> 預り企業である貸手から、差入企業である借手に将来返還される建設協力金等の差入預託保証金（敷金を除く。）に係る当初認識時の時価は、返済期日までのキャッシュ・フローを割り引いた現在価値である。差入企業である借手は、当該差入預託保証金の支払額と当該時価との差額を使用権資産の取得価額に含める。また、当初時価と返済額との差額は、弁済期又は償還期に至るまで毎期一定の方法で受取利息として計上する（新適用指針第29項）。

なお、実務上、以下の点に留意を要する。

① 抵当権設定の場合の割引率

> 建設協力金につき、差入企業である借手が対象となった土地建物に抵当権を設定している場合、現在価値に割り引くための利子率は、原則としてリスク・フリーの利子率を使用する（新適用指針第30項）。

当該利子率として、例えば、契約期間と同一の期間の国債の利回りが考えられる。

② 影響額に重要性のない差入預託保証金

> 差入企業である借手は、新適用指針第29項の定めにかかわらず、返済期日までの期間が短いもの等、その影響額に重要性がない将来返還される差入預託保証金（敷金を除く。）について、新適用指針第29項の会計処理を行わないことができる。新適用指針第29項の会計処理を行わない差入預託保証金（敷金を除く。）については、債権に準じて会計処理を行う（新適用指針第31項）。

第1部　新リース会計基準の勘所　徹底解説

③　貸手から借手に将来返還されないことが契約上定められている金額の取扱い

　　差入企業である借手は、差入預託保証金（敷金を除く。）のうち、差入預託保証金の預り企業である貸手から差入企業である借手に将来返還されないことが契約上定められている金額について、使用権資産の取得価額に含める（新適用指針第32項）。

　当該金額を使用権資産の取得価額に含めるのは、リースの借手が賃貸借契約に基づき原資産を使用する権利に関する支払いである点で、毎月支払われるリース料と相違がないからである。

④　貸倒引当金

　　建設協力金等の差入預託保証金について差入預託保証金の預り企業である貸手の支払能力から回収不能と見込まれる金額がある場合、金融商品会計基準に従って貸倒引当金を設定する（新適用指針第36項）。

2 敷金

　敷金は、賃料及び修繕の担保的性格を有し償還期限は貸借契約満了時である。法的には契約期間満了時に返還請求権が発生し、通常無金利である。

　このため、差入敷金については、建設協力金と異なり取得原価で計上する、とする金融商品実務指針の取扱いを踏襲している。具体的には次の通りである。

　　差入企業である借手は、差入敷金のうち、差入敷金の預り企業である貸手から差入企業である借手に将来返還される差入敷金について、取得原価で計上する。ただし、敷金以外の建設協力金等の差入預託保証金の取扱い（新適用指針第29項及び第30項）に準じて会計処理を行うことができる（新適用指針第33項）。

　ただし書きについては、IFRS任意適用企業がIFRS16の定めを個別財務諸表

128

に用いても、基本的に修正が不要になる基準開発の方針に従い、差入敷金についても建設協力金と同様の会計処理を認めたものである。

実務上、以下の点に留意を要する。

① **貸手から借手に将来返還されないことが契約上定められている金額の取扱い**

> 差入企業である借手は、差入敷金のうち、差入敷金の預り企業である貸手から差入企業である借手に返還されないことが契約上定められている金額を使用権資産の取得価額に含める（新適用指針第34項）。

当該金額を使用権資産の取得価額に含めるのは、リースの借手が賃貸借契約に基づき原資産を使用する権利に関する支払いである点で、毎月支払われるリース料と相違がないからである。

② **資産除去債務の会計処理との関係**

> 企業会計基準適用指針第21号「資産除去債務に関する会計基準の適用指針」第9項に従い、敷金の回収が最終的に見込めないと認められる金額を合理的に見積り、そのうち当期の負担に属する金額を費用に計上する方法を選択する場合、同項に従って差入敷金の会計処理を行う（新適用指針第35項）。

③ **貸倒引当金**

貸手の支払能力から回収不能と見込まれる金額がある場合、企業会計基準第10号「金融商品に関する会計基準」（以下「金融商品会計基準」）に従って貸倒引当金を設定することは、「敷金以外の建設協力金等の差入預託保証金」と同様である。

第1部　新リース会計基準の勘所　徹底解説

第13章　貸手のリース

1　貸手の会計処理の基本的な考え方

　新リース会計基準等では、収益認識会計基準との整合性を図っている。それ以外は、従来の基準の考え方を踏襲し、基本的には取扱いを現行と変えていない。リースの定義及びリースの識別は変更、追加がある。

　このため、貸手においては、ファイナンス・リース取引及びオペレーティング・リース取引の区分や、所有権移転ファイナンス・リース取引及び所有権移転外ファイナンス・リース取引の区分は残る（新会計基準第43項、第44項）。

　したがって、借手と貸手で取扱いや会計処理が異なることになる。

　一つ大きな変更点として、従来の基準で認められてきた「第二法（リース料受取時に売上高及び売上原価を計上する方法）」は認められなくなる。これは、収益認識会計基準において対価の受取時にその受取額で収益を計上することが認められなくなったことを契機としている。

　貸手のリースにおけるリース料、利息額、残存価額等の関係を図表1-27に示した。

図表1-27　リース料、利息額、残存価額等の関係（貸手）

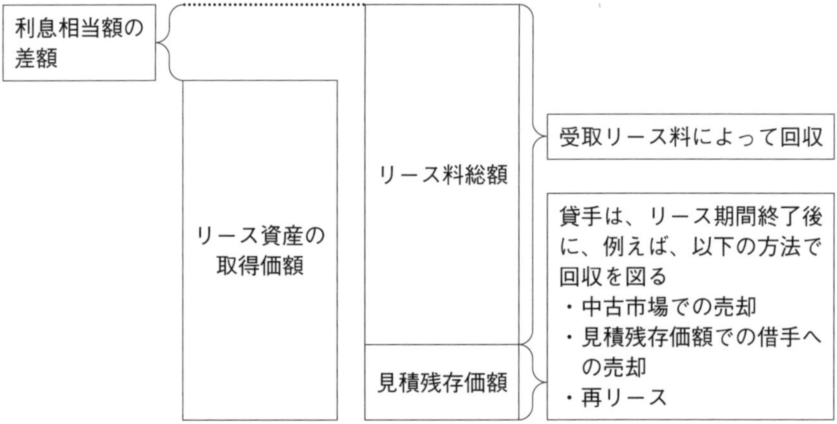

130

第13章　貸手のリース

2 新リース会計基準等での主な改正点等

　従来の基準では、ファイナンス・リース取引の会計処理につき、次の3つの方法を定めていた。

(i)　リース取引開始日に売上高と売上原価を計上する方法

(ii)　リース料受取時に売上高と売上原価を計上する方法

(iii)　売上高を計上せずに利息相当額を各期へ配分する方法

　このうち、(ii)の方法については、リース期間中の各期の受取リース料を売上高として計上する方法であり、従来行われてきた割賦販売の処理を想定していた。

　一方、収益認識会計基準において対価の受取時にその受取額で収益を計上することが認められなくなったことを契機としてリースに関する収益の計上方法を見直した結果、新リース会計基準等では(ii)の方法を廃止した。

(1) 「リース取引開始日に売上高と売上原価を計上する方法(i)」と整合する新適用指針の定め（所有権移転外ファイナンス・リース）

　(i)の方法は、リース料総額をリース取引開始日売上高として計上する方法であり、主として製造業、卸売業等を営む企業が製品又は商品を販売する手法としてリース取引を利用する場合を想定している。

　ファイナンス・リースと資産の売却の経済実質は、取引対象となる資産を使用する権利が移転される点で類似している。このため、製品又は商品を販売することを主たる事業とする企業が、同時に貸手として同一の製品又は商品を原資産とする場合のファイナンス・リースでは、貸手は、リース開始日に売上高と売上原価を認識し、販売益を認識することが、収益認識会計基準と整合的な会計処理になる。

　このため、新適用指針第71項では次の定めをおいている。

　貸手は、ファイナンス・リースについて、通常の売買取引に係る方法に準じた会計処理を行う（新会計基準第45項）。貸手として行ったリースが所

131

第1部　新リース会計基準の勘所　徹底解説

有権移転外ファイナンス・リースと判定される場合、貸手は、事業の一環
で行うリースについて取引実態に応じ、次の(1)又は(2)のいずれかにより会
計処理を行う（新適用指針第71項）。

(1)　製造又は販売を事業とする貸手が当該事業の一環で行うリース

　①　リース開始日に、貸手のリース料からこれに含まれている利息相当
　　額を控除した金額 (*) で売上高を計上し、同額でリース投資資産を計
　　上する。また、原資産の帳簿価額により売上原価を計上する。原資産
　　を借手の使用に供するために支払う付随費用がある場合、当該付随費
　　用を売上原価に含める。ただし、売上高と売上原価の差額（以下、「販
　　売益相当額」という。）が貸手のリース料に占める割合に重要性が乏し
　　い場合は、原資産の帳簿価額（付随費用がある場合はこれを含める。）を
　　もって売上高及び売上原価とし、販売益相当額を利息相当額に含めて
　　処理することができる。

　②　各期に受け取る貸手のリース料（以下、「受取リース料」という。）を
　　利息相当額とリース投資資産の元本回収とに区分し、前者を各期の損
　　益として処理し、後者をリース投資資産の元本回収額として会計処理
　　を行う。

(2)　製造又は販売以外を事業とする貸手が当該事業の一環で行うリース

　①　リース開始日に原資産の現金購入価額（原資産を借手の使用に供する
　　ために支払う付随費用がある場合は、これを含める。）により、リース投
　　資資産を計上する。

　②　受取リース料の会計処理は、(1)②と同様とする。

（＊）従来の基準における第1法と比較して利息相当額を含めていない点が異なる。

(2)　「売上高を計上せずに利息相当額を各期へ配分する方法(iii)」と整合する新適用指針の定め（所有権移転外ファイナンス・リース）

　(iii)の方法は、売上高を計上せず、利益の配分のみを行う方法であり、リース取
引が有する複合的な性格の中でも、金融取引の性格が強い場合を想定している。

　具体的には、リース料総額とリース物件の現金購入価額の差額は受取利息相

当額として取り扱い、リース期間にわたり各期へ配分することとしている。

新リース会計基準等では、事業の一環以外で行うリースについて、次の、新適用指針第72項の定めをおいている。

> 貸手が事業の一環以外で行うリースについて、当該リースが所有権移転外ファイナンス・リースと判定される場合、貸手は、次の会計処理を行う（新適用指針第72項）。
>
> (1) リース開始日に、貸手のリース料からこれに含まれている利息相当額を控除した金額と原資産の帳簿価額との差額を売却損益として計上し、貸手のリース料からこれに含まれている利息相当額を控除した金額でリース投資資産を計上する。原資産を借手の使用に供するために支払う付随費用がある場合、当該付随費用を含めて売却損益に計上する。ただし、当該売却損益が貸手のリース料に占める割合に重要性が乏しい場合は、当該売却損益を利息相当額に含めて処理することができる。
>
> (2) 受取リース料の会計処理は、前項(1)②と同様とする。

(3) 変更に伴う貸手への影響

(1)の方法と(2)方法とでは、ファイナンス・リースに係る売上高を計上するか否かの点で大きな差異がある。(1)は売上高を計上する方法であるが、(2)は売上高を計上せず、利益の配分だけを行う方法である。このため、従来の基準下で、(i)「リース取引開始日に売上高と売上原価を計上する方法」、又は、(ii)「リース料受取時に売上高と売上原価を計上する方法」によりファイナンス・リースに係る売上高を計上している貸手は、当該取引の収益認識方法の変更に伴い損益計算書に大きな影響が生じる可能性がある。このため、貸手は、次の点をあらかじめ検討しておくことが望まれる。

① 従来の基準で(i)「リース取引開始日に売上高と売上原価を計上する方法」を適用している貸手

新適用指針第71項に定める(1)の方法の適用により、引き続き、リース開始日にファイナンス・リースに関する売上高が計上されるか、又は、新適用指針第

71項及び第72項に定める(2)の方法の適用により、今後は、ファイナンス・リースに係る売上高が計上されなくなるか、について検討を要する。

② 従来の基準で(ii)「リース料受取時に売上高と売上原価を計上する方法」を適用している貸手

新適用指針第71項に定める(1)の方法の適用により、ファイナンス・リースに関する売上高の計上時期が変更されるか、又は、新適用指針第71項及び第72項に定める(2)の方法の適用により、今後は、ファイナンス・リースに係る売上高が計上されなくなるか、について検討を要する。

(4) 所有権移転ファイナンス・リースのケース

貸手の行ったリースが所有権移転ファイナンス・リースの場合、基本となる会計処理は、上記(1)及び(2)と同様となる。ただし、「リース投資資産」は「リース債権」と読み替える。また、割安購入選択権がある場合、当該割安購入選択権の行使価額を貸手のリース料及び受取リース料に含める。

貸手の会計処理のイメージを図表1-28に示した。

図表1-28　貸手の会計処理のイメージ

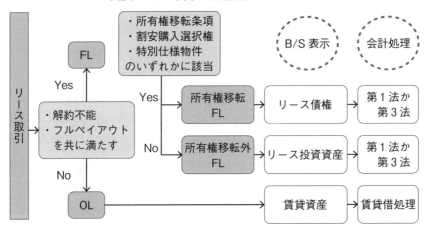

（注）：表中、第1法、第3法は 2 で示した、従来の基準における(i)法(iii)法を指す。

第13章　貸手のリース

3 貸手のリースに係る主な実務上の留意事項

(1) 貸手のリース期間

　貸手は、リース期間について、「新リース会計基準等における借手と同様の方法」「従来の基準の定めによる方法」のいずれも選択できる。

　貸手は、貸手のリース期間について、次のいずれかの方法を選択して決定する（新会計基準第32項）。

(1) 借手のリース期間と同様に決定する方法（前項参照）

(2) 借手が原資産を使用する権利を有する解約不能期間（事実上解約不能と認められる期間を含む。）にリースが置かれている状況からみて借手が再リースする意思が明らかな場合の再リース期間を加えて決定する方法

---

(2) リースとリース以外との区分

- 借手及び貸手は、リースを含む契約について、原則として、リースを構成する部分とリースを構成しない部分とに分けて会計処理を行う（新適用指針第9項、第12項）。

- ただし、貸手は、上記にかかわらず、リースを含む契約についてリースを構成しない部分が収益認識会計基準の適用対象であって、かつ、次の①及び②のいずれも満たす場合には、契約ごとにリースを構成する部分と関連するリースを構成しない部分とを合わせて取り扱うことができる（新適用指針第14項）。

　① リースを構成する部分と関連するリースを構成しない部分の収益の計上の時期及びパターンが同じ

　② リースを構成する部分がオペレーティング・リースに分類される

- 貸手が当該取扱いを適用する場合、リースを構成する部分がリースを含む契約の主たる部分であるかどうかに応じて次の(i)又は(ii)により会計処理を行う（新適用指針第15項）。

　(i) リースを構成する部分がリースを含む契約の主たる部分であるときは、リースを構成する部分と関連するリースを構成しない部分とを分けずに合

135

わせてリースを構成する部分としてオペレーティング・リースに係る会計処理を行う（新適用指針第82項参照）。

(ⅱ) (ⅰ)に該当しないときは、リースを構成する部分と関連するリースを構成しない部分とを分けずに合わせて収益認識会計基準に従って単一の履行義務として会計処理を行う。

⑶ 特別仕様物件

IFRS16には、所有権移転ファイナンス・リースと所有権移転外ファイナンス・リースの区分はない。特に特別仕様物件については、IFRS16に他の類似する定めもない。

新適用指針では、所有権移転ファイナンス・リースに分類される3要件は、次の通りで、従来の基準の考え方を踏襲しその取扱いは変わらず現行の会計処理を継続できる。

貸手は、ファイナンス・リースについて、所有権移転ファイナンス・リースと所有権移転外ファイナンス・リースとに分類する（新会計基準第44項）。新適用指針第62項でファイナンス・リースと判定されたもののうち、次の(ⅰ)から(ⅲ)のいずれかに該当する場合、所有権移転ファイナンス・リースに分類し、いずれにも該当しない場合、所有権移転外ファイナンス・リースに分類する（新適用指針第70項）。

(ⅰ) 契約上、契約期間終了後又は契約期間の中途で、原資産の所有権が借手に移転することとされているリース

(ⅱ) 契約上、借手に対して、契約期間終了後又は契約期間の中途で、名目的価額又はその行使時点の原資産の価額に比して著しく有利な価額で買い取る権利（以下合わせて「割安購入選択権」という。）が与えられており、その行使が確実に予想されるリース

(ⅲ) 原資産が、借手の用途等に合わせて特別の仕様により製作又は建設されたものであって、当該原資産の返還後、貸手が第三者に再びリース又は売却することが困難であるため、その使用可能期間を通じて借手によっ

第13章　貸手のリース

てのみ使用されることが明らかなリース

- ⅲの原資産の中には、新適用指針第70項ⅲにおいて「借手の用途等に合わせて特別の仕様により製作又は建設されたもの」とされているように、専用性の高い機械装置等以外に特別仕様の建物等の不動産も含まれる。

⑷　利息相当額の配分

利息相当額の総額の算定方法や利息相当額の配分の方法も従来の基準と変わらない。

> 　貸手における利息相当額の総額は、貸手のリース料及び見積残存価額（貸手のリース期間終了時に見積られる残存価額で残価保証額以外の額）の合計額から、これに対応する原資産の取得価額を控除することによって算定する。当該利息相当額については貸手のリース期間にわたり、原則として、利息法により配分する　（新会計基準第47項）。

- 利息相当額の総額を貸手のリース期間中の各期に配分する方法は、原則として、利息法による。ただし、リースを主たる事業としない企業による所有権移転外ファイナンス・リースに重要性が乏しいと認められる場合、利息相当額の総額を貸手のリース期間中の各期に定額で配分できる（新適用指針第74項）。この取扱いも従来の基準を踏襲している。
- 「重要性が乏しいと認められる場合」とは、未経過の貸手のリース料及び見積残存価額の合計額の期末残高（新適用指針第73項に従い利息相当額を利息法により各期に配分しているリースに係るものを除く）が当該期末残高及び営業債権の期末残高の合計額に占める割合が10パーセント未満である場合をいう（新適用指針第75項）。具体的に以下のイメージである。

リース比率

$$= \frac{\text{未経過リース料期末残高} + \text{見積残存価額期末残高}}{\text{未経過リース料期末残高} + \text{見積残存価額期末残高} + \text{営業債権期末残高}}$$

- 連結財務諸表においては、上記リース比率の判定を、連結財務諸表の数値を

第1部　新リース会計基準の勘所　徹底解説

基礎として見直すことができる。見直しの結果、個別財務諸表の修正を行う場合、連結修正仕訳により修正を行う。

⑸　現在価値の算定における計算利子率

現在価値の算定を行うにあたっては、貸手のリース料の現在価値と貸手のリース期間終了時に見積られる残存価額で残価保証額以外の額（見積残存価額）の現在価値の合計額が、当該原資産の現金購入価額又は借手に対する現金販売価額と等しくなるような利率（貸手の計算利子率）を用いる（新適用指針第66項）。

- 新適用指針第66項の貸手の計算利子率（r）は、以下のイメージになる。

$$I = p_0 + \frac{p_1}{(1+r)} + \frac{p_2}{(1+r)^2} + \frac{p_3}{(1+r)^3} + \cdots + \frac{p_{n-1}}{(1+r)^{n-1}} + \frac{p_n + Q}{(1+r)^n}$$

I：貸手の購入価額等　p_0〜p_n：リース料総額の毎期（月）の受取額（割安購入選択権の行使価額や残価保証額も含む）で前払リース料がある場合を前提とする。Q：見積残存価額

- IFRS 16のリースの計算利子率は、リース料の現在価値と無保証残存価値の現在価値の合計額が、原資産の公正価値と貸手の当初直接コストの合計額と等しくなる利子率である。新リース会計基準等における「貸手の計算利子率」は、従来の基準の定めを踏襲しており、IFRS 16におけるリースの計算利子率とは主に貸手の当初直接コストを考慮しない点が異なる。

⑹　不動産に係るリースの取扱い

新リース会計基準等では、不動産に係るリースにつき以下の定めを置くが、従来の基準の取扱いと基本的には変わっていない。

土地、建物等の不動産のリースについても、新適用指針第59項から前項に従い、ファイナンス・リースに該当するか、オペレーティング・リースに該当するかを判定する。ただし、土地については、新適用指針第70項の

第13章　貸手のリース

(1)又は(2)（所有権移転リースに分類される要件(1)又は(2)）のいずれかに該当する場合を除き、オペレーティング・リースに該当するものと推定する（新適用指針第68項）。

● 土地の経済的耐用年数は無限であるため、新適用指針第70項の(1)「契約期間終了後又は契約期間の中途で原資産の所有権が借手に移転するケース」又は同第70項の(2)「借手に対して、契約期間終了後又は契約期間の中途で、割安購入選択権が与えられており、その行使が確実に予想されるリース」のいずれかに該当する場合を除いては、通常、フルペイアウトのリースに該当しない。

土地と建物等を一括したリース（契約上、建物賃貸借契約とされているものも含む）は、原則として、貸手のリース料を合理的な方法で土地に係る部分と建物等に係る部分に分割した上で、建物等について、新適用指針第62項(1)に定める現在価値基準の判定を行う（新適用指針第69項）。

● 貸手のリース料を土地に係る部分と建物等に係る部分に合理的に分割する方法としては次の(a)又は(b)が考えられる。このうち最も実態に合った方法を採用する。

(a)　賃貸借契約書等で、適切な土地の賃料が明示されている場合には、貸手のリース料から土地の賃料を差し引いた額を、建物等のリース料とする。

(b)　貸手のリース料から土地の合理的な見積賃料を差し引いた額を、建物等のリース料とみなす。合理的な見積賃料には、近隣の水準などを用いることが考えられる。

(7)　オペレーティング・リース

従来の基準では明確に示されていなかったオペレーティング・リース取引の会計処理につき、新適用指針で以下の通り定めを置いている。

貸手のオペレーティング・リースについては、通常の賃貸借取引に係る方法に準じた会計処理を行う（新会計基準第48項）。貸手は、オペレーティ

139

第1部　新リース会計基準の勘所　徹底解説

ング・リースによる貸手のリース料について、貸手のリース期間にわたり原則として定額法で計上する。

ただし、貸手が貸手のリース期間について新会計基準第32項(2)の方法を選択して決定する場合に当該貸手のリース期間に無償賃貸期間が含まれるときは、貸手は、契約期間における使用料の総額（ただし、将来の業績等により変動する使用料を除く。）について契約期間にわたり計上する（新適用指針第82項）。

- 収益認識会計基準との整合性を図り、貸手のリース料について、貸手のリース期間にわたり原則として定額法で計上することとしている。
- 実務では、フリーレント（契約開始当初数か月間賃料が無償となる契約）やレントホリデー（賃料無料期間を分割させる制度で、賃料が無償の期間を契約期間内で分散させることが可能な制度）などに関する会計処理が必ずしも明らかでなく、従来の基準におけるオペレーティング・リース取引の会計処理の実務に多様性が生じてきており、企業間の比較可能性が損なわれている状況であった。ここで、貸手のオペレーティング・リースの会計処理につき、収益認識会計基準との整合性を図り、原則として定額法による計上を求めることは、リースの会計処理について企業間の比較可能性を高めることになる。
- フリーレント等を含むリースや、毎期のリース料が定額でないリース等について、貸手の収益認識方法に変更が生じる可能性がある。

なお、適用初年度の経過措置として、新適用指針第118項ただし書きの方法（「適用初年度の期首より前に新たな会計方針を遡及適用した場合の適用初年度の累積的影響額を適用初年度の期首の利益剰余金に加減し、当該期首残高から新たな会計方針を適用することができる」方法）を選択する貸手は、従来の基準においてオペレーティング・リースに分類していたリースについて、適用初年度の期首に締結された新たなリースとして新リース会計基準等を適用することができる（新適用指針第132項）。

これにより、貸手は、対象のオペレーティング・リースについて、適用初年

度の期首時点より前にフリーレント期間が終了しており当該時点以降のリース期間においては定額のリース料が発生する場合、遡及してリース収益の修正を行うことは不要になる。

⑻　建設協力金等の預り預託保証金

　建設協力金等及び敷金について、これらの項目が、主にリースの締結により生じる項目であるため、具体的な会計処理の定めは、金融商品実務指針から削除し、以下の通り新適用指針に定めることとした（新適用指針第83項から第86項）。

　貸手の会計処理は、基本的に従来の基準の定めを維持することから、預り預託保証金に関する貸手の会計処理は、金融商品実務指針の定めを踏襲している。

> 　預り預託保証金の預り企業である貸手から、差入企業である借手に将来返還される建設協力金等の預り預託保証金（敷金を除く）に係る当初認識時の時価は、返済期日までのキャッシュ・フローを割り引いた現在価値である。預り企業である貸手は、当該預り預託保証金の受取額と当該時価との差額を長期前受家賃として計上し、契約期間にわたって各期の損益に合理的に配分する。また、当初時価と返済額との差額を契約期間にわたって配分し支払利息として計上する（新適用指針第83項）。

> 　預り企業である貸手は、返済期日までの期間が短いもの等、その影響額に重要性がない預り預託保証金（敷金を除く。）について、前項の会計処理を行わないことができる。前項の会計処理を行わない預り預託保証金は、債務に準じて会計処理を行う（新適用指針第84項）。

> 　預り企業である貸手は、預り預託保証金（敷金を除く）のうち、預り企業である貸手から差入企業である借手に将来返還されないことが契約上定められている金額について賃貸予定期間にわたり定額法により収益に計上する（新適用指針第85項）。

第1部　新リース会計基準の勘所　徹底解説

> 　預り企業である貸手は、将来返還する預り敷金について、債務額をもっ
> て貸借対照表価額とする。預り敷金のうち、預り敷金の預り企業である貸
> 手から差入企業である借手に返還されないことが契約上定められている金
> 額について、賃貸予定期間にわたり定額法により収益に計上する（新適用
> 指針第86項）。

(9)　ソフトウエアリース

　新リース会計基準等では、①ソフトウエアリースが「収益認識会計基準」の
範囲とされたこと、②リースとサービスが複合的に含まれる契約は、リース部
分（新リース会計基準等適用）と、サービス部分（収益認識会計基準を適用）とに
分けて処理すること、などからシステムを含めた対応を検討しなければならな
い可能性がある。

142

第14章　サブリース取引

第14章　サブリース取引

1　サブリース取引の取扱いがなぜ重要なのか

以下の点で、サブリース取引の論点を検討しておく必要がある。

1．従来の基準の「転リース取引」の定めが中心であったが、新リース会計基準等では、「同一の資産を概ね同一の条件で」との要件を外し、より広い概念で定めたこと

2．中間的な貸手がヘッドリースに対してリスクを負わない場合や、転リースの取扱いなど我が国独自の「例外的な取扱い」を定めたこと

2　サブリース取引とは

新適用指針におけるサブリース取引の定義は、以下の通りである。

- 「サブリース取引」とは、原資産が借手から第三者にさらにリースされ、当初の貸手と借手の間のリースが依然として有効である取引をいう（新適用指針第4項）。
- 当初の貸手と借手の間のリースを「ヘッドリース」、ヘッドリースにおける借手を「中間的な貸手」という（新適用指針第4項）。

　新適用指針のサブリース取引の定義はIFRS16を踏襲したものである。従来の基準では「転リース取引」を定義していた。そこでは、「同一の資産を概ね同一の条件で」との要件があり、その分サブリース取引の定義と比べ、狭い定義となっていた。具体的には、サブリースの取引のうち、原資産の所有者から当該原資産のリースを受け、さらに同一資産を概ね同一の条件で第三者にリースする取引を転リース取引という。また、「転リース取引」は借手としてのリース取引及び貸手としてのリース取引がともにファイナンス・リースであったものだけを対象として定めを置いていた。

　IFRS16では貸借対照表、損益計算書ともヘッドリース及びサブリースをグロ

143

第1部　新リース会計基準の勘所　徹底解説

スで認識するが、従来の基準における転リース取引では損益計算書上ではネット処理が認められている。

3 サブリース取引の実務事例

　サブリースが実際に利用されている事例として、自動販売機、洗車機、あるいは多店舗展開をするフランチャイズ・チェーンなどへリースをする場合がある。フランチャイザーがユーザーで、個別の店舗をエンド・ユーザーとするサブリースを行う場合もある。例えば、清涼飲料水やアルコール類自動販売機の場合、ユーザー（メーカーあるいはディーラー）はリース会社から自動販売機全量をまとめてリースを受け、その物件を自社の小売店に対してそれぞれサブリースする。このケースでは、ユーザー、リース会社双方に次のメリットがある。

> 【ユーザーのメリット】
> 　自社製品の販売促進に貢献する自動販売機物件を比較的少額の購入資金で全量調達し、広範に小売店に供給することができる。
> 【リース会社のメリット】
> 　広範囲に存在している膨大な物件の管理が可能で、多数のエンド・ユーザーからのリース料の回収を、ユーザーのもとに一元化して回収できる。

4 サブリース取引の会計処理の考え方

　中間的な貸手（転貸者）にとってヘッドリースから生じる義務は、一般的に、サブリースにより消滅することはない。これは、サブリースの相手とヘッドリースの相手は、通常、異なっており、それぞれの契約が別個に交渉されるためである。

　このため、サブリースの貸手は、ヘッドリースにおける原資産の貸借処理と、サブリースにおける使用権資産の賃貸処理とを特に整合させることはなく、それぞれ借手と貸手の両方の会計処理を適用する2つの別個の契約として処理す

第 14 章　サブリース取引

る（ただし「例外的な取扱い」があり、6 で説明する）。

　サブリースは、ヘッドリースとサブリースの契約は一般的に別個に交渉されており、中間的な貸手にとってヘッドリースから生じる義務は、一般にサブリースの契約条件によって消滅することはない。したがって、原則として、ヘッドリースとサブリースを 2 つの別個の契約として借手と貸手の両方の会計処理を行う。

---

5 ┃ サブリース取引の原則的な会計処理

(1)　新適用指針第89項の定め

　サブリースの原則的な会計処理につき新適用指針第89項に次の定めがある。

　サブリース取引（新適用指針第 4 項⑿参照）では、中間的な貸手は、ヘッドリースについて、借手のリースの会計処理（新会計基準第33項から第42項）を行い、サブリースについて、サブリースがファイナンス・リースとオペレーティング・リースのいずれに該当するか（新適用指針第91項参照）により、次の会計処理を行う

（i）　サブリースがファイナンス・リースに該当する場合

　　サブリースのリース開始日に、次の会計処理を行う。

　①　サブリースした使用権資産の消滅を認識する。

　②　サブリースにおける貸手のリース料の現在価値と使用権資産の見積残存価額の現在価値の合計額でリース投資資産又はリース債権を計上する。

　③　リース投資資産又はリース債権の計上及び使用権資産の取崩しに伴う損益は、原則として純額で計上する。

（ii）　サブリースがオペレーティング・リースに該当する場合

　　サブリースにおける貸手のリース期間中に、サブリースから受け取る貸手のリース料について、オペレーティング・リースの会計処理を行う（新会計基準第48項）。

145

第1部 新リース会計基準の勘所 徹底解説

(2) 原則的な会計処理におけるサブリースの分類

サブリースを分類するにあたり、サブリースに供されている原資産そのものではなく、ヘッドリースから生じる使用権資産を参照して分類する。つまり、使用権資産のリスクと経済価値のほとんどすべてが移転するか否かの観点からリースの分類を行う。この分類にあたり使用権資産を参照して分類する理由は次の通りである。

(i) 貸手が所有している資産そのものをリースする場合と中間的な貸手が使用権資産をサブリースする場合では経済実態が異なると考えられる。中間的な貸手がリスクと経済価値のほとんどすべてを移転するかどうかを判断する対象は当該中間的な貸手が貸借対照表に計上している資産となると考えられるため、原資産ではなく使用権資産のリスクと経済価値がどの程度借手に移転しているかによりリースを分類することが適切であると考えられること

(ii) 借手の会計処理についてIFRS第16号と同様の単一の会計処理モデルによることと整合的な取扱いになると考えられること

原資産を参照する場合と比較して、ヘッドリースから生じる使用権資産を参照して分類すると、転貸者はサブリースの少なくない部分がファイナンス・リースに分類されることも考えられる。ただし、ヘッドリースを短期リース又は少額リースとして使用権資産を認識しないことを会計処理として選択している場合は、サブリースはオペレーティング・リースに分類される。

(3) 現在価値算定に用いる利率

現在価値算定に用いる利率について新適用指針第90項に次の定めがある。

前項(i)②に係る現在価値の算定を行うにあたっては、次の(i)の金額が(ii)の金額と等しくなるような利率を用いる（新適用指針第90項）。

(i) サブリースにおける貸手のリース料の現在価値と使用権資産の見積残存価額の現在価値の合計額

(ii) 当該使用権資産に係るサブリースのリース開始日に現金で全額が支払われるものと仮定した場合のリース料。このとき、当該リース料は、サ

ブリースを実行するために必要な知識を持つ自発的な独立第三者の当事者が行うと想定した場合のリース料とする。また、当該リース料の算定にあたっては、サブリースがヘッドリースのリース期間の残存期間にわたって行われるものと仮定する。当該リース料は、以下において「独立第三者間取引における使用権資産のリース料」という。

ただし、当該利率の算出が容易でない場合、ヘッドリースに用いた割引率を用いることができる。

⑷ ファイナンス・リースの判定

ファイナンス・リースの判定について新適用指針第91項に次の定めがある。

貸手においては、従来のファイナンス・リース及びオペレーティング・リースの分類が残り、フルペイアウトの要件（(i)及び(ii)）も変わっていない。

次の(i)又は(ii)のいずれかに該当する場合、中間的な貸手のサブリースは、ファイナンス・リースと判定される（新適用指針第91項）。

(i) 現在価値基準

サブリースにおける貸手のリース料の現在価値が、独立第三者間取引における使用権資産のリース料（前項(ii)参照）の概ね90％以上であること

(ii) 経済的耐用年数基準

サブリースにおける貸手のリース期間が、ヘッドリースにおける残りの借手のリース期間の概ね75％以上であること（ただし、上記(i)の判定結果が90パーセントを大きく下回ることが明らかな場合を除く。）

なお、ヘッドリースについて短期リース又は少額リースに関する簡便的な取扱いを適用して使用権資産及びリース負債を計上していない場合（第20項及び第22項参照）、サブリースはオペレーティング・リースに分類する。

第1部　新リース会計基準の勘所　徹底解説

6 　サブリース取引の例外的な取扱いと会計処理

　IFRS16では、前項「 5 　サブリース取引の原則的な会計処理」に示した原則
的な会計処理に対する例外は設けられていない。一方、新リース会計基準等で
は、一部のサブリース取引について、サブリース締結後もヘッドリースが有効
であり、中間的な貸手がヘッドリースとサブリースを 2 つの別個の契約として
借手と貸手の両方の会計処理を行うことが適切ではない場合があるとして、サ
ブリース取引の例外的な定めを設けた。

　具体的には以下の 2 つ、(1)と(2)のケースであり、各々に分けて説明する。

---

(1)　**中間的な貸手がヘッドリースに対してリスクを負わない場合の取扱い**

(2)　**転リース取引の取扱い**

　なお、(1)と(2)の取扱いは、次の点を前提としている。

- 「中間的な貸手がヘッドリースに対してリスクを負わない場合の取扱い」と
  「転リース取引の取扱い」は、それぞれの取扱いにおける適用の要件を定めて
  いる。あるサブリース取引が、中間的な貸手がヘッドリースに対してリスク
  を負わない場合の取扱いと転リース取引の取扱いの両方の要件に該当するこ
  とは想定していない。

- 「中間的な貸手がヘッドリースに対してリスクを負わない場合の取扱い」と
  「転リース取引の取扱い」は、IFRS16では定められていないため、これらの
  適用は任意とする。これは、IFRS 任意適用企業がIFRS 16の定めを個別財務
  諸表に用いても基本的に修正を不要とする基準開発の基本的な方針を考慮し
  た取扱いである。

⑴　**中間的な貸手がヘッドリースに対してリスクを負わない場合の取扱い**

　日本の不動産取引において、法的にヘッドリースとサブリースがそれぞれ存
在する場合でも、中間的な貸手がヘッドリースとサブリースを 2 つの別個の契
約として借手と貸手の両方の会計処理を行い、貸借対照表において資産及び負
債を計上することが取引の実態を反映しない場合がある。

148

第14章 サブリース取引

　新適用指針第92項では、次の通り、中間的な貸手がヘッドリースに対してリスクを負わない場合の取扱いとして、別個の契約ととらえずに、貸借対照表において資産及び負債を計上しないこと、及び、損益計算書において受取リース料と支払リース料の差額を損益に計上することができる「例外的な取扱い」を定めた。

　サブリース取引のうち、次の要件をいずれも満たす取引について、中間的な貸手は、第89項にかかわらず、貸借対照表においてヘッドリースにおける使用権資産及びリース負債を計上せず、かつ、損益計算書においてサブリースにおいて受け取るリース料の発生時又は当該リース料の受領時のいずれか遅い時点で貸手として受け取るリース料と借手として支払うリース料の差額を損益に計上することができる（新適用指針第92項）。

(i)　中間的な貸手は、サブリースの借手からリース料の支払いを受けない限り、ヘッドリースの貸手に対してリース料を支払う義務を負わない。

(ii)　中間的な貸手のヘッドリースにおける支払額は、サブリースにおいて受け取る金額にあらかじめ定められた料率を乗じた金額である。

(iii)　中間的な貸手は、次のいずれを決定する権利も有さない。

(①)　サブリースの契約条件（サブリースにおける借手の決定を含む。）

(②)　サブリースの借手が存在しない期間における原資産の使用方法

---

① **新適用指針第92項「例外的な取扱い」の3要件**

　中間的な貸手がヘッドリースに対して一切のリスクを負わず貸借対照表においてヘッドリースのリース負債を計上しないことが適切である限定的な取引のみを特定すべく、まず(i)及び(ii)を要件に課した。

要件(i)：ヘッドリースにおける支払条件として、サブリースの借手からリース料の支払いを受けない限りヘッドリースの貸手に対してリース料を支払う義務を負わないこと

要件(ii)：ヘッドリースの貸手への支払額がサブリースにより受け取る金額にあらかじめ定められた料率を乗じた金額とされること

149

第1部　新リース会計基準の勘所　徹底解説

　次に、サブリースの中には以下（その1、その2）に示す場合があることを考慮して、中間的な貸手のヘッドリースに対する権利が限定的で、貸借対照表において使用権資産を計上しないことが適切である取引のみを特定すべく、(iii)を要件に課した。

要件(iii)

その1：サブリースの条件についての最終決定権をヘッドリースの貸手が有する場合

その2：ヘッドリースの契約が存在している期間においても、中間的な貸手がサブリースの対象となる原資産の使用方法を自由に決定できない場合

②　新適用指針第92項「例外的な取扱い」で認めたネット処理

　新適用指針第92項の要件はヘッドリースに対して一切のリスクを負わないとする取引を特定するための要件である。当該取引に係る会計処理を考える際、企業会計基準適用指針第30号「収益認識に関する会計基準の適用指針」（以下「収益認識適用指針」という。）において「企業が在庫リスクを有していること」が本人の指標とされていること（収益認識適用指針第47項(2)）等に鑑みれば代理人として会計処理を行う場合と同様に純額表示することが適切と考えられる。このため、貸手として受け取るリース料と借手として支払うリース料の差額を損益に計上するネット処理を認めた。また、貸借対照表においても資産及び負債を計上しないことができる。

③　新適用指針第92項「例外的な取扱い」で認めた会計処理のタイミング

　サブリースの借手からリース料の支払いを受けない限り、中間的な貸手がヘッドリースの貸手にリース料を支払う義務を負わないことを当該例外的な取扱いの要件とした。このため、この要件に合わせる形で、サブリースにおいて受け取るリース料の発生時又はリース料の受領時のいずれか遅い時点で、貸手として受取るリース料と借手として支払うリース料との差額を損益に計上することとした。

(2)　転リース取引の取扱い

　新適用指針第93項に転リースの定義が次のように定められている。

150

第14章　サブリース取引

サブリースの取引のうち、原資産の所有者から当該原資産のリースを受け、さらに同一資産を概ね同一の条件で第三者にリースする取引を転リース取引という（新適用指針第93項）。

① **従来の基準における転リースの取扱い**

従来の基準では、主に機器等のリースについて仲介の役割を果たす中間的な貸手等を念頭に以下の会計処理を定めており、実務にも浸透している。具体的には、借手としてのリース取引及び貸手としてのリース取引の双方がファイナンス・リースに該当する場合、原則として以下の取扱いとなる。

《貸借対照表上の取扱い》

リース投資資産（リース債権）とリース債務の双方を原則として利息相当額控除後の金額で計上する。なお、リース投資資産（リース債権）とリース債務は利息相当額控除前の金額で計上することができる。ただし、利息相当額控除前の金額で計上する場合は、貸借対照表に含まれる当該リース投資資産（リース債権）とリース債務の金額を注記する。

《損益計算書上の取扱い》

貸手として受け取るリース料総額と借手として支払うリース料総額の差額を手数料収入として各期に配分し、「転リース差益」等の科目で損益計算書に計上する。原則として減価償却費、支払利息、売上高、売上原価等の科目では計上しない。

② **新適用指針第93項の定め**

転リース取引の会計処理について新適用指針第93項に次の定めがある。

中間的な貸手は、第89項にかかわらず、転リース取引のうち、貸手としてのリースがヘッドリースの原資産を基礎として分類する場合にファイナンス・リースに該当するとき、次の通り会計処理を行うことができる（新適用指針第93項）。

151

第1部　新リース会計基準の勘所　徹底解説

(1)　貸借対照表上、リース債権又はリース投資資産とリース負債の双方を計上する

(2)　損益計算書上、支払利息、売上高、売上原価等は計上せずに、貸手として受け取るリース料と借手として支払うリース料との差額を手数料収入として各期に配分し、転リース差益等の名称で計上する。

　なお、リース債権又はリース投資資産とリース負債は利息相当額控除後の金額で計上することを原則とするが、利息相当額控除前の金額で計上することができる。リース債権又はリース投資資産から利息を控除するにあたって使用する割引率は、リース負債から利息相当額を控除する際の割引率を使用する。

③　新リース会計基準等において従来の会計基準の定めを踏襲した理由

　新リース会計基準等では、従来の会計基準の定めを踏襲し、例外的な取扱いとした。ここでは、転リース取引における中間的な貸手がヘッドリースとサブリースを2つの別個の契約として借手と貸手の両方の会計処理を行うことが適切ではない場合として位置付けている。従来の会計基準の定めを踏襲し、例外的な取扱いとした理由は次の(i)(ii)の通りである。

(i)　貸借対照表上はリース債権又はリース投資資産とリース負債の双方を計上した上で、収益及び費用を純額とする定めであり、借手のすべてのリースについて資産及び負債の計上を求めるとする新リース会計基準等の主たる改正目的についての例外を定めるものではないこと

(ii)　サブリース取引の会計処理による財務諸表作成者の負担の増加への対応となること

④　ファイナンス・リースの要件

　従来の基準では、転リース取引は、借手としてのリース取引及び貸手としてのリース取引の双方がファイナンス・リース取引に該当する取引を対象としており、新リース会計基準等においてもこの範囲を踏襲することとした。

　ただし、新リース会計基準等では、借手のリースにつき、ファイナンス・リース及びオペレーティング・リースに分類しないこととしたため、貸手としての

リースが原資産を参照して分類する場合にファイナンス・リースに該当する場合として定めている。

⑶　サブリースしている場合のヘッドリースに関する簡便的な取扱い

　新リース会計基準等では、借手が資産をサブリースしている場合のヘッドリースについて、少額リースに関する簡便的な取扱いを認めている。IFRS16では、借手が資産をサブリースしている場合、ヘッドリースについて少額リースに関する簡便的な取扱いを適用することができないという定めを置いている。一方、新リース会計基準等では実務負担の増加への対応から、当該定めは取り入れていない。

7　サブリースに係る事例による会計処理

　事例12に基づいて、ヘッドリースの借手であり、かつ、サブリースの貸手の会計処理を示す。

事例12　サブリースにおける中間的な貸手の会計処理

《前提》

✓ヘッドリースは、リース開始日がX1年4月1日で、借手の追加借入利子率は年7％、借手は貸手の計算利子率を知り得ないとする。

✓ヘッドリースの借手及び貸手のリース期間は5年とする。リース料の支払いは毎月末とする。なお、所有権移転リースには該当しない。

✓ヘッドリースの借手の減価償却方法は定額法による。

✓サブリースは、リース開始日がX2年4月1日、つまりX2年度期首にサブリース契約を締結した。サブリースの計算利子率は算定が困難とする。

✓サブリースの借手及び貸手のリース期間は4年とする。リース料の支払いは毎月末とする。なお、所有権移転外ファイナンス・リースに該当する。

153

第1部 新リース会計基準の勘所 徹底解説

《会計処理》

以上の前提で、X2年4月1日以降のサブリースの貸手（ヘッドリースの借手で中間的な貸手）の会計処理仕訳を検討する。

(1) X2年4月1日 サブリース開始日の仕訳

| リース投資資産 (*1) | ××× | 使用権資産 (*2) | ××× |
| 減価償却累計額 (*3) | ××× | 利　益 | |

(*1)：サブリースに関するリース投資資産の回収スケジュールを作成し、その回収すべき元本総額となる。リース投資資産に係る回収スケジュール表の第1回回収の当月初残高がそれに該当する。リース投資資産の第1回回収の当月初残高は、サブリースの計算利子率の算定が困難であるため、サブリースの貸手（中間的な貸手）がヘッドリースに使用した借手の追加借入利子率である年7％を用いて貸手のリース料を現在価値に割引いた金額として求められる。

(*2)：X1年4月1日の使用権資産残高になる。ヘッドリースの借手（中間的な貸手）は、ヘッドリースの貸手の計算利子率を知り得ないため、借手の追加借入利子率を用いて借手のリース料を現在価値に割引いて算定する。当該額がリース開始日に算定されたリース負債及び使用権資産の計上額となる。

(*3)：X1年4月1日からX2年3月31日までの減価償却費になる。具体的には、(*2)で算定した使用権資産の計上額に1年/5年を乗じて計算する。(*1)で算定した額と(*3)で算定した額とを合算した額と、(*2)で算定した額との差額が損益となる。

(2) X2年4月30日 サブリースの第1回回収日の仕訳

| 現金預金 | ××× | リース投資資産 (*4) | ××× |
| | | 受取利息 (*4) | ××× |

(*4)：(*1)で作成したサブリースに関するリース投資資産の回収スケジュール表の第1回回収（X2年4月30日）に伴う「元本分回収」がリース投資資産残高の減少額に、「利息分計上」が受取利息の計上額にそれぞれ該当する。

第1回（X2年4月30日）回収分以降も、4年にわたり、第48回（X6年3月31日）回収分まで同様の会計処理を行う。

154

第14章　サブリース取引

8 サブリース取引に関する実務上の留意事項

サブリース取引に関する実務上の留意事項は以下の通りである。

✓ 新リース会計基準等では、従来の基準を改正し、IFRS16が定める「サブリース取引」の取扱いに整合する取扱いを示している。定めの中で、日本の不動産会社等の取引にみられるような「中間的な貸手がヘッドリースに対しリスクを負わないケース」や「転リース取引」について例外的取扱いを認めている。当該内容を正しく理解したうえで、適正な実務対応を図る必要がある。

第1部　新リース会計基準の勘所　徹底解説

第15章 ┃ セール・アンド・リースバック取引

1 ┃ セール・アンド・リースバック取引の取扱いがなぜ重要なのか

　以下の点でセール・アンド・リースバック取引の論点を検討しておく必要がある。

1. 売手から借手に譲渡された資産から生じる経済的利益をリースバックにより引き続き享受しているにも関わらず、譲渡時点で損益が認識されるという問題がある。
2. セール・アンド・リースバック取引に該当する場合、一定の要件のもと、資産の譲渡とリースバックを一体の取引とみて、金融取引としての会計処理を定めた。

2 ┃ セール・アンド・リースバック取引とは

　セール・アンド・リースバック取引の定義について、新適用指針では次のように定めている。

　セール・アンド・リースバック取引とは、売手である借手が資産を買手である貸手に譲渡し、売手である借手が買手である貸手から当該資産をリース（リースバック）する取引をいう（新適用指針第4項）。

　セール・アンド・リースバック取引のイメージを図表1-29に示した。

156

図表 1-29　セール・アンド・リースバック取引のイメージ図

【通常のリース取引】

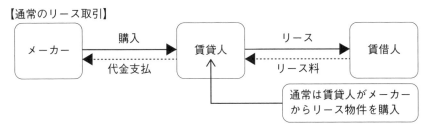

【セール・アンド・リースバック取引（賃借人が自ら購入する場合）】

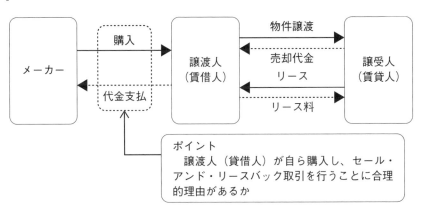

3　セール・アンド・リースバック取引に係る従来の基準の定め

従来の基準では、セール・アンド・リースバック取引について、次のように会計処理を定めていた。

> (i) ファイナンス・リース取引と判定された場合、原則として、譲渡取引に伴う売却損益は長期前受収益（売却益の場合）又は長期前払費用（売却損の場合）等の科目により繰延処理する。
> (ii) 長期前受収益又は長期前払費用等は、各事業年度のリース資産の減価償却費の割合に応じて費用化し、費用化した金額は、リース資産の減価償却費に加減する。

第1部　新リース会計基準の勘所　徹底解説

　「資産の譲渡取引」と「リースバック取引」が一体で行われた場合、資産の譲渡が売却に該当しない場合がある。この際、売却が実現しているか否かの判断にあたり、借手が自ら購入し、セール・アンド・リースバック取引を行うことに合理的な理由があるか、金融取引を目的に行う取引ではないか、などを検討することが考えられる。

　会計処理は、リース取引がファイナンス・リース取引と判定されるか否かにより、譲渡取引における売却損益の取扱いが異なる。セール・アンド・リースバック取引におけるファイナンス・リースの判定は、通常のファイナンス・リースの判定と同様に行う。

4　法人税法の定め

　法人税法では、「資産の譲渡取引」と「リースバック取引」が一体として行われ、一連の取引が実質的に金銭の貸借であると認められるときは当該取引を金融取引と認定する。当該取引が金銭の貸借すなわち金融取引と認定されれば、資産の売買はなかったものとし、賃借人（譲渡人）が資産の売買により計上した譲渡損益は益金や損金に算入しない。譲渡損益はなかったものとされ、賃借人（譲渡人）が賃貸人（譲受人）から受け入れた額は借入金とする。

　「一連の取引」が「実質的に金銭の貸借であると認められるとき」に該当するか否かは、取引当事者の意図、リース資産の種類、その売買及び賃貸に至るまでの事情その他の状況に照らして判断する。この際、リースバック取引がそのリース資産を担保とする金融取引を行うことを目的としているか否か等が判断にあたってのポイントになる。

　取引が金銭の貸借とされた場合、法人税法上、譲渡はなかったこととされ、賃借人及び賃貸人は以下の処理を行う。

第15章　セール・アンド・リースバック取引

《賃借人》

（i）　資産の売買はなかったものとし、賃借人（譲渡人）が資産の売買により計上した譲渡損益は益金や損金に算入せず、譲渡損益はなかったものとする。

（ii）　賃借人（譲渡人）が賃貸人（譲受人）から受け入れた額は借入金とする。

（iii）　賃借人（譲渡人）がリース期間中に支払うリース料総額のうち、借入金相当額は元本返済額とし、それ以外を支払利息として取り扱う。支払利息の計算は定額法が認められる。

《賃貸人》

（i）　資産の売買はなかったものとし、賃貸人（譲受人）が賃借人（譲渡人）に支払う金額は貸付金とする。

（ii）　賃貸人（譲受人）がリース期間中に受け取るリース料総額のうち、貸付金相当額は元本回収額とし、それ以外を受取利息として取り扱う。受取利息の計算は定額法が認められる。

　定めの趣旨に鑑み、次のものは金銭の貸借とされるリース取引には該当しない。

（i）　譲渡人が譲受人に代わって資産を購入することに相当な理由があり、かつ、その資産につき、立替金、仮払金等の仮勘定で処理し、譲渡人における購入価額により譲受人に譲渡するもの

（ii）　法人が事業の用に供している資産について、その資産の管理事務の省力化や経営の合理化等のために行われるもの

　ここで、（i）の「相当な理由」には、例えば、以下のものがある。

（①）　多種類の資産を導入する必要があるため、譲渡人がその資産を購入した方が事務の効率化が図れること

（②）　輸入機器のように通関事務等に専門的知識が必要とされること

（③）　既往の取引状況に照らし、譲渡人が資産を購入する方が安く購入できること

159

第1部　新リース会計基準の勘所　徹底解説

5　新リース会計基準等の定め

(1)　問題の所在

　資産の譲渡とリースバックは形式上別個の取引である。しかし、これらの取引が組み合わされることで、借手（売手）が、貸手（買手）に譲渡された資産から生じる経済的利益のほとんどすべてを、リースバックにより引き続き享受しているにもかかわらず、当該資産を譲渡した時点で譲渡に係る損益が認識される、という問題点がある。

　そこで、新リース会計基準等では、セール・アンド・リースバック取引における資産の譲渡の取扱いについての定めを設けた。リースバックにより、借手（売手）が、貸手（買手）に譲渡された資産から生じる経済的利益のほとんどすべてを享受することができ、かつ、資産の使用に伴って生じるコストのほとんどすべてを負担しているケース等では、実質的な譲渡資産の買戻しに実態が近い。このため、資産の譲渡損益を認識することは適切ではなく、金融取引として処理すべきとの考え方による。

　一方、我が国では、建設請負工事契約と一括借上契約が同時に締結される取引等において、収益が一定の期間にわたり認識される場合、セール・アンド・リースバック取引の定めが適用されるか否かが問題となる。この点、IFRS16においては、セール・アンド・リースバック取引の定めが適用される範囲、特に「収益が一定期間にわたり認識される場合」であっても、セール・アンド・リースバック取引の定めが適用されるのか否かについて、明確になっていない。

　新リース会計基準等では、これらの点も含めて定めを置いている。まずは、収益が一定の期間にわたり認識される場合の取扱い等について、次の(2)から検討する。

(2)　セール・アンド・リースバック取引に該当しない場合

　新適用指針では、セール・アンド・リースバック取引は、IFRS16と同様に「売手である借手が資産を買手である貸手に譲渡し、リースバックする取引」と定義している。この定義では、譲渡された資産とリースされた資産が同一であ

160

ることが重要な要素となる。

そこで、「収益が一定期間にわたり認識される場合」について、新適用指針第53項では以下の定めを置いている。

　リースバックが行われる場合であっても、売手である借手による資産の譲渡が次のいずれかであるときはセール・アンド・リースバック取引に該当しない（新適用指針第53項）。

（i）　収益認識会計基準に従い、一定の期間にわたり充足される履行義務（収益認識会計基準第36項）の充足によって行われるとき

（ii）　企業会計基準適用指針第30号「収益認識に関する会計基準の適用指針」（以下「収益認識適用指針」という。）第95項を適用し、工事契約における収益を完全に履行義務を充足した時点で認識することを選択するとき

　（i）及び（ii）では、資産の譲渡により借手（売手）から貸手（買手）に支配が移転されるのは仕掛中の資産であり、移転された部分だけでは資産の使用から経済的利益を享受できる状態にない。一方、リースバックにより売手である借手が支配を獲得する使用権資産は完成した資産であるため、譲渡された資産とリースされた資産は同一とはいえない。このため、（i）及び（ii）はセール・アンド・リースバック取引に該当しない。

　例えば、我が国の建設工事請負契約と一括借上契約が同時に締結される取引等において、収益が一時点ではなく「一定期間にわたり」認識される場合等がこれに該当する。

　また、売手である借手が原資産を移転する前に原資産に対する支配を獲得しない場合、当該資産の移転と関連するリースバックについては、セール・アンド・リースバック取引に該当せず、リースとして会計処理を行う（新適用指針第54項）。

　例えば、売手である借手が原資産に対する法的所有権を獲得しても、資産が貸手に移転される前に借手が資産に対する支配を獲得しない場合、当該取引はセール・アンド・リースバック取引ではなく、リースとして会計処理を行う。

　次に、借手（売手）による資産の譲渡が収益認識会計基準等の他の会計基準

第1部　新リース会計基準の勘所　徹底解説

等により、一時点で損益を認識する「売却」に該当すると判断される場合で、借手（売手）が、当該資産を貸手（買手）に譲渡し、譲渡した当該資産をリースする場合がある。このケースでは、譲渡された資産とリースされた資産は同一と考えられ、当該取引はセール・アンド・リースバック取引に該当する。この点は、次の(3)で取扱う。

(3)　セール・アンド・リースバック取引に該当する場合

　セール・アンド・リースバック取引に該当する場合について、新適用指針第55項、第56項では、「資産の譲渡が一時の売却に該当しない場合」「売却に該当するが売手が経済的利益のほとんどを享受する場合」をポイントとして、以下の定めを置いている。

　セール・アンド・リースバック取引に該当する場合に次の1又は2のいずれかを満たすときは、売手である借手は、当該セール・アンド・リースバック取引について資産の譲渡とリースバックを一体の取引とみて、金融取引として会計処理を行う（新適用指針第55項）。

1　収益認識会計基準などの他の会計基準等に従うと売手である借手による資産の譲渡が損益を認識する売却に該当しない。

2　収益認識会計基準などの他の会計基準等に従うと売手である借手による資産の譲渡が損益を認識する売却に該当するが、リースバックにより、売手である借手が資産からもたらされる経済的利益のほとんどすべてを享受することができ、かつ、資産の使用に伴って生じるコストのほとんどすべてを負担することとなる。

　セール・アンド・リースバック取引に該当する場合に前項1及び2を満たさないときは、売手である借手は、資産の譲渡について収益認識会計基準などの他の会計基準等に従い損益を認識し、リースバックについて会計基準及び本適用指針に従い借手の会計処理を行う（新適用指針第56項）。

● 新適用指針第55項2.におけるフルペイアウトのリースの要件を満たすかどう

162

かを判断するにあたり同第62項を適用して判定するのか、が問題となる。

- これに関して、「本適用指針では第55項2.におけるフルペイアウトの判定の要件を具体的に定めていないが、仮に同第62項の判定基準を用いて判断する場合には、売手である借手が当該要件を満たすかどうかを判断することになるため、借手のリース期間及び借手のリース料をもとに判定を行うことが考えられる」との記載が新適用指針第BC94項にある。
- したがって、新適用指針第62項に基づき判断することも考えられる。

〈参考〉**新適用指針第62項**

　リースがファイナンス・リースに該当するかどうかについては、新適用指針第59項の要件をその経済的実質に基づいて判断すべきものであるが、次の(1)又は(2)のいずれかに該当する場合には、ファイナンス・リースと判定される。

(1)　現在価値基準

　　貸手のリース料（新会計基準第23項）の現在価値が、原資産の現金購入価額の概ね90パーセント以上であること（以下「現在価値基準」という。）

(2)　経済的耐用年数基準

　　貸手のリース期間（新会計基準第16項）が、原資産の経済的耐用年数の概ね75パーセント以上であること（ただし、原資産の特性、経済的耐用年数の長さ、原資産の中古市場の存在等を勘案すると、上記(1)の判定結果が90パーセントを大きく下回ることが明らかな場合を除く。）（以下「経済的耐用年数基準」という。）

　(2)及び(3)で説明したセール・アンド・リースバックに係る会計処理の考え方をまとめた図表を図表1-30に示した。

第1部　新リース会計基準の勘所　徹底解説

図表 1-30　セール・アンド・リースバックに係る会計処理の考え方

| セール・アンド・リースバック取引に該当しないか（新適用指針第53項）
(1) 収益認識会計基準に従い、一定の期間にわたり充足される履行義務の充足によって資産の譲渡が行われるか
(2) 工事契約における収益を完全に履行義務を充足した時点で認識するか
　　　　　(1)か(2)のいずれかに該当するか | →YES→ | リースとして会計処理する（新適用指針第54項）^(＊) |

↓ NO

| セール・アンド・リースバック取引に該当する場合（新適用指針第4項を充足）
次の(1)又は(2)のいずれかを満たすか（新適用指針第55項）
(1) 収益認識会計基準等で売手（借手）による資産の譲渡が損益を認識する売却に該当しない
(2) 収益認識会計基準等で売手（借手）による資産の譲渡が損益を認識する売却に該当するが、リースバックにより売手（借手）が資産からもたらされる経済的利益のほとんどすべてを享受（＋コストのほとんどすべてを負担） | →YES→ | 金融取引として処理する（新適用指針第55項） |

↓ NO

- 借手（売手）は資産譲渡につき収益認識会計基準等の基準に準拠
- リースバックは新リース会計基準等に準拠（新適用指針第56項）

（＊）売手である借手が原資産を移転する前に原資産に対する支配を獲得しない場合、当該資産の移転と関連するリースバックについては、セール・アンド・リースバック取引に該当せず、リースとして会計処理を行う（新適用指針第54項）。

⑷　IFRS16及び米国Topic842との関係

新リース会計基準等の定めは、FASB Accounting Standards Codification（米国財務会計基準審議会（FASB）による会計基準のコード化体系）のTopic842「リース」（以下「Topic842」という。）の定めを参考に策定されている。

IFRS16では、原則として以下の会計処理となり、新リース会計基準等の定めとは必ずしも整合していない。

164

第15章　セール・アンド・リースバック取引

> ✓資産の譲渡が売却に該当するのは、IFRS15「顧客との契約から生じる収益」の要求事項を満たす場合のみである。
> ✓IFRS15により収益が認識されると判断される場合、買手である貸手に移転された権利部分については権利の譲渡に係る利得又は損失を譲渡時に認識し、リースバックにより借手（売手）が継続して保持する権利部分については権利の譲渡に係る利得又は損失を繰り延べる。

　新リース会計基準等がIFRS16に準拠せず、Topic842を参考に策定したのは次の理由による。

● IFRS16に準拠すると、資産の譲渡につき、収益認識会計基準等により損益を認識する場合でも、当該資産の譲渡に係る損益の調整を求めることになり、収益認識会計基準等の考え方とは異なる考え方を採ることになる。

● IFRS16では、リースバックにより借手（売手）が継続して保持する権利に係る利得又は損失は売却時に認識しないため売却損益の調整が必要となる。
　このため、Topic842のモデルよりも複雑となる。資産譲渡に係る複雑な損益調整に代えて開示の要求により、有用な情報の提供につながる。

⑸　資産譲渡損益計上の適正性

①　資産譲渡対価とリース料の関係と問題の所在

　セール・アンド・リースバック取引では、資産の譲渡とリースバックをパッケージとして交渉することが多い。資産の譲渡対価とリースバック時の借手のリース料とに相互依存性がある。資産の譲渡対価及び関連するリースバック時の借手のリース料が、各々時価及び市場のレートでのリース料よりも高い（低い）金額で取引され、一体としての利益の総額が同じでも、資産の譲渡に係る損益が過大（過小）に計上される可能性がある。

②　資産譲渡損益適正性に係る新リース会計基準等の定め

　前項①で示した問題を受け、新適用指針では資産の譲渡損益を適切に計上するため、次の取扱いを定めている。

165

第1部　新リース会計基準の勘所　徹底解説

　　前項において資産の譲渡対価が明らかに時価ではない場合又は借手のリース料が明らかに市場のレートでのリース料ではない場合、売手である借手は、当該資産の譲渡対価と借手のリース料について次の通り取り扱う（新適用指針第57項）。

(ⅰ)　資産の譲渡対価が明らかに時価を下回る場合、時価を用いて譲渡について損益を認識し、譲渡対価と時価との差額について使用権資産の取得価額に含める。

(ⅱ)　借手のリース料が明らかに市場のレートでのリース料を下回る場合、借手のリース料と市場のレートでのリース料との差額について譲渡対価を増額した上で譲渡について損益を認識し、当該差額について使用権資産の取得価額に含める。

(ⅲ)　資産の譲渡対価が明らかに時価を上回る場合、時価を用いて譲渡について損益を認識し、譲渡対価と時価との差額について金融取引として会計処理を行う。

(ⅳ)　借手のリース料が明らかに市場のレートでのリース料を上回る場合、借手のリース料と市場のレートでのリース料との差額について譲渡対価を減額した上で譲渡について損益を認識し、当該差額について金融取引として会計処理を行う。

　　資産の譲渡対価が明らかに時価ではないかどうか又は借手のリース料が明らかに市場のレートでのリース料ではないかどうかは、資産の時価と市場のレートでのリース料のいずれか容易に算定できる方を基礎として判定する。(ⅰ)又は(ⅱ)は、譲渡対価を増額する場合に適用し、(ⅲ)又は(ⅳ)は、譲渡対価を減額する場合に適用する。

　当該取扱いは、新適用指針第53項(ⅰ)及び(ⅱ)「セール・アンド・リースバックに該当しない場合」の取引にも適用する（新適用指針第58項）。

③　収益認識会計基準の定めと損益譲渡の適正性

　収益認識会計基準では独立販売価格に基づく取引価格（対価）の配分を定めている（収益認識会計基準第68項）。また、新リース会計基準等でも、リースを構

166

成する部分とリースを構成しない部分への対価の配分につき独立販売価格に基づく配分を求めている（新適用指針第11項）。これらの取扱いと整合するよう、セール・アンド・リースバック取引につき、資産の譲渡対価が明らかに時価ではない場合又は借手のリース料が明らかに市場のレートではない場合、当該資産の時価又は市場のレートでのリース料により譲渡損益を計上する定めを置いた（新適用指針第57項）。

資産の譲渡対価と借手のリース料がそれぞれ時価と市場のレートでのリース料よりも高い（低い）金額で取引される可能性は、資産の譲渡に係る損益が一定期間にわたり認識されるものか一時点で認識されるものかに関わらず存在するため、いずれの場合でも新適用指針第57項の取扱いを同様に適用する。

(6) 貸手の取扱い

新適用指針では貸手の取扱いにつき以下の定めを置いている。貸手の会計処理は基本的に従来の基準と変わらない。

> セール・アンド・リースバック取引におけるリースバックが、ファイナンス・リースに該当するかどうかの貸手による判定は、第59項から第69項に示したところによる。ただし、この判定において、経済的耐用年数については、リースバック時における原資産の性能、規格、陳腐化の状況等を考慮して見積った経済的使用可能予測期間を用いるとともに、当該原資産の借手の現金購入価額については、借手の実際売却価額を用いるものとする（新適用指針第87項）。
>
> 当該リースバックがファイナンス・リースに該当する場合の会計処理は、第70項から第81項までと同様とし、当該リースバックがオペレーティング・リースに該当する場合の会計処理は、第82項と同様とする（新適用指針第88項）。

167

第1部　新リース会計基準の勘所　徹底解説

6 セール・アンド・リースバック取引に関する実務上の留意事項

　セール・アンド・リースバック取引に関する実務上の留意事項は以下の通り
である。

✓　新リース会計基準等は、IFRS16に準拠せず、米国Topic842を参考に策定さ
　れている。

✓　セール・アンド・リースバック取引に該当するか否かの判断にあたり、収
　益認識の時点（一時点か一定期間か）がポイントになる。これは、譲渡された
　資産とリースされた資産の同一性を考慮するためである（新適用指針第BC87
　項）。

✓　セール・アンド・リースバック取引に該当する場合には、資産譲渡が売却
　に該当しない場合だけでなく、一時点で損益を認識する売却であっても、売
　手である借手が資産からもたらされる経済的利益のほとんどすべてを享受す
　ることができ、かつ、資産の使用に伴って生じるコストのほとんどすべてを
　負担する場合は、金融取引として会計処理する。当該内容を正しく理解した
　うえで、適正な実務対応を図る必要がある。

168

第16章　開示

第16章 ｜ 開示

1 ｜ 表示

《借手》

　新リース会計基準等では、借手の会計処理をIFRS16と整合的なものとする中で、借手の表示についても、IFRS16と整合的なものとする。

(1) 使用権資産の表示

> 　使用権資産について、次のいずれかの方法により、貸借対照表において表示する（新会計基準第49項）。
> (i)　対応する原資産を自ら所有していたと仮定した場合に貸借対照表において表示するであろう科目に含める方法
> (ii)　対応する原資産の表示区分（有形固定資産、無形固定資産又は投資その他の資産）において使用権資産として区分する方法

　IFRS 16では、借手は使用権資産について、他の資産と区分して、財政状態計算書に表示する又は注記で開示する。一方、新リース会計基準等では、固定資産の分類を変更し、固定資産に新たな「使用権資産」という区分を設けることはしないこととした。

　使用権資産の表示方法のイメージを図表1-31に示した。

169

第1部　新リース会計基準の勘所　徹底解説

図表1-31　使用権資産の表示方法のイメージ図

Ⅰ法：対応する原資産を自ら所有していたと仮定した場合に表示するであろう科目に含める方法

《貸借対照表》

有形固定資産		
建物及び構築物	※	×××
機械装置及び運搬具	※	×××
無形固定資産		
ソフトウエア	※	×××

※当該科目に使用権資産を含めて表示する

Ⅱ法：対応する原資産の表示区分において使用権資産として区分する方法

《貸借対照表》

有形固定資産	
建物及び構築物	×××
機械装置及び運搬具	×××
使用権資産	×××
無形固定資産	
ソフトウエア	×××
使用権資産	×××

ただし、Ⅰ法、Ⅱ法のいずれによる場合でも、使用権資産の帳簿価額について、表示科目ごとの金額の開示を要する。

《注記》　使用権資産の残高

建物及び構築物	×××
機械装置及び運搬具	×××
ソフトウエア	×××
合計	×××

(2)　リース負債及び利息費用の表示

> 　リース負債について、貸借対照表において区分して表示する又はリース負債が含まれる科目及び金額を注記する。このとき、貸借対照表日後1年以内に支払の期限が到来するリース負債は流動負債に属するものとし、貸借対照表日後1年を超えて支払の期限が到来するリース負債は固定負債に属するものとする（新会計基準第50項）。
> 　リース負債に係る利息費用について、損益計算書において区分して表示する又はリース負債に係る利息費用が含まれる科目及び金額を注記する（新会計基準第51項）

　損益計算書に関して、リース負債に係る利息費用の開示は、リース負債の帳簿価額を他の負債と区分した開示とともに、借手のリース負債及び財務コスト

第16章　開示

に関する情報を提供する。

《貸手》

　貸手の会計処理は、収益認識会計基準との整合性を図る点並びにリースの定義及びリースの識別を除き、基本的に従来の基準の定めを踏襲しており、貸手の表示についても、従来の基準を踏襲する。

⑶　リース債権及びリース投資資産

> 　リース債権及びリース投資資産のそれぞれについて、貸借対照表において区分して表示する又はそれぞれが含まれる科目及び金額を注記する。ただし、リース債権の期末残高が、当該期末残高及びリース投資資産の期末残高の合計額に占める割合に重要性が乏しい場合、リース債権及びリース投資資産を合算して表示又は注記することができる。このとき、リース債権及びリース投資資産について、当該企業の主目的たる営業取引により発生したものである場合には流動資産に表示する。また、当該企業の主目的たる営業取引以外の取引により発生したものである場合には、貸借対照表日の翌日から起算して1年以内に入金の期限が到来するものは流動資産に表示し、入金の期限が1年を超えて到来するものは固定資産に表示する（新会計基準第52項）。

- 従来の基準を踏襲し、貸借対照表について、所有権移転ファイナンス・リースに係るリース債権と所有権移転外ファイナンス・リースに係るリース投資資産は区分して表示する。IFRS16ではリース債権及びリース投資資産は区分されていない。

- このため、リース債権の期末残高が当該期末残高及びリース投資資産の期末残高の合計額に占める割合に重要性が乏しい場合、貸借対照表上、リース債権及びリース投資資産を合算して開示できる。これは財務諸表利用者にとって情報有用性に影響が乏しいからである。

- リース債権及びリース投資資産は、一般的な流動固定の区分基準に従い、当

171

第1部　新リース会計基準の勘所　徹底解説

該企業の主目的たる営業取引で生じたものであるか否かにより、流動資産に
表示するか、固定資産に表示するかを区分する。営業取引でない場合は1年
を超える入金期限か否かで区分する。

⑷　損益計算書の区分

次の事項について、損益計算書において区分して表示する又はそれぞれ
が含まれる科目及び金額を注記する（新会計基準第53項）。

（ⅰ）　ファイナンス・リースに係る販売損益（売上高から売上原価を控除した
純額）

（ⅱ）　ファイナンス・リースに係るリース債権及びリース投資資産に対する
受取利息相当額

（ⅲ）　オペレーティング・リースに係る収益（貸手のリース料に含まれるもの
のみを含める）

● 損益計算書に関して、貸手のファイナンス・リース及びオペレーティング・
リースに係る各損益項目の開示は、収益認識会計基準において収益の分解情
報の注記を求めていることと同様に、財務諸表利用者が収益の色々な構成部
分に関する情報を理解できる有用情報を提供する。

2　注記事項

⑴　開示目的

新リース会計基準等では注記事項の開示目的につき、以下の定めを置いた。

リースに関する注記における開示目的は、借手又は貸手が注記において、
財務諸表本表で提供される情報と併せて、リースが借手又は貸手の財政状
態、経営成績及びキャッシュ・フローに与える影響を財務諸表利用者が評
価するための基礎を与える情報を開示することにある（新会計基準第54項）。

● 新会計基準第54項で開示目的を定めることで、リースの開示の全体的な質と

172

第 16 章　開示

情報価値が開示目的を満たすのに十分であるか否かを評価するよう企業に要求している。これに伴い、より有用な情報が財務諸表利用者にもたらされることが期待される。

● 同項の開示目的を達成するために必要な情報は、リースの類型等により異なるものであるため、注記する情報は、同項に掲げる注記事項に限定するものではない。同項に掲げる注記事項以外でも、その開示目的を達成するために必要な情報は、リース特有の取引に関する情報として注記する。

> 　借手及び貸手が注記する情報には、例えば、次のものがある（新適用指針第95項、第96項）。
>
> (i)　借手のリース活動の性質
> (ii)　借手が潜在的に晒されている将来キャッシュ・アウトフローのうちリース負債の測定に反映されていないもの（例えば、借手の変動リース料、延長オプション及び解約オプション、残価保証、契約しているがまだ開始していないリース）
> (iii)　借手がリースにより課されている制限又は特約
> (iv)　借手がセール・アンド・リースバック取引を行う理由及び取引の一般性
> (v)　貸手のリース活動の性質
> (vi)　貸手による原資産に関連したリスクの管理戦略や当該リスクを低減している手段（例えば、買戻契約、残価保証、所定の限度を超える使用に対して変動するリース料）

● 借手及び貸手のいずれにも該当する企業は、借手及び貸手として各々記載する情報を検討するにあたり、借手及び貸手の各々の立場から開示目的を達成するか否かを判断する。

● IFRS16では、多くのリースは、変動リース料、解約及び延長オプション、残価保証など複雑な要素を含んでおり、すべての企業に対する標準的な開示要求のみでは財務諸表利用者のニーズを満たさない可能性が高いことから、開示目的を満たすために必要な追加の定性的情報及び定量的情報の例が示され

173

第1部　新リース会計基準の勘所　徹底解説

ている。

● 新リース会計基準等においてもリースはさまざまな要素を含む場合があり、標準的な開示要求に加えて、開示目的に照らした追加の情報の追記を求めている。

⑵　借手の注記

新会計基準第54項の開示目的を達成するため、リースに関する注記として、次の事項を注記する（新会計基準第55項）。

① 　会計方針に関する情報

② 　リース特有の取引に関する情報

③ 　当期及び翌期以降のリースの金額を理解するための情報

ただし、上記の各注記事項のうち、前項の開示目的に照らして重要性に乏しいと認められる注記事項については、記載しないことができる。

● これらは、開示目的との関連を踏まえ、財務諸表利用者に理解しやすい注記となるよう分類したもので、借手の注記事項もIFRS16と整合的なものとした。一方、取り入れずとも国際的な比較可能性を大きく損なわせないものは、取り入れないこととした。

● リースに関する注記を記載するにあたり、①から③の注記事項の区分に従い注記事項を記載する必要はない。また、リースに関する注記を独立の注記項目とし、他の注記事項に既に記載している情報は、繰り返す必要はなく、当該他の注記事項を参照できる（新会計基準第56項、第57項）。

借手の注記事項のまとめを図表 1 -32に示した。

第16章　開示

図表1-32　借手の注記事項（まとめ）

1．会計方針に関する情報
（ⅰ）リースを構成する部分と関連するリースを構成しない部分とを合わせてリースを構成する部分として会計処理を行う選択
（ⅱ）指数又はレートに応じて決まる借手の変動リース料に関する例外的な取扱いの選択
（ⅲ）借地権の設定に係る権利金等に関する会計処理の選択

2．リース特有の取引に関する情報
① 貸借対照表に関する情報
（ⅰ）使用権資産の帳簿価額（対応する原資産を自ら所有していたと仮定した場合の表示科目ごと）
（ⅱ）指数又はレートに応じて決まる借手の変動リース料に関する例外的な取扱いにより会計処理を行ったリースに係るリース負債
（ⅲ）償却していない旧借地権の設定に係る権利金等又は普通借地権の設定に係る権利金等
② 損益計算書に関する情報
（ⅰ）短期リースに係る費用の発生額
（ⅱ）リース負債に含めていない借手の変動リース料に係る費用の発生額
③ セール・アンド・リースバック取引に関する情報
（ⅰ）セール・アンド・リースバック取引から生じた売却損益
（ⅱ）セール・アンド・リースバック取引の主要な条件
④ サブリース取引に関する情報
（ⅰ）使用権資産のサブリースによる収益
（ⅱ）中間的な貸手がヘッドリースに対してリスクを負わない場合のサブリース取引について計上した損益
（ⅲ）利息相当額控除前の金額で計上する場合の転リース取引に係るリース債権又はリース投資資産及びリース負債

3．当期及び翌期以降のリースの金額を理解するための情報
（ⅰ）リースに係るキャッシュ・アウトフローの合計額
（ⅱ）使用権資産の増加額
（ⅲ）使用権資産に係る減価償却の金額（対応する原資産を自ら所有していたと仮定した場合の表示科目ごと）

175

第1部　新リース会計基準の勘所　徹底解説

　以下で、図表1-32に示した項目に沿って、具体的な注記事項を説明する。

① **会計方針に関する情報**

　重要な会計方針として注記する内容は、原則として、企業会計原則注解及び企業会計基準第24号「会計方針の開示、会計上の変更及び誤謬の訂正に関する会計基準」に照らして企業が判断する。

　会計方針に関する情報（新会計基準第55項(1)①）については、リースに関し企業が行った会計処理につき理解できるよう、次の会計処理を選択した場合、その旨及びその内容を注記する（新適用指針第97項）。

(i)　リースを構成する部分とリースを構成しない部分とを分けずに、リースを構成する部分と関連するリースを構成しない部分とを合わせてリースを構成する部分として会計処理を行う選択（新会計基準第29項）

(ii)　指数又はレートに応じて決まる借手の変動リース料に関する例外的な取扱いの選択（新適用指針第26項）

(iii)　借地権の設定に係る権利金等に関する会計処理の選択（新適用指針第27項及び第127項～第129項）

　上記の会計方針を重要な会計方針として注記している場合、リースに関する注記として繰り返す必要はなく、重要な会計方針の注記を参照することができる。

- 収益認識会計基準では、企業の主要な事業における主な履行義務の内容及び企業が当該履行義務を充足する通常の時点（収益を認識する通常の時点）につき、重要な会計方針として注記する必要がある（収益認識会計基準第80-2項第163項）。

- リースに関する会計方針は、必ずしも重要な会計方針としての記載は強制されない。これは、企業によりリースの利用度合いが違いリースの重要性が異なること、会計基準の選択肢の多くは重要性が乏しい場合を対象としていること等がその理由である。

- 一方、企業による選択を注記することが、財務諸表利用者が企業の財政状態、経営成績及びキャッシュ・フローを評価する上で有用な会計方針については、

176

「リースに関する注記」として注記することが有用なので、上記(i)〜(iii)の会計処理を選択した場合、「リースに関する注記」に会計方針として注記することを求めている。

② リース特有の取引に関する情報

リースが企業の財政状態又は経営成績に与えている影響を理解するための情報（新適用指針第99項から第101項の内容）を注記する（新適用指針第98項）。

《貸借対照表》

貸借対照表において次の(i)から(iii)に定める事項を区分して表示していない場合、それぞれについて、次の事項を注記する（新適用指針第99項）。

(i) 使用権資産の帳簿価額について、対応する原資産を自ら所有していたと仮定した場合の表示科目ごとの金額。当該注記を行うにあたって、表示科目との関係が明らかである限りにおいて、より詳細な区分で使用権資産の帳簿価額の金額を注記することを妨げない。

(ii) 第26項の定めを適用し指数又はレートに応じて決まる借手の変動リース料に関する例外的な取扱いにより会計処理を行ったリースに係るリース負債が含まれる科目及び金額

(iii) 借地権について、第27項ただし書き又は同第127項の定めを適用する場合、償却していない旧借地権の設定に係る権利金等又は普通借地権の設定に係る権利金等が含まれる科目及び金額

- (i)について、対応する原資産を自ら所有すると仮定した場合の表示科目毎の使用権資産の帳簿価額の開示は、借手のリース活動の性質を理解する上で、また、資産をリースする企業と資産を購入する企業とを比べる上で有用な情報を提供する。

- (ii)及び(iii)について、企業が代替的な会計処理を選択した場合に必要な開示である。当該注記は、財務諸表利用者が企業の財務諸表の分析を行うことを可能とし、財務諸表利用者が、企業の財政状態、経営成績及びキャッシュ・フローを評価する上で有用である。

177

第1部　新リース会計基準の勘所　徹底解説

《損益計算書》

> 損益計算書において次の(i)及び(ii)に定める事項を区分して表示していない場合、それぞれについて、次の事項を注記する（新適用指針第100項）。
>
> （i）　第20項を適用して会計処理を行った短期リースに係る費用の発生額が含まれる科目及び当該発生額。この費用には借手のリース期間が1か月以下のリースに係る費用及び少額リース（第22項参照）に係る費用を含めることを要しない。
>
> （ii）　リース負債に含めていない借手の変動リース料（第51項参照）に係る費用の発生額が含まれる科目及び当該発生額

- 新適用指針第100項に掲げる短期リースに係る費用及びリース負債に含めていない借手の変動リース料に係る費用の開示は、資産及び負債が貸借対照表に計上されていないリース料に関する情報を提供すると考えられる。

- 短期リースは、借手のリース期間の判断で簡便的な取扱いの対象となるか否かが決まることから恣意性が介入する可能性がある。また、金額的に重要性のあるリース負債がオフバランスとなる可能性があるため、財務諸表利用者が財政状態及び経営成績を評価するにあたり有用な情報を提供する。このため、短期リースに係る費用の開示を求めている。

- 少額リースは、簡便的な取扱いの対象となるか否かにつき、短期リースのような判断は不要であり、また、金額的な重要性が乏しい少額リースを対象としていることから、少額リースに係る費用の開示は求めない。

《セール・アンド・リースバック取引》

> セール・アンド・リースバック取引について、次の注記をする（新適用指針第101項(1)）。
>
> （i）　セール・アンド・リースバック取引から生じた売却損益を損益計算書において区分して表示していない場合、当該売却損益が含まれる科目及び金額

第 16 章　開示

(ⅱ)　第55項を適用して会計処理を行ったセール・アンド・リースバック取引について、当該会計処理を行った資産がある旨並びに当該資産の科目及び金額

(ⅲ)　第56項を適用して会計処理を行ったセール・アンド・リースバック取引について、当該セール・アンド・リースバック取引の主要な条件

- 新適用指針第101項(1)に掲げるセール・アンド・リースバック取引から生じた売却損益、及び同第55項、第56項を適用して会計処理したセール・アンド・リースバック取引の主要な条件の開示は、セール・アンド・リースバック取引が有する独特の特徴及び当該取引が借手の経営成績に与えている影響をより適切に理解する上で有用である。

《サブリース取引》

　サブリース取引について、次の注記をする（新適用指針第101項(2)）。

(ⅰ)　使用権資産のサブリースによる収益（第89項参照）を損益計算書において区分して表示していない場合、当該収益が含まれる科目及び金額

(ⅱ)　第92項の定めを適用し中間的な貸手がヘッドリースに対してリスクを負わない場合のサブリース取引について計上した損益を損益計算書において区分して表示していない場合、当該損益が含まれる科目及び金額

(ⅲ)　第93項なお書きの定めを適用し転リース取引に係るリース債権又はリース投資資産とリース負債を利息相当額控除前の金額で計上する場合に、当該リース債権又はリース投資資産及びリース負債を貸借対照表において区分して表示していないとき、当該リース債権又はリース投資資産及びリース負債が含まれる科目並びに金額

- (ⅰ)の新適用指針第101項(2)①に掲げる使用権資産のサブリースによる収益の開示は、リースに係る費用に関する開示とともに、企業のリース活動の全体的な損益計算書への影響を表し、有用である。
- (ⅱ)及び(ⅲ)の開示は、企業が代替的な会計処理を選択した場合に求める開示で

179

第1部　新リース会計基準の勘所　徹底解説

あり、当該注記は、財務諸表利用者が企業の財務諸表の分析を行うことを可能とし、財務諸表利用者が、企業の財政状態、経営成績及びキャッシュ・フローを評価する上で有用である。

③　当期及び翌期以降のリースの金額を理解するための情報

「当期及び翌期以降のリースの金額を理解するための情報」（新会計基準第55項(1)③）については、当期及び翌期以降のリースの金額を理解できるよう、次の事項を注記する。

(ⅰ)　リースに係るキャッシュ・アウトフローの合計額（少額リースに係るキャッシュ・アウトフローを除く。）

(ⅱ)　使用権資産の増加額

(ⅲ)　対応する原資産を自ら所有していたと仮定した場合に貸借対照表において表示するであろう科目ごとの使用権資産に係る減価償却の金額（当該事項を注記するにあたって、貸借対照表において表示するであろう科目との関係が明らかである限りにおいて、より詳細な区分により使用権資産に係る減価償却の金額の注記を行うことを妨げない。）

- (ⅰ)について、リース負債からのキャッシュ・アウトフローとリース負債に計上されていないリースに係るキャッシュ・アウトフローの合計額の注記であり、財務諸表利用者にリースのキャッシュ・フローに関する有用な情報を提供する。当該注記は、財務諸表利用者が、当期及び翌期以降のリースの金額を予測するために有用である。

- (ⅰ)の注記は、会計期間中に損益計算書に計上したリースに係る費用及び会計期間中のリース負債の減少額をリースに関するキャッシュ・アウトフローに関連付けて翌期以降の当該金額の予測に役立てることを目的としている。

- (ⅱ)の注記は、使用権資産及び所有資産に対する設備投資に関する比較可能情報を提供し、当期及び翌期以降のリースによる設備投資の金額を理解するために有用な情報を提供すると考えられる。

- (ⅲ)の注記は、借手のリース活動の性質を理解する上で、また、資産をリースする企業と資産を購入する企業とを比べる上で有用な情報を提供すると考え

第 16 章　開示

られる。

⑶　貸手の注記

　新会計基準第54項の開示目的を達成するため、リースに関する注記として、次の事項を注記する（新会計基準第55項）。

① 　リース特有の取引に関する情報

② 　当期及び翌期以降のリースの金額を理解するための情報

　ただし、上記の各注記事項のうち、前項の開示目的に照らして重要性に乏しいと認められる注記事項については、記載しないことができる。

　貸手の会計処理は、収益認識会計基準との整合性を図る点並びにリースの定義及びリースの識別を除き、従来の基準の定めを踏襲している。一方、貸手の注記事項は、IFRS16と整合的なものとしている。

　従来の基準の定めによるのでなくIFRS16と整合的なものとしたのは主として次の理由による。

- リースの収益に関連する注記事項は、リースが財務諸表に重要な影響を与える企業（リース業等）では重要な情報であること
- リース料の支払いが通常分割して行われることを考慮した際に将来のリースのキャッシュ・フローの予測と流動性の見積りをより正確に行うことに資するという点で有用な情報を提供すること

　なお、リースに関する注記を記載するにあたり、①②の注記事項の区分に従い注記事項を記載する必要はない。また、リースに関する注記を独立の注記事項とする。ただし、他の注記事項に既に記載している情報は、繰り返す必要はなく、当該他の注記事項を参照できる（新会計基準第56項、第57項）。

　貸手の注記事項のまとめを図表 1 –33に示した。

181

第1部　新リース会計基準の勘所　徹底解説

図表1-33　貸手の注記事項（まとめ）

ファイナンス・リースの貸手の注記

1．リース特有の取引に関する情報

(i)　リース投資資産の構成要素（将来のリース料を収受する権利（「リース料債権」）部分及び見積残存価額部分の金額並びに受取利息相当額）[*1]

(ii)　リース債権の構成要素（リース料債権部分の金額及び受取利息相当額）[*1]

(iii)　リース債権及びリース投資資産に含まれない将来の業績等により変動する使用料等に係る収益

2．当期及び翌期以降のリースの金額を理解するための情報

(i)　リース債権の残高の重要な変動[*2]

(ii)　リース投資資産の残高の重要な変動[*2]

(iii)　リース債権に係るリース料債権部分について貸借対照表日後5年以内における1年ごとの回収予定額及び5年超の回収予定額[*3]

(iv)　リース投資資産に係るリース料債権部分について貸借対照表日後5年以内における1年ごとの回収予定額及び5年超の回収予定額[*3]

(*1・2・3)　リース債権の期末残高が、当該期末残高及びリース投資資産の期末残高の合計額に占める割合に重要性が乏しい場合、それぞれを合算して注記することができる。

オペレーティング・リースの貸手の注記

1．リース特有の取引に関する情報

(i)　オペレーティング・リースに係る貸手のリース料に含まれない、将来の業績等により変動する使用料に係る収益

2．当期及び翌期以降のリースの金額を理解するための情報

(i)　オペレーティング・リースに係る貸手のリース料について、貸借対照表日後5年以内における1年ごとの受取予定額及び5年超の受取予定額

以下で、図表1-33に示した項目に沿って、具体的な注記事項を説明する。

《ファイナンス・リースの貸手の注記》

① リース特有の取引に関する情報

　「リース特有の取引に関する情報」（新会計基準第55項(2)①）については、リースが企業の財政状態又は経営成績に与える影響を理解できるよう、新適用指針第104項及び第105項の内容を注記する（新適用指針第103項）。

182

第16章　開示

(i) リース債権及びリース投資資産に関して、貸借対照表において次の(a)及び(b)に定める事項を区分して表示していない場合、当該(a)及び(b)に定める事項を注記する（新適用指針第104項）。

　(a) リース投資資産について、将来のリース料を収受する権利（以下「リース料債権」という。）部分及び見積残存価額部分の金額並びに受取利息相当額。なお、リース料債権部分及び見積残存価額部分の金額は、利息相当額控除前の金額とする。

　(b) リース債権について、リース料債権部分の金額及び受取利息相当額。なお、リース料債権部分の金額は、利息相当額控除前の金額とする。ただし、リース債権の期末残高が、当該期末残高及びリース投資資産の期末残高の合計額に占める割合に重要性が乏しい場合、(a)と(b)を合算して注記することができる。

(ii) リース債権及びリース投資資産に含まれない将来の業績等により変動する使用料に係る収益を損益計算書において区分して表示していない場合、当該収益が含まれる科目及び金額を注記する（新適用指針第105項）。

● (i)について、財務諸表利用者がリース債権及びリース投資資産の構成要素を理解するために有用な情報を提供するため、注記を求めた。従来の基準では、リース債権の構成要素に係る開示を求めていないが、リース投資資産とは性質の異なるリース債権につき、リース料債権部分と受取利息相当額を区分した情報が財務諸表利用者にとって有用なので、リース債権についても構成要素の開示を求めることとした。

● (ii)について、リース債権及びリース投資資産に計上していないリース料に関して、会計期間中に認識したリース収益を構成要素に分解し開示することで、会計期間中に認識した収益の内訳を財務諸表利用者が理解できる有用な情報を提供すると考えられるため、求めることとした。

第1部　新リース会計基準の勘所　徹底解説

②　当期及び翌期以降のリースの金額を理解するための情報

　「当期及び翌期以降のリースの金額を理解するための情報」（新会計基準第55項(2)②）については、当期及び翌期以降のリースの金額を理解できるよう、次の事項を注記する（新適用指針第106項）。

(ⅰ)　リース債権の残高に重要な変動がある場合のその内容

(ⅱ)　リース投資資産の残高に重要な変動がある場合のその内容

(ⅲ)　リース債権に係るリース料債権部分について、貸借対照表日後5年以内における1年ごとの回収予定額及び5年超の回収予定額。なお、リース料債権部分の金額は、利息相当額控除前の金額とする。

(ⅳ)　リース投資資産に係るリース料債権部分について、貸借対照表日後5年以内における1年ごとの回収予定額及び5年超の回収予定額。なお、リース料債権部分の金額は、利息相当額控除前の金額とする。

　ただし、リース債権の期末残高が、当該期末残高及びリース投資資産の期末残高の合計額に占める割合に重要性が乏しい場合、(ⅰ)及び(ⅱ)並びに(ⅲ)及び(ⅳ)のそれぞれを合算して注記することができる。

　前項におけるリース債権及びリース投資資産の残高の変動の例として、次のものが挙げられる（新適用指針第107項）。

(a)　企業結合による変動

(b)　リース投資資産における見積残存価額の変動

(c)　リース投資資産における貸手のリース期間の終了による見積残存価額の減少（見積残存価額の貯蔵品又は固定資産等への振替）（第76項参照）

(d)　残価保証額の変動

(e)　中途解約による減少

(f)　新規契約による増加

　なお、当期中のリース債権及びリース投資資産の残高の重要な変動を注記するにあたり、必ずしも定量的情報を含める必要はない。

第 16 章　開示

　　リース債権及びリース投資資産の残高の重要な変動が一つの要因で発生している場合、金額的な影響額を開示しなくても、当該要因が重要な変動の主要因であることを開示することで、財務諸表利用者に有用な情報が開示される場合もあるため、当該注記には必ずしも定量的情報を含める必要はないこととした。

- 収益認識会計基準では契約資産及び契約負債の残高並びにそれらに重要な変動がある場合にその内容の注記を要する。(i)及び(ii)の注記は、これと同様に、財務諸表利用者がリース債権及びリース投資資産の重要な変動を理解できる有用な情報を提供する。

- (iii)及び(iv)のリース料債権部分及びリース料の回収予定額を一定の期間に区分した開示は、財務諸表利用者が将来のリースのキャッシュ・フローの予測と流動性の見積りを正確に行うために有用な情報を提供する。

《オペレーティング・リースの貸手の注記》

① リース特有の取引に関する情報

　　「リースの特有の取引に関する情報」（会計基準第55項(2)①）については、リースが企業の経営成績に与える影響を理解できるよう、オペレーティング・リースに係る貸手のリース料に含まれない将来の業績等により変動する使用料等に係る収益を損益計算書において区分して表示していない場合、当該収益が含まれる科目及び金額を注記する（新適用指針第108項）。

- 新適用指針第108項に掲げる将来の業績等により変動する使用料等に係る収益の開示は、オペレーティング・リースにおいて定額法で計上する対象とならないリース料に関して、会計期間中に認識されたリース収益について構成要素に分解して開示することで、会計期間中に認識した収益の内訳を財務諸表利用者が理解できる有用な情報を提供する。

② 当期及び翌期以降のリースの金額を理解するための情報

　　「当期及び翌期以降のリースの金額を理解するための情報」（会計基準第55項(2)②）については、当期及び翌期以降のリースの金額を理解できるよう、

185

第 1 部　新リース会計基準の勘所　徹底解説

> オペレーティング・リースに係る貸手のリース料について、貸借対照表日
> 後 5 年以内における 1 年ごとの受取予定額及び 5 年超の受取予定額を注記
> する（新適用指針第109項）。

- 新適用指針第109項に掲げるリース料債権部分及びリース料の回収予定額を一
  定の期間に区分した開示は、財務諸表利用者が将来のリースのキャッシュ・
  フローの予測と流動性の見積りを正確に行うための有用な情報を提供する。

3　連結財務諸表を作成している場合の個別財務諸表における表示及び注記事項

(1)　注記の省略

　連結財務諸表を作成している場合、個別財務諸表においては、新会計基準第
55項及び新適用指針第94項から第109項の定めにかかわらず、新会計基準第55項
に掲げる事項のうち、(1)②及び(2)①の「リース特有の取引に関する情報」並び
に(1)③及び(2)②の「当期及び翌期以降のリースの金額を理解するための情報」
について注記しないことができる（新適用指針第110項）。

- 基準開発にあたり、注記事項については、会計基準ごとに、個別財務諸表に
  おいて連結財務諸表の内容をどの程度取り入れるかを定めている。
- 金融商品取引法に基づき作成される個別財務諸表は、「国際会計基準（IFRS）
  への対応のあり方に関する当面の方針（2013年 6 月20日に企業会計審議会公表）」
  の内容を踏まえ簡素化が図られてきている。

(2)　連結財務諸表記載の参照

　連結財務諸表を作成している場合、個別財務諸表においては、新会計基準第
55項(1)①の「会計方針に関する情報」を記載するにあたり、連結財務諸表にお
ける記載を参照することができる（新適用指針第111項）。

第 16 章　開示

4 開示に関する実務上の留意事項

開示に関する実務上の留意事項は、以下の通りである。

✓リースはさまざまな要素を含む場合があり、「リースの借手又は貸手の財政状態、経営成績及びキャッシュ・フローに与える影響を財務諸表利用者が評価するための基礎を与える情報を開示する」との開示目的を達成すべく、標準的な開示要求に加えて、開示目的に照らした追加の情報の追記を求めている。質的にも量的にもボリュームがある開示を可能とするため、連結ベースでの必要な開示項目の把握と、タイムリーな情報収集及び分類集計を可能にする体制や仕組みの構築が必要になる。

例えば、使用権資産の減価償却や、リースに係るキャッシュ・アウトフローの合計額など注記情報をタイムリーかつ正確に収集できる仕組みを検討する必要がある。

187

第1部 新リース会計基準の勘所 徹底解説

第17章 適用時期及び経過措置

1 適用時期

新リース会計基準等の適用時期については、次の定めの通り、会計基準の公表から原則的な適用時期までの期間を2年半程度とし早期適用を認めることとした。

> 本会計基準は、2027年4月1日以後開始する連結会計年度及び事業年度の期首から適用する。ただし、2025年4月1日以後開始する連結会計年度及び事業年度の期首から本会計基準を適用することができる（新会計基準第58項）。

ここで、会計基準公表から適用まで2年半程度の猶予を設けたのは、リースの識別を始め従来とは異なる実務を求められるなど、会計基準等の適用開始にかかる実務上の負担、経過措置への対応等を考慮したことによる。

これに伴い、従来の基準等（企業会計基準第13号「リース取引に関する会計基準」企業会計基準適用指針第16号「リース取引に関する会計基準の適用指針」等）の適用は終了する

図表1-34に適用時期のイメージを示した。

図表1-34 適用時期のイメージ

第 17 章　適用時期及び経過措置

2 経過措置

⑴　企業会計基準第13号（従来の基準）を適用した際の経過措置

　企業会計基準第13号を定めた際の経過措置の取扱いにつき、新リース会計基準等に定める新たな会計基準等でもこれらを継続する場合、借手のすべてのリースにつき資産及び負債を計上するという会計基準の主たる目的が一部のリースにつき達成されない。

　しかし、これらの経過措置は、企業会計基準第13号を定めたときの「簡便的な取扱い」であり、また、リースの会計処理に係るコストが増加することも考慮して、当該経過措置を、新リース会計基準等に定める新たな会計基準等においても認めることとした。

　新リース会計基準等における具体的な定めは、以下の通りである。

《借手》リース開始日が企業会計基準第13号（従来の会計基準）の適用初年度開始前である所有権移転外ファイナンス・リース取引の取扱い

> 　リース取引開始日が企業会計基準第13号「リース取引に関する会計基準」（以下「企業会計基準第13号」という。）の適用初年度開始前の所有権移転外ファイナンス・リース取引について、企業会計基準適用指針第16号「リース取引に関する会計基準の適用指針」（以下「企業会計基準適用指針第16号」という。）の定めにより、企業会計基準第13号の適用初年度の前年度末における未経過リース料残高又は未経過リース料期末残高相当額（利息相当額控除後）を取得価額とし、企業会計基準第13号の適用初年度の期首に取得したものとしてリース資産に計上する会計処理を行っている場合、会計基準適用後も、当該会計処理を継続することができる。この場合、企業会計基準第13号適用後の残存期間における利息相当額については、本適用指針第39項の定めによらず、利息相当額の総額をリース期間中の各期に定額で配分することができる（新適用指針第113項）。

> 　さらに、リース取引開始日が企業会計基準第13号の適用初年度開始前のリー

189

第1部　新リース会計基準の勘所　徹底解説

ス取引で、企業会計基準第13号に基づき所有権移転外ファイナンス・リース取引と判定されたものについて、企業会計基準適用指針第16号の定めにより、引き続き通常の賃貸借取引に係る方法に準じた会計処理を行っている場合、会計基準適用後も、当該会計処理を継続することができる。この場合、リース取引開始日が企業会計基準第13号の適用初年度開始前のリース取引について、引き続き通常の賃貸借取引に係る方法に準じた会計処理を適用している旨及び「リース取引に係る会計基準」（1993年6月企業会計審議会第一部会）（以下「1993年リース取引会計基準」という。）で必要とされていた事項（本適用指針参考参照）を注記する（新適用指針第114項）。

《貸手》リース開始日が企業会計基準第13号（従来の会計基準）の適用初年度開始前である所有権移転外ファイナンス・リース取引の取扱い

リース取引開始日が企業会計基準第13号の適用初年度開始前の所有権移転外ファイナンス・リース取引について、企業会計基準適用指針第16号の定めにより、企業会計基準第13号の適用初年度の前年度末における固定資産の適正な帳簿価額（減価償却累計額控除後）をリース投資資産の企業会計基準第13号の適用初年度の期首の価額として計上する会計処理を行っている場合、会計基準適用後も、当該会計処理を継続することができる。この場合、当該リース投資資産に関して、企業会計基準第13号適用後の残存期間においては、本適用指針第73項の定めによらず、利息相当額の総額をリース期間中の各期に定額で配分することができる（新適用指針第115項）。

さらに、リース取引開始日が企業会計基準第13号の適用初年度開始前のリース取引で、企業会計基準第13号に基づき所有権移転外ファイナンス・リース取引と判定されたものについて、企業会計基準適用指針第16号の定めにより、引き続き通常の賃貸借取引に係る方法に準じた会計処理を行っている場合、会計基準適用後も、当該会計処理を継続することができる。この場合、リース取引開始日が企業会計基準第13号の適用初年度開始前の

リース取引について、引き続き通常の賃貸借取引に係る方法に準じた会計処理を適用している旨及び1993年リース取引会計基準で必要とされていた事項（本適用指針参考参照）を注記する（新適用指針第116項）。

リース取引を主たる事業としている企業は、前項の定めを適用することができない。また、リース取引を主たる事業としている企業においては、本適用指針第115項を適用した場合に重要性が乏しいときを除き、企業会計基準第13号の適用初年度の企業会計基準第13号適用後の残存期間の各期において、リース取引開始日が企業会計基準第13号適用初年度開始前のリース取引についても、企業会計基準第13号及び企業会計基準適用指針第16号に定める方法により会計処理した場合の税引前当期純損益と本適用指針第115項を適用した場合の税引前当期純損益との差額を注記する（新適用指針第117項）。

(2) 会計基準を適用する際の経過措置

新たな会計基準の適用にあたり、会計方針の変更として扱い遡及適用することが原則である。過年度の影響額は期首利益剰余金で処理できる。具体的に新適用指針では会計基準適用に伴う経過措置につき以下のように定めている。

会計基準の適用初年度においては、会計基準等の改正に伴う会計方針の変更として取り扱い、原則として、新たな会計方針を過去の期間のすべてに遡及適用する。ただし、適用初年度の期首より前に新たな会計方針を遡及適用した場合の適用初年度の累積的影響額を適用初年度の期首の利益剰余金に加減し、当該期首残高から新たな会計方針を適用することができる（新適用指針第118項）。

IFRS16号では、適用初年度の実務負担を軽減するために経過措置が多く設けられており、新リース会計基準等でもIFRS 16の経過措置を多く取り入れている。この際、企業会計基準第13号の会計処理からの移行であることを考慮しIFRS16の経過措置の一部について修正を行っている。

第1部　新リース会計基準の勘所　徹底解説

　新リース会計基準等の適用にあたっては、過去の期間のすべてに遡及適用する方法が原則であるが、新適用指針第118項ただし書きにおいて、過去の期間における累積的影響額を期首の利益剰余金に加減する方法が認められている。また、この「容認法」を選択する場合に限って様々な経過措置（簡便的な方法）が認められている。

図表1-35　新適用指針第118項ただし書きの容認法

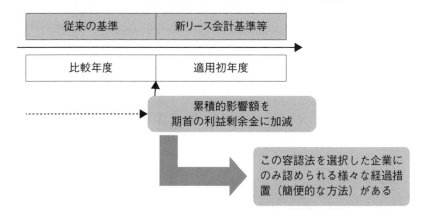

　新適用指針第118項ただし書きの「容認法」を選択した場合には、図表1-36に示した経過措置を採用することができる。

　主な経過措置の概要を簡単にまとめると、次の通りである。
- 企業会計基準第13号の適用初年度開始前である借手の所有権移転外ファイナンス・リース取引の取扱いは継続できる（新適用指針第113項、第114項）。
- 会計方針の変更として取り扱い、原則、過去の期間のすべてに遡及適用するが、その累積的影響額を適用初年度の期首の剰余金に加減することができる（新適用指針第118項）。
- 借手のファイナンス・リース取引に分類していたリース取引はリース資産及びリース負債の帳簿残高を引き継ぐことができる（新適用指針第120項）。
- 借手のオペレーティング・リース取引に分類していたリース取引は以下の図（図表1-36）の通り会計処理を行うことができる（新適用指針第123項、第124項）。

第17章　適用時期及び経過措置

図表1-36　新適用指針第118項ただし書きを選択した企業に認められる経過措置

<table>
<tr><td rowspan="2">リースの識別
（新適用指針
第119項）</td><td>従来の基準を適用して
いたリース</td><td colspan="2">新リース会計基準等におけるリースの識別
を判断せずに、新リース会計基準等を適用
することができる</td></tr>
<tr><td>従来の基準を適用して
いなかった契約</td><td colspan="2">適用初年度の期首時点における事実・状況
に基づいて新リース会計基準等における
リースの識別を判断することができる</td></tr>
<tr><td rowspan="2">借手
（新適用指針
第120項～
第125項）</td><td>ファイナンス・リース
に分類していたリース
に関する適用初年度期
首の帳簿価額</td><td colspan="2">リース1件ごとに前年度の期末日における
リース資産及びリース債務の帳簿価額のそ
れぞれを適用初年度の期首における使用権
資産及びリース負債の帳簿価額とすること
ができる</td></tr>
<tr><td>オペレーティング・リー
スに分類していたリー
スと新リース会計基準
等の適用により新たに
識別されたリースに関
する適用初年度期首の
帳簿価額</td><td>使用権資産：リース
1件ごとに次のいず
れかによることがで
きる
①新リース会計基準
　等がリース開始日
　から適用されてい
　たかのような帳簿
　価額
②右のリース負債と
　同額</td><td>リース負債：適用初
年度期首時点におけ
る残りのリース料と
借手の追加借入利子
率に基づく割引現在
価値とすることがで
きる</td></tr>
<tr><td rowspan="2">貸手
（新適用指針
第131項～
第132項）</td><td>ファイナンス・リース
に分類していたリース
に関する適用初年度期
首の帳簿価額</td><td colspan="2">前年度の期末日におけるリース債権及び
リース投資資産の帳簿価額のそれぞれを適
用初年度の期首におけるリース債権及び
リース投資資産の帳簿価額とすることがで
きる。ただし、貸手における販売益を割賦
基準により処理している場合、適用初年度
の前年度の期末日の繰延販売利益の帳簿価
額は適用初年度の期首の利益剰余金に加算
する。</td></tr>
<tr><td>オペレーティング・リー
スに分類していたリー
スと新リース会計基準
等の適用により新たに
識別されたリースに関
する新リース会計基準
等の適用方法</td><td colspan="2">適用初年度の期首に締結された新たなリー
スとして、新リース会計基準等を適用する
ことができる</td></tr>
</table>

193

第1部　新リース会計基準の勘所　徹底解説

(i)　リース負債

　「適用初年度の期首時点の残存リース料」を「適用初年度の期首時点の借手の追加借入利子率」で割引計算

(ii)　使用権資産：リース1件ごとに次のいずれかを選択

(①)　リース開始日から適用初年度の期首時点まで転がし計算

(②)　リース負債と同額の使用権資産を計上

　以下で、借手及び貸手における①から⑨までの項目ごとに経過措置を確認する。

① リースの識別

　新リース会計基準等のなかで、リースの識別の定め（新会計基準第25項及び第26項）は従来の会計基準（企業会計基準第13号等）ではなかった定めである。

　新たな会計基準の適用に伴い、従来の基準により会計処理されていなかった契約にリースが含まれている場合がある。仮に、リースの識別の定めに基づき契約がリースを含むか否かの判断につき経過措置を定めないと、新たな会計方針を過去の期間のすべてに遡及適用することになり相当のコストが生じる。このため、新適用指針では、以下の通り、経過措置を設けている。

　前項ただし書きの方法を選択する場合、次の(i)及び(ii)の方法のいずれか又は両方を適用することができる（新適用指針第119項）。

(i)　適用初年度の前連結会計年度及び前事業年度の期末日において企業会計基準第13号を適用しているリース取引に、新会計基準第25項及び第26項並びに新適用指針第5項から第8項を適用して契約にリースが含まれているか否かを判断することを行わずに会計基準を適用すること

(ii)　適用初年度の期首時点で存在する企業会計基準第13号を適用していない契約について、当該時点で存在する事実及び状況に基づいて新会計基準第25項及び第26項並びに新適用指針第5項から第8項を適用して契約にリースが含まれているか否かを判断すること

● リースの識別に関する経過措置に関して、IFRS 16では、実務上の便法として、契約がリースを含むか否かを見直さないことを選択できる経過措置が置

第17章　適用時期及び経過措置

かれている。この点について、従前の基準書とIFRS16との適用結果の差異は限定的である。

● 一方、新たな会計基準によるリースの識別の定めを適用することで、従来の基準により会計処理されていなかった契約にリースが含まれる場合がある。このような日本の会計基準とIFRSとの背景の違いを考慮した結果、新リース会計基準等におけるリースの識別に関する経過措置について、IFRS 16とは異なる経過措置を取り入れている。

《借手》

② ファイナンス・リース取引に分類していたリース

従来の基準によりファイナンス・リース取引に分類していた借手のリース資産及びリース債務の帳簿価額や、残価保証額等に係る経過措置につき、新適用指針では以下の定めを置いている。また、従来の基準で、第7章でふれた「重要性が乏しい場合の簡便的な取扱い」すなわち、「使用権資産総額に重要性が乏しい場合の簡便的な売買処理」や「個々のリース資産に重要性が乏しい場合の例外的な賃貸借処理」について、一定の要件のもと、従来の会計処理を継続して適用できる旨が明記されている。

本適用指針第118項ただし書きの方法を選択する借手は、企業会計基準第13号においてファイナンス・リース取引に分類していたリースについて、適用初年度の前連結会計年度及び前事業年度の期末日におけるリース資産及びリース債務の帳簿価額のそれぞれを適用初年度の期首における使用権資産及びリース負債の帳簿価額とすることができる。このとき、適用初年度の前連結会計年度及び前事業年度の期末日におけるリース資産及びリース債務の帳簿価額に残価保証額が含まれる場合、当該金額は、適用初年度の期首時点における残価保証に係る借手による支払見込額に修正する。これらのリースについては、適用初年度の期首から会計基準を適用して使用権資産及びリース負債について会計処理を行う。この方法はリース1件ごとに適用することができる（新適用指針第120項）。

195

第1部　新リース会計基準の勘所　徹底解説

　　前項の定めを適用する借手は、適用初年度の期首以後に第41項における使用権資産総額に重要性が乏しいと認められる場合の判断基準である10パーセントを超える場合であっても、適用初年度の期首における使用権資産及びリース負債については、第40項において認められる方法のうち企業会計基準適用指針第16号において選択していた方法を継続して適用することができる（新適用指針第121項）。

　　本適用指針第118項ただし書きの方法を選択する借手は、企業会計基準適用指針第16号において、個々のリース資産に重要性が乏しいと認められる場合に通常の賃貸借取引に係る方法に準じた会計処理を行っていたリースについては、本適用指針第20項又は第22項にかかわらず、当該会計処理を継続することができる（新適用指針第122項）。

③　オペレーティング・リース取引に分類していたリース等

　従来の基準によりオペレーティング・リース取引に分類していたリース及び会計基準の適用により新たに識別されたリース等に係る経過措置につき、新適用指針では、以下の定めを置いている。

　　本適用指針第118項ただし書きの方法を選択する借手は、企業会計基準第13項においてオペレーティング・リース取引に分類していたリース及び会計基準の適用によりたに識別されたリースについて、次の通り会計処理を行うことができる（新適用指針第123項）。

（i）　適用初年度の期首時点における残りの借手のリース料を適用初年度の期首時点の借手の追加借入利子率を用いて割り引いた現在価値によりリース負債を計上する。

（ii）　リース1件ごとに、次のいずれかで算定するかを選択して使用権資産を計上する。

　（①）　会計基準がリース開始日から適用されていたかのような帳簿価額。ただし、適用初年度の期首時点の借手の追加借入利子率を用いて割り引く。

196

第 17 章　適用時期及び経過措置

　（②）（ⅰ）で算定されたリース負債と同額。ただし、適用初年度の前連結
　　会計年度及び前事業年度の期末日に貸借対照表に計上された前払又は
　　未払リース料の金額の分だけ修正する。
(ⅲ)　適用初年度の期首時点の使用権資産に「固定資産の減損に係る会計基
　　準」（1998年（平成14年 8 月）企業会計審議会）を適用する。
(ⅳ)　本適用指針第22項を適用して使用権資産及びリース負債を計上しない
　　リースについては修正しない。
　なお、本項の会計処理は、企業会計基準適用指針第16号に従ってファイ
ナンス・リース取引に分類していた建物に係るリースについて、土地と建
物がそれぞれ独立したリースを構成する部分（本適用指針第16項参照）に該
当しない場合にも適用することができる。

　前項の方法を選択する借手は、前項を適用するにあたって次の(ⅰ)から(ⅳ)
の方法の 1 つ又は複数を適用することができる。これらの方法はリース 1
件ごとに適用することができる（新適用指針第124項）。
(ⅰ)　特性が合理的に類似した複数のリースに単一の割引率を適用すること
(ⅱ)　適用初年度の期首から12か月以内に借手のリース期間が終了するリー
　　スについて、前項(ⅰ)及び(ⅱ)を適用せずに、第20項の方法で会計処理を行
　　うこと
(ⅲ)　付随費用を適用初年度の期首における使用権資産の計上額から除外す
　　ること
(ⅳ)　契約にリースを延長又は解約するオプションが含まれている場合に、
　　借手のリース期間や借手のリース料を決定するにあたってリース開始日
　　より後に入手した情報を使用すること

　また、新適用指針第118項ただし書きの方法を選択する借手について、企業会
計基準第24号との関係を踏まえ、以下の定めを置いている。

　本適用指針第118項ただし書きの方法を選択する借手は、企業会計基準第24

第1部　新リース会計基準の勘所　徹底解説

号「会計方針の開示、会計上の変更及び誤謬の訂正に関する会計基準」（以下、「企業会計基準第24号」という。）第10項(5)の注記に代えて、次の事項を注記する（新適用指針第125項）。

(ⅰ)　適用初年度の期首の貸借対照表に計上されているリース負債に適用している借手の追加借入利子率の加重平均

(ⅱ)　次の（①）と（②）との差額の説明

　（①）適用初年度の前連結会計年度及び前事業年度の期末日において企業会計基準第13号を適用して開示したオペレーティング・リースの未経過リース料（(ⅰ)の追加借入利子率で割引後）

　（②）適用初年度の期首の貸借対照表に計上したリース負債

④　セール・アンド・リースバック取引

適用初年度の期首より前に締結されたセール・アンド・リースバック取引に係る経過措置につき、新適用指針では以下の定めを置いている。

売手である借手は、適用初年度の期首より前に締結されたセール・アンド・リースバック取引を次の通り取り扱う（新適用指針第126項）。

(ⅰ)　売手である借手による資産の譲渡について、収益認識会計基準などの他の会計基準等に基づき売却に該当するかどうかの判断を見直すことは行わない。

(ⅱ)　資産の譲渡価額が明らかに時価ではない場合又は借手のリース料が明らかに市場のレートではない場合の取扱い（本適用指針第57項参照）を適用しない。

(ⅲ)　リースバックを適用初年度の期首時点に存在する他のリースと同様に会計処理を行う。

(ⅳ)　企業会計基準第13号におけるセール・アンド・リースバック取引の定めにより、リースの対象となる資産の売却に伴う損益を長期前払費用又は長期前受収益等として繰延処理し、リース資産の減価償却費の割合に応じ減価償却費に加減して損益に計上する取扱いを適用している場合、

第17章 適用時期及び経過措置

会計基準の適用後も当該取扱いを継続し、使用権資産の減価償却費の割合に応じ減価償却費に加減して損益に計上する。

⑤ 借地権の設定に係る権利金等

借地権の設定に係る権利金等に関しては次のような経緯や特徴がある。

● 借手の権利が強く保護される旧借地権又は普通借地権の設定対価は、減価しない土地の一部取得に準ずるとの見方がある。

● 従来の基準では、借地権の設定に係る権利金等に係る会計処理は明らかではなかった。

このため、これらに係る権利金等につき、使用権資産の取得価額に含め減価償却を行う原則的な会計処理を一律に求めると、当該権利金等の支払いに関する契約の締結時の企業の意図が会計処理に適切に反映されなくなる。

また、当該権利金等につき基準適用後に減価償却を行わない例外的な会計処理を認めていることから、基準適用後に新たに支払う普通借地権の設定に係る権利金等についてのみ減価償却を行うとしても、財務報告の改善を図る一定の効果がある。

これらを勘案し、新適用指針ではこれらの経過措置として、以下の定めを置いている。

本適用指針第27項第1段落に定める原則的な取扱いを適用する借手が会計基準の適用初年度の期首に計上されている旧借地権の設定に係る権利金等又は普通借地権の設定に係る権利金等を償却していなかった場合、当該権利金等を使用権資産の取得価額（本適用指針第18項参照）に含めた上で、当該権利金等のみ償却しないことができる（新適用指針第127項）。

借手が次の(i)又は(ii)のいずれかの場合に本適用指針第118項ただし書きの方法を選択するとき、会計基準の適用初年度の前連結会計年度及び前事業年度の期末日における借地権の設定に係る権利金等の帳簿価額を適用初年度の期首における使用権資産の帳簿価額とすることができる。

199

第1部　新リース会計基準の勘所　徹底解説

（i）　会計基準の適用前に定期借地権の設定に係る権利金等を償却していた
　　　場合
（ii）　旧借地権の設定に係る権利金等又は普通借地権の設定に係る権利金等
　　　について本適用指針第27項第1段落の原則的な取扱いを適用する借手が
　　　会計基準の適用前に当該権利金等を償却していた場合
　　　これらの場合、借手は当該帳簿価額を会計基準の適用初年度の期首から
　　残りの借手のリース期間で償却する。このとき、借手のリース期間の決定に
　　あたりリース開始日より後に入手した情報を使用することができる（新適
　　用指針第128項）。

　　次に、旧借地権の設定に係る権利金等又は普通借地権の設定に係る権利金等
につき、償却しない会計処理を選択していたケースの取扱いである。このケー
スで、使用権資産の取得価額に含めて減価償却を行う原則的な会計処理を選択
し、新適用指針第118項ただし書きの方法を適用すると、当該権利金等の適用初
年度の期首残高をリース開始日から適用されていた前提の帳簿価額により算定
することになる。旧借地権又は普通借地権が設定されている土地の賃貸借契約
では、事後的にリース開始日を確認することが実務上困難な場合があるため、
新適用指針では、次の定めを置いている。

　　本適用指針第27項第1段落の原則的な取扱いを適用する借手が、会計基
準の適用前に旧借地権の設定に係る権利金等又は普通借地権の設定に係る
権利金等について償却していなかった場合に本適用指針第118項ただし書き
の方法を選択するときには、会計基準の適用初年度における使用権資産の
期首残高に含まれる当該権利金等については、当該権利金等を計上した日
から借手のリース期間の終了までの期間で償却するものとして、当該権利
金等を計上した日から償却した帳簿価額で計上することができる。
　　このとき、借手のリース期間の決定にあたりリース開始日より後に入手
した情報を使用することができる。ただし、当該償却した後の帳簿価額が
前連結会計年度及び前事業年度の期末日における当該権利金等の帳簿価額

第 17 章　適用時期及び経過措置

を上回る場合には、当該適用初年度の前連結会計年度及び前事業年度の期末日における当該権利金等の帳簿価額をもって、当該適用初年度の期首における当該権利金等の帳簿価額とする（新適用指針第129項）。

⑥　建設協力金等の差入預託保証金

新リース会計基準等では、将来返還される建設協力金等の差入預託保証金（敷金を除く）及び差入預託保証金（建設協力金等及び敷金）のうち将来返還されない額につき、以下の定めを置き、新リース会計基準等の適用前に採用していた会計処理を継続できることとした。

本適用指針第118項ただし書きの方法を選択する借手は、本適用指針第29項、第32項及び第34項の定めにかかわらず、次の(i)及び(ii)について、会計基準の適用前に採用していた会計処理を継続することができる。

(i)　将来返還される建設協力金等の差入預託保証金（敷金を除く。）

(ii)　差入預託保証金（建設協力金等及び敷金）のうち、将来返還されない額
　　また、(i)に係る長期前払家賃及び(ii)について、適用初年度の前連結会計年度及び前事業年度の期末日の帳簿価額を適用初年度の期首における使用権資産に含めて会計処理を行うこともできる（新適用指針第130項）。

新適用指針第130項(i)及び(ii)を認めた主な理由は次の通りである。

- 建設協力金を伴う賃貸借契約における単一の契約期間により、長期前払家賃の償却及び受取利息の計上を行うことを前提として契約が行われている場合があり、新リース会計基準等の適用前に締結された契約に対し、原則的な会計処理を一律に求めると、当初の企業の契約意図が反映されなくなる場合がある。
- 財務諸表作成者による遡及適用のコスト及び財務諸表利用者の便益を比べると、必ずしも後者が前者を上回るとはいえない。

201

第1部　新リース会計基準の勘所　徹底解説

《貸手》

⑦　ファイナンス・リース取引に分類していたリース

　従来の基準によりファイナンス・リース取引に分類していた貸手のリース債権及びリース投資資産の帳簿価額等に係る経過措置について、新適用指針では以下の定めを置いている。

> 　本適用指針第118項ただし書きの方法を選択する貸手は、企業会計基準第13号においてファイナンス・リース取引に分類していたリースについて、適用初年度の前連結会計年度及び前事業年度の期末日におけるリース債権及びリース投資資産の帳簿価額のそれぞれを適用初年度の期首におけるリース債権及びリース投資資産の帳簿価額とすることができる。これらのリースについては、適用初年度の期首から会計基準を適用してリース債権及びリース投資資産について会計処理を行う。
>
> 　ただし、企業会計基準第13号において、貸手における製作価額又は現金購入価額と借手に対する現金販売価額の差額である販売益を割賦基準により処理している場合、適用初年度の前連結会計年度及び前事業年度の期末日の繰延販売利益の帳簿価額は適用初年度の期首の利益剰余金に加算する（新適用指針第131項）。

⑧　オペレーティング・リース取引に分類していたリース等

　従来の基準では、「通常の賃貸借取引に係る方法に準じた会計処理」のみを定めていた。一方、新リース会計基準等では収益認識会計基準との整合性も考慮し、原則として定額法で会計処理を行う。この会計処理の変更は、主に不動産契約におけるフリーレントやレントホリデーの会計処理に影響があると想定しており、オペレーティング・リース取引に分類していたリース等の経過措置を置くことで、フリーレント期間が終了している不動産契約は修正が求められないこととなる。具体的には、次の定めを置いた。

> 　本適用指針第118項ただし書きの方法を選択する貸手は、企業会計基準第13号においてオペレーティング・リース取引に分類していたリース及び会

202

計基準の適用により新たに識別されたリースについて、適用初年度の期首に締結された新たなリースとして、会計基準を適用することができる（新適用指針第132項）。

⑨　サブリース取引

サブリースに係る適用初年度の期首の取扱い等について、新適用指針では、以下の定めを置いた。

本適用指針第118項ただし書きの方法を選択するサブリースの貸手は、サブリース取引（サブリース取引における例外的な取扱い（本適用指針第92項及び第93項参照）を適用する場合を除く。）におけるサブリースについて、次の修正を行う。

(i)　企業会計基準第13号においてオペレーティング・リース取引として会計処理していた会計基準におけるサブリース及び会計基準の適用により新たに識別されたサブリースについて、適用初年度の期首時点におけるヘッドリース及びサブリースの残りの契約条件に基づいて、サブリースがファイナンス・リースとオペレーティング・リースのいずれに該当するかを決定する。

(ii)　(i)においてファイナンス・リースに分類されたサブリースについて、当該サブリースを適用初年度の期首に締結された新たなファイナンス・リースとして会計処理を行う。

(3)　国際財務報告基準を適用している企業に係る経過措置

IFRS を連結財務諸表に適用している企業（又はその連結子会社）が当該企業の個別財務諸表に会計基準を適用する際、実務負担軽減の観点から、当該企業がIFRS 16を適用した際の経過措置の定めを活用できるよう、会計基準の適用初年度にIFRS 16又はIFRS 1の経過措置を適用できる定めを置いた。具体的には次の通りである。

203

第1部 新リース会計基準の勘所 徹底解説

　本適用指針第118項から第125項及び第127項から第133項の定めにかかわらず、国際財務報告基準（IFRS）を連結財務諸表に適用している企業（又はその連結子会社）が当該企業の個別財務諸表に会計基準を適用する場合、会計基準の適用初年度において、次のいずれかの定めを適用することができる（新適用指針第134項）。

(i)　IFRS第16号「リース」（以下「IFRS第16号」という。）の経過措置の定めを適用していたときには、IFRS第16号の経過措置の定め

(ii)　IFRS第16号を最初に適用するにあたってIFRS第1号「国際財務報告基準の初度適用」（以下「IFRS第1号」という。）の免除規定の定めを適用していたときには、IFRS第1号の免除規定の定め

　(i)又は(ii)のいずれかの定めを適用する場合、連結財務諸表において当該定めを適用した時から会計基準の適用初年度までIFRSを適用していたかのように算定した使用権資産及びリース負債並びに正味リース投資未回収額の適用初年度の期首の帳簿価額を会計基準の適用初年度の期首の使用権資産及びリース負債並びにリース債権及びリース投資資産の帳簿価額とし、適用初年度の累積的影響額を適用初年度の期首の利益剰余金に加減する。ただし、この場合であっても本適用指針第126項に定めるセール・アンド・リースバック取引に関する取扱いを適用する。

　前項(i)又は(ii)のいずれの定めを適用する場合でも、連結会社相互間におけるリースとして、相殺消去されたリースに第118項から第133項の定めを適用することができる（新適用指針第135項）。

(4)　開示

● 新適用指針第118項ただし書きの方法を選択する借手は、会計基準の適用初年度においては、適用初年度の比較情報について、新たな表示方法に従い組替えを行わない（新適用指針第136項）。

● 新適用指針第118項ただし書きの方法を選択する借手及び貸手は、会計基準の適用初年度においては、新会計基準第55項に記載した内容を適用初年度の比較情報に記載せず、企業会計基準第13号及び企業会計基準適用指針第16号に

定める事項を注記する（新適用指針第137項）。

第2部

新リース会計基準等の適用に関する
実務上の論点

第2部　新リース会計基準等の適用に関する実務上の論点

第1章　新リース会計基準等の適用準備における実務上の論点

　新リース会計基準等では、借手において原則すべてのリース取引をオンバランスする等、従来とは大きく異なる会計処理が求められることから、財務数値や経営管理指標への影響だけでなく、ビジネスや内部統制への影響も考慮した実務上の対応を行う必要がある。第2部では、新リース会計基準等の適用にあたって、想定される実務上の論点について解説する。

1　適用準備のための計画検討段階における実務上の論点

Q1　借手における新リース会計基準等の適用準備を計画するにあたって、最初に何を検討する必要があるか？

　新リース会計基準等の適用に関連して企業が検討すべき事項は多く、検討や準備に時間を要する事項もあるため、最初のゴールセッティングで大きな漏れがないようにしておくことが重要なポイントの一つと考えられる。ゴールセッティングに漏れがあると、十分な準備期間を確保できなかったり、検討に必要な関連部署の巻込みが不十分であったり、対応に必要な人員やコストを十分に確保できなかったりするなど、十分な検討ができないまま基準の適用をむかえてしまうリスクを高めることになる。

　借手における新リース会計基準等の適用準備において検討が必要となる可能性のある事項の例を、図表2-1に示す。新リース会計基準等の適用に向けた準備においては、検討すべき事項は多く、会計処理やシステム導入など、相当の時間を要する可能性がある事項もあり、こういった検討事項の何をゴールに設定するかのゴールセッティングに重要な漏れがないようにする必要がある。その上で、設定したゴールを達成するために必要十分な時間と人員体制を確保して、適用準備を開始することが、計画段階において検討すべき一つの重要なポイントと考えられる。

208

図表 2-1　新リース会計基準等の適用準備における検討事項の例

① 会計方針、会計処理及び注記の検討

従来の基準とは異なる定義に基づくリースを漏れなく識別し、会計処理を検討する。実務上の簡便法の採否、リース期間や割引率の見積り等、判断を要する事項は多く、手戻りを防止するためには、注記まで含めて検討しておくことが考えられる。また、リースの識別やリース期間の決定等、難しい判断を必要とする会計上の論点もあり、検討に相当の時間を要する場合があることも想定しておくことが考えられる。

② 財務指標への影響の検討

原則すべてのリースがオンバランスされること等により、ROAや負債比率等の財務指標にどのような影響があるかを分析し、検討することが考えられる。

③ 経営管理への影響の検討

経営管理に使用している指標にどのような影響があるかを分析し、必要に応じて経営管理方法及び経営計画の見直しを検討することが考えられる。

④ 業務プロセスの検討

新リース会計基準等に基づくリースの会計処理等を適切に行うために、契約管理や物件管理、リースの識別や事後測定等に対応できる業務プロセスの構築

第 2 部　新リース会計基準等の適用に関する実務上の論点

を検討することが考えられる。システムを導入する場合は、システムによって契約管理や会計処理に必要なデータの種類と定義、データの管理方法、適用準備に向けて必要となるデータの優先度、フロントと管理部門の役割分担等が規定される面があるため、システム対応の検討を先行させる必要がある。

⑤　**内部統制の検討**

　新リース会計基準等の適用に関連して新たに識別されたリスクに対応した内部統制の構築を検討することが考えられる。また、JSOX（内部統制報告制度）への影響についても検討しておくことが考えられる。従来の基準に比べて、内部統制の観点でリスクが高まる可能性が想定される領域としては、契約に含まれるリースの識別の網羅性、リース期間の見積りの合理性、リースの契約条件の変更への対応等が考えられる。

⑥　**人員配置の検討**

　新リース会計基準等に対応した新たな業務プロセス及び内部統制を適切に整備運用するために必要な人員配置、必要な人材育成方針等を検討することが考えられる。

⑦　**システム対応の検討**

　新リース会計基準等の適用に伴う使用権資産の償却や利息法によるリース負債の計算等への対応を行うために必要なシステム導入や機能強化、システムを使用しない場合でも使用する計算ツールの計算ロジックの正確性の検証等を検討することが考えられる。

　特に、会計と税務で異なる処理が求められる可能性があることも念頭に置いたリース取引を複数の帳簿で管理できるシステムを検討する必要性がある。また、システム導入や機能強化を、トラブルなくスムーズに行うためにも、十分な準備期間を確保しておくことが考えられる。

⑧　**税務影響の検討**

　新リース会計基準等の適用に伴う会計処理の変更に対応した各種税務処理への影響を検討しておくことが考えられる。

⑨　**会計監査人との協議**

　新リース会計基準等の適用において、判断が難しい取引等に関して、手戻り

第1章　新リース会計基準等の適用準備における実務上の論点

を防止するためにも、会計監査人と前広な協議を行うことが考えられる。

Q2　借手における新リース会計基準等の適用準備はどのようなステップで進めていけばよいか？

新リース会計基準等の適用準備をどのようなステップで進めていけばよいかは、各企業の状況によって異なるが、進め方の一つの例として以下のステップが考えられる。

図表2-2　新リース会計基準等の適用準備ステップの例

Ⅰ 現状把握＆影響分析	Ⅱ 対応方針検討	Ⅲ 内部管理体制の整備	Ⅳ 本番運用
・リースの識別調査 ・会計処理の検討 ・財務指標への影響分析 ・経営管理指標への影響分析	・会計／開示方針の検討 ・業務プロセスの見直し ・内部統制の見直し ・経営管理方針の見直し ・経営計画の見直し	・業務プロセスの構築 ・内部統制の構築 ・システム導入 ・人員配置、人材育成	・ドライランの実施 ・改善活動

ステップⅠ：現状把握及び影響分析

ステップⅠの現状把握及び影響分析においては、これまでリースを識別していなかった取引にリースに該当するものがないかを検討することを含めて、すべてのリースを識別するための調査を実施する。組織構造が複雑で広範にわたる場合には、組織的な調査方法の採用を検討する必要がある。

識別されたリースについて、新リース会計基準等に基づいた会計処理の検討を行い、財務指標や経営管理指標への影響を分析する。この調査のなかで、契約書及び契約情報管理の現状やリースの会計処理に関係する業務プロセスの現状も把握しておき、後のステップにおける対応方針検討の参考にすることが考えられる。

211

第2部　新リース会計基準等の適用に関する実務上の論点

ステップⅡ：対応方針検討

　ステップⅡの対応方針検討においては、ステップⅠで把握できた現状及び財務指標や経営管理指標への影響に基づき、採用すべき会計方針や開示の検討、業務プロセスや経営管理方針の見直しの要否を検討する。システムを導入する場合には、必要となるデータの種類や定義、データの管理方法、フロントと管理部門の役割分担等、業務プロセスはシステムに規定される面があるため、システム対応方針を優先的に検討する必要がある。

　また、新リース会計基準等ではリースの会計処理について様々な簡便法が用意されているため（第1部第7章 **3** 参照）、実務負担と経営管理への影響を総合的に勘案して、採用すべき会計方針を決定することが考えられる。現状把握及び影響分析と会計方針検討及び業務プロセスや経営管理方針の見直し検討は相互に影響するため、単純に一方向で進められるステップではなく、試行錯誤によるやり直しや、複数パターンの同時検討が必要になる可能性がある。また、経営管理指標やビジネス、経営戦略への影響に重要性がある場合、経営企画部門や営業部門等との連携も必要になる点に留意が必要である。

　さらに、会計監査を受けている場合には、会計監査に関係する会計方針や開示に関して、事前に会計監査人と協議しておくことも、手戻りを防止するため重要になる場合もある。

ステップⅢ：内部管理体制の整備

　ステップⅢの内部管理体制の整備においては、ステップⅡで検討した対応方針に基づき、必要な内部管理体制を構築する。

　リースに関係する業務プロセスの整備、リースに関係する財務数値や経営管理指標を適時に正確に算定するための内部統制の整備には、一定程度の時間を要することが想定されるため、十分な時間を確保しておくことに留意が必要である。特に組織構造が複雑である場合や、拠点が多く存在する場合等、企業グループ内の展開に時間を要する可能性がある場合には、注意が必要である。

　また、システムの機能強化についても、システムの要件定義、システム構築、本番導入前の受入テスト等、システム導入に必要な手順を踏む必要があり、こ

れには相当の時間を要する場合があることには留意しておく必要がある。システムの機能強化を行わない場合においても、使用する計算ツールの計算ロジック確認等、データの保全や計算の正確性を担保する仕組みの整備を行う必要がある点には留意が必要である。

ステップⅣ：本番運用

　ステップⅣの本番運用においては、ステップⅢで整備した内部管理体制を実際に本番運用することになる。本番運用において重要なトラブルが生じないよう、十分な事前の準備を行っておく必要であるが、本番運用後に発見された課題に対して速やかに改善対応を図っていく体制を構築しておくことも重要と考えられる。

Q3　借手における新リース会計基準等の適用準備にかかる期間としてどの程度の期間を見込んでおくべきか？

　新リース会計基準等の適用準備にかかる期間は、各企業の状況によって大きく異なる。適用準備にかかる期間に影響を及ぼす状況として、例えば、以下が考えられる。

- ・大規模なシステムの導入が必要である
- ・リースの会計処理の検討に時間を要する契約が多い
- ・企業グループの組織構造が複雑である等の理由により、影響調査や内部管理体制の構築に時間がかかる
- ・経営上重視している経営管理指標やビジネスへの影響が大きく、経営戦略や経営管理方法の見直しが必要である

　このような例にあてはまるかどうか等を参考に、どの程度の準備期間を確保した上で適用準備を開始するかを検討することが考えられる。

　新リース会計基準等では、強制適用の時期を2027年4月1日以後開始する連結会計年度及び事業年度の期首からとしているため、新リース会計基準等の公表日から起算すれば、3月決算の会社の場合、適用準備にかけられる期間は最大でも約2年半となる。

第2部　新リース会計基準等の適用に関する実務上の論点

　12月決算の会社の場合は、2028年12月期からの強制適用になるが、3月決算の会社の連結子会社である場合で、親会社に提出する連結決算のための財務関連情報を子会社の決算日時点の情報（期ずれ取込み）で作成して提出している場合には、適用準備を早める必要がある可能性がある。

　適用準備にかかる期間は、企業の状況によって大きく異なることから、適用準備に向けたスケジュールを一概に示すことは難しいが、仮に、適用準備期間を2年とした場合の適用準備スケジュールの例としては、以下が考えられる。

図表 2 - 3　仮に適用準備期間を 2 年とした場合の適用準備スケジュールの例

領域	適用準備 1 年目		適用準備 2 年目		適用初年度
	上半期	下半期	上半期	下半期	上半期
財務報告／経営管理	現状把握影響分析	会計／開示方針検討	決算業務プロセス／内部統制構築	運用トライアル	本番運用
業務プロセス／内部統制	現状把握	業務対応方針検討	業務プロセス／内部統制構築		
システム	現状把握	システム対応方針検討	システム導入／内部統制構築		
グループ展開	現状把握影響分析	業務対応方針検討／システム対応方針検討	業務プロセス／内部統制構築／システム導入／内部統制構築		

214

Q 4　借手における新リース会計基準等の適用準備を始めるにあたって、最初に決めておくべき会計方針として何があるか？

新リース会計基準等の適用については、過去の期間のすべてに遡及適用する方法が原則であるが、新適用指針第118項ただし書きにおいて、過去の期間における累積的影響額を期首の利益剰余金に加減する方法が認められている。また、この容認法を選択する場合に限って様々な経過措置（簡便的な方法）が認められている。

これらの経過措置を採用するかどうかは、適用準備における現状把握や影響調査の進め方、会計処理の検討等に大きく影響するため、新リース会計基準等の適用準備を開始するにあたっては、まずは新適用指針第118項ただし書きの容認法を選択するかどうかが重要な決定事項になる場合がある。

図表 2-4　新適用指針第118項ただし書きの容認法

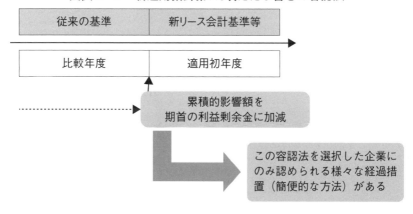

新適用指針第118項ただし書きの容認法を選択した場合には、以下の経過措置を採用することができる（図表 2-5 に主な経過措置を掲載した）。

これらの経過措置を採用することにより、契約当初の事実・状況を調査した上で会計処理を遡及的に検討する実務負担を回避できるため、適用準備の初期の段階において検討しておくことが重要なポイントの一つと考えられる。

第2部　新リース会計基準等の適用に関する実務上の論点

図表2−5　容認法を選択した企業に認められる主な経過措置

リースの識別 （新適用指針 第119項）	従来の基準を適用して いたリース	新リース会計基準等におけるリースの識別 を判断せずに、新リース会計基準等を適用 することができる	
	従来の基準を適用して いなかった契約	適用初年度の期首時点における事実・状況 に基づいて新リース会計基準等における リースの識別を判断することができる	
借手 （新適用指針 第120項〜 第125項）	ファイナンス・リース に分類していたリース に関する適用初年度期 首の帳簿価額	リース1件ごとに前年度の期末日における リース資産及びリース債務の帳簿価額のそ れぞれを適用初年度の期首における使用権 資産及びリース負債の帳簿価額とすること ができる	
	オペレーティング・リー スに分類していたリー スと新リース会計基準 等の適用により新たに 識別されたリースに関 する適用初年度期首の 帳簿価額	使用権資産：リース 1件ごとに次のいず れかによることがで きる ①新リース会計基準 等がリース開始日 から適用されてい たかのような帳簿 価額 ②右のリース負債と 同額	リース負債：適用初 年度期首時点におけ る残りのリース料と 借手の追加借入利子 率に基づく割引現在 価値とすることがで きる
貸手 （新適用指針 第131項〜 第132項）	ファイナンス・リース に分類していたリース に関する適用初年度期 首の帳簿価額	前年度の期末日におけるリース債権及び リース投資資産の帳簿価額のそれぞれを適 用初年度の期首におけるリース債権及び リース投資資産の帳簿価額とすることがで きる。ただし、貸手における販売益を割賦 基準により処理している場合、適用初年度 の前年度の期末日の繰延販売利益の帳簿価 額は適用初年度の期首の利益剰余金に加算 する。	
	オペレーティング・リー スに分類していたリー スと新リース会計基準 等の適用により新たに 識別されたリースに関 する新リース会計基準 等の適用方法	適用初年度の期首に締結された新たなリー スとして、新リース会計基準等を適用する ことができる	

第1章　新リース会計基準等の適用準備における実務上の論点

Q5 貸手における新リース会計基準等の適用準備に関しては、どのような実務上の論点があるか？

新リース会計基準等の適用に関する貸手に関する実務上の論点として、例えば、以下があげられる。

① 借手側の会計処理の変更に伴う貸手ビジネスへの影響

借手リースが原則オンバランスになったことから、借手側の取引ニーズに変化がある可能性があり、貸手としての商品設計の見直しを検討する必要が生じる可能性がある。

また、借手から、従来の基準においてオペレーティング・リースに分類していたリース取引について、新リース会計基準等に基づく借手側における会計処理に必要な情報提供を求められる可能性も考えられる。こういった要請に対して、どのような対応を行うかについては、システムの機能強化も含めた貸手における経営上の課題になる可能性がある。

② 貸手におけるファイナンス・リース取引の会計処理に関する第二法の廃止

従来の基準において、第二法（リース料受取時に売上高及び売上原価を計上する方法）（第1部第13章 **2** 参照）を採用していた場合には、新リース会計基準等の適用による金額的影響は大きくなる場合があり、経営管理指標への影響やJ-SOXの経営者評価範囲の選定にも影響する可能性がある。

③ 貸手のリース期間の決定方法の選択

貸手は、貸手のリース期間の決定方法について、次のいずれかの方法を選択する必要がある（第1部第3章 **6** 参照）。

(1) 借手のリース期間と同様の方法により決定した期間

(2) 借手が原資産を使用する権利を有する解約不能期間（事実上解約不能と認められる期間を含む。）にリースが置かれている状況からみて借手が再リースする意思が明らかな場合の再リース期間を加えた期間

(2)の方法は、従来の基準を踏襲するものであるが、(1)の方法は、延長又は解約オプションの行使可能性の判断が困難であるものの、当該判断を行うことができる財務諸表作成者に対して国際的な会計基準と同様の取扱いを認めるものである。(1)の方法を選択する場合は、従来の基準では必要のなかった判断プロ

217

第2部　新リース会計基準等の適用に関する実務上の論点

セスを社内に構築する必要があり、適用準備に向けての工数増加要因となる点に留意が必要である。

④　貸手における役務提供相当額の会計処理

契約に、リース以外のメンテナンス・サービス等の役務提供が含まれる場合、当該役務提供に関連する役務提供相当額（リースを構成しない部分）について、従来の基準においては、当該金額がリース料に占める割合に重要性が乏しい場合は、役務提供相当額をリース料総額から控除しないことができた。

しかし、新リース会計基準等では、リースを構成しない部分が「収益認識会計基準」の適用対象であって、かつ、以下の二つの条件をいずれも満たす場合にのみ、貸手は、契約ごとにリースを構成する部分と関連するリースを構成しない部分とを合わせて会計処理することができるとされた（新適用指針第14項）。

・リースを構成する部分と関連するリースを構成しない部分の収益の計上の時期及びパターンが同じである。

・リースを構成する部分がオペレーティング・リースに分類される。

このため、従来の基準において、役務提供相当額についてリースを構成する部分とリースを構成しない部分とを分けずに会計処理している契約がある場合には、新リース会計基準等を適用するにあたって、会計処理を変更する必要がないか検討する必要がある。

一方、原資産の維持管理に伴う固定資産税や、保険料等の諸費用である維持管理費用相当額については、新リース会計基準等においても、新適用指針第13項(2)の方法を選択する場合で、リースを構成する部分の金額に対する割合に重要性が乏しいときは、当該維持管理費用相当額についてリースを構成する部分の金額に含めることができるとされている（新適用指針第13項）。

⑤　サブリースの会計処理

サブリースの中間的な貸手である場合、当初の貸手からのヘッドリースについて、借手のリースの会計処理を行う必要がある。そのため、ヘッドリースを従来の基準に基づいてオペレーティング・リースとして分類して処理していた場合であっても、原則として使用権資産とリース負債の認識が必要となる。その上で、ヘッドリースから生じる使用権資産を参照し、サブリースをファイナ

ンス・リースかオペレーティング・リースに分類して、当該分類に基づいた会計処理を行う必要がある（第1部第14章 **5** 参照）。

一定の要件を満たした場合は、資産及び負債を計上しない例外的な処理も可能であるが（新適用指針第92項）、サブリースの中間的な貸手である場合、従来の基準とは異なる会計処理、内部管理が必要になる可能性が想定される。

⑥ セール・アンド・リースバック取引の会計処理

資産の譲渡が損益を認識する売却に該当しない場合又は資産の譲渡が損益を認識する売却に該当する場合であっても、リースバックによって、売手である借手が、資産からもたらされる経済的利益のほとんどすべてを享受することができ、かつ、資産の使用に伴って生じるコストのほとんどすべてを負担することとなる場合には、資産の譲渡とリースバックを一体の取引とみて、金融取引として会計処理する必要がある（第1部第15章 **5** 参照）。

セール・アンド・リースバック取引を行う場合には、資産の買手である貸手及び資産の譲渡を行う売手である借手の双方にとって、意図した効果が得られる取引となるか、新リース会計基準等に基づいて判断する必要がある。

Q6 中小企業においても、新リース会計基準等の適用は必要か？

中小企業が、計算書類の作成にあたって、拠ることが推奨される指針として、「中小企業の会計に関する指針」（日本公認会計士協会、日本税理士会連合会、日本商工会議所及び企業会計基準委員会の4団体により公表）がある。ただし、企業会計基準を適用することは妨げられないとされている。この指針は、中小企業の実務に配慮した簡便的な会計処理の指針として示されているものである。

「中小企業の会計に関する指針」では、公認会計士又は監査法人の監査を受けるため企業会計基準に基づき計算書類（財務諸表）を作成する以下を除く株式会社を、その適用対象として定めている。また、特例有限会社、合名会社、合資会社又は合同会社についても、本指針に拠ることが推奨されている。

・金融商品取引法の適用を受ける会社並びにその子会社及び関連会社
・会計監査人を設置する会社及びその子会社

そのため、独立系の中小企業等で企業会計基準を適用せず、「中小企業の会計

第2部　新リース会計基準等の適用に関する実務上の論点

に関する指針」を適用している企業においては、新リース会計基準等の適用は必ずしも求められるものではない。

　しかし、金融商品取引法の適用を受ける上場会社等の子会社や関連会社に該当する場合で「中小企業の会計に関する指針」の適用対象に該当しない企業については、新リース会計基準等の適用が必要になる。

2　借手におけるリースの識別の調査の進め方

Q7　借手における新リース会計基準等の適用において、リースの識別がなぜ重要なポイントとされるのか？

　従来の基準においては、ファイナンス・リースかオペレーティング・リースかが、リースの借手におけるオンバランス処理の分かれ目であったため、ファイナンス・リースかオペレーティング・リースかの判断が実務上も重要視されてきたポイントであった。

　一方、新リース会計基準等では、借手におけるファイナンス・リースとオペレーティング・リースの二区分モデルが廃止され、すべてのリースがオンバランス処理されることとなるため、リースか非リースかがオンバランス処理の分かれ目になることから、リースか非リースかの区分が、重要視されるべきポイントになる。

図表2-6　リースに係るオンバランス処理の判定

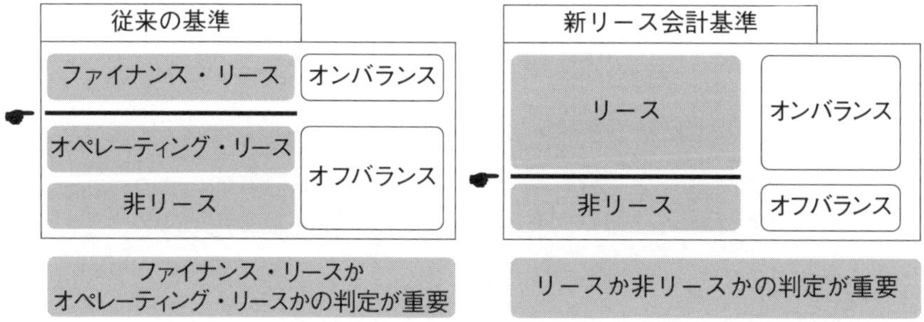

第1章　新リース会計基準等の適用準備における実務上の論点

新リース会計基準等の適用に伴い、従来の基準からオンバランス処理の境界線が切り替わり、リースの定義についても新しく支配権モデルに基づく判断が求められることから、契約のなかにリースが含まれているものがないか、同じ契約のなかにリースと非リースが混在している場合にリースと非リースを区分することは、企業によってはこれまで重要視されてこなかったポイントである可能性があり、実務に大きな影響を及ぼす可能性がある。こういったこれまでの実務からの変化の状況も踏まえて、リースを漏れなく識別するための調査を実施することと併せて、リースを漏れなく識別できるための内部管理体制に何が不足しているかを調査しておくことも、重要なポイントの一つになると考えられる。

Q8 借手におけるリースの識別の調査を漏れなく行うための実務上の留意点として何があるか？

リースの識別の調査を行うにあたっては、調査対象範囲の網羅性をどう確保するかが重要なポイントになる。調査対象に後で漏れが発見された場合には、適用準備の手戻りになる。リースの識別を漏れなく実施するための内部統制の観点からも、調査対象の網羅性をどう確保したかを、客観的な形でわかるように、調査計画や調査方法等について文書等で残しておくことも実務上のポイントになる。

調査対象の網羅性を検討する際の一つの考え方として、会計・財務報告では、契約に基づく費用を網羅的に集計できていると考えられることから、調査の対象について、会計・財務報告において計上されているすべての費用と整合性を図ることが考えられる。この場合、販売費及び一般管理費に分類されている費用に限らず、売上原価や営業外の費用として分類されているものも、調査対象との整合性を図る範囲に含める必要がないか検討することが考えられる。

実際に調査を行う際は、調査の進捗を管理し、調査の質を十分に確保できる単位に、調査対象を細分化する必要がある場合がある。細分化の方法は、費用科目の分類で区分する方法、会計・財務報告上の部門や支店、会社単位に分ける方法等が考えられる。

第2部　新リース会計基準等の適用に関する実務上の論点

調査を効果的かつ効率的に進める上で調査対象の細分化が必要となる場合があるが、そのような場合においても、会計・財務報告において計上されている費用合計と整合するように調査対象の全体をマッピングした上で、調査の対象とされるべき費用が漏れなく調査されるよう、コントロールできる仕組みを導入することも実務上のポイントの一つとして考えられる。

Q9　借手におけるリースの識別の調査方法を検討する上で実務上どのような留意点があるか？

リースの識別にかかる調査を行うにあたっては、前項 **1** (4)で示した通り、新リース会計基準等の適用にかかる経過措置を適用するかどうかで調査の方法が大きく異なる。本稿では、新適用指針第118項ただし書きの容認法を選択し、新適用指針第119項以降に定めのある経過措置を適用することを前提として、解説する。

適用準備におけるリースの識別の調査においては、以下を対象とすることが考えられる。

①　従来の基準を適用し、ファイナンス・リースに分類していたリース

②　従来の基準を適用し、オペレーティング・リースに分類していたリース

③　従来の基準を適用していなかった契約のなかに含まれるリース

新適用指針第119項(1)の経過措置を適用することにより、①と②については、改めてリースの識別の判断を行う必要はないが、適用初年度の期首時点における使用権資産及びリース負債の帳簿価額を決定する必要があるため、①と②に該当する契約は、リースの識別にかかる調査の段階で特定しておくことが考えられる。

リースの識別にかかる調査を適切に実行するためには、企業の実態に適した調査体制及び調査方法を検討する必要がある。リースの識別にかかる調査対象が広範で複雑であるほど、少ない人数では対応できないため、大規模で組織的な調査が必要になる。組織的に調査を行うためには、調査対象とした契約について、誰がどのような調査を担当するのか、調査を担当する人員の誰にどのようなレベルの能力と権限があればよいのか、調査の質を確保するために調査方

針や調査内容をどこまで文書化しておく必要があるのか等を検討することが考えられる。特に、調査対象となる拠点数が多い場合には、各拠点における調査の水準を確保するために、分かりやすく明確な調査方針を定めて、必要な周知を行う上で十分な文書化を行い、必要に応じて説明会を実施する等の対応も考えられる。複数の事業を経営する企業の場合には、業種別やセグメント別に対象拠点を分けたうえで、中核拠点の調査を先行して実施し、各業種別やセグメント別の調査のコツや留意点を整理してから、すべての拠点の調査を開始するといった段階を踏んだ方法を採用することが効率的な場合もある。

また、「第1部第7章　借手のリース（その4）短期リース及び少額リースに関する簡便的な取扱い」で示した短期リース及び少額リースに関する簡便的な取扱いを採用するかどうかは、リースの識別に関する調査の方法に影響を与えるため、リースの識別に関する調査の開始時に決定しておくことも検討すべき一つのポイントと考えられる。

リースの識別の判断は、「第1部第2章 2 リースの識別」で説明した通り、資産が特定されているかどうか、資産の使用を支配する権利が移転しているかどうかを判断し、契約がリースを含むかどうか判断する必要がある。この判断に関しては、リースの識別に関するフローチャート（図表1-4　リースの識別に関するフローチャート）も参考にする必要がある。

リースの識別の判断には、新リース会計基準等を十分に理解した上での高度な判断が必要とされる契約も想定されるため、定型的に行える判断を1次スクリーニングで行い、高度な判断は2次スクリーニング以降に実施するというように、調査を2段階に分けることで、人的資源の効率的な活用を行うことも考えられる。

例えば、資産が特定されているかどうかについて、1次スクリーニングの段階において、以下の分類を行っておくことが考えられる。

・資産が特定されていないことが明らかなもの

・資産が特定されていることが明らかなもの

・資産が特定されているかどうか不明なもの

第2部　新リース会計基準等の適用に関する実務上の論点

あるいは、リースに該当する可能性があるとしても、集計管理が不要と判断できる可能性のある以下のような取引についても、1次スクリーニングの段階で判定することが考えられる。

・延長オプションのない借手のリース期間が1か月以下のリース
・企業の事業内容に照らして重要性の乏しいリースで、リース契約1件あたりの借手のリース料総額が300万円以下のリース

また、リースの識別の判断を行うにあたって、資産の特定やリース期間等の会計処理の根拠が契約書上明確になっていない場合には、契約書の内容を変更して会計処理の根拠が明確になるように取引先と協議するべきかどうか等を検討することも考えられる。

さらに、会計監査を受けている場合には、リースの識別にかかる調査方法や調査結果の妥当性、リースに該当するかどうかの判断が難しい契約について、会計監査人との協議に要する期間等も考慮に入れておくことも考えられる。

Q10 借手におけるリースの識別の調査において、経費・契約種類別にどのような実務上留意するべきポイントがあるか？

リースの識別の調査では、リースが含まれる契約を網羅的に調査する必要がある。リースの識別の調査は、企業が会計・財務報告で作成している費用明細等に基づいて調査を行うことが考えられるが、ここでは、リースの識別の調査において考えられる経費・契約種類別の実務上のポイントを解説する。

① 業務委託契約

清掃業務やアドバイザリー業務、物品輸送等何らかの業務を外部に委託する場合の費用は、業務委託費や外注費等に含まれている可能性がある。業務委託契約等における業務においては、委託された業務に使用されている資産が特定された資産に該当する場合があり、契約条件によっては、契約がリースを含む可能性がある。例えば、業務委託契約において、車両や機械装置等の何らかの特定された資産が委託業務に使用されている場合が該当する。

新適用指針の設例［設例2-1］では、輸送業務における鉄道車両の例が取り

上げられている。この設例における前提条件では、輸送に使用される鉄道車両については、サプライヤーが資産を代替する実質的な権利を有していることから、特定された資産に該当しないと判断されている。

[設例2] 鉄道車両（特定された資産）
[設例2-1] 資産を他の資産に代替する権利が実質的である場合

前提条件

1. A社（顧客）は、5年間にわたり所定の数量の物品を所定の日程で輸送することを依頼する契約を貨物輸送業者であるB社（サプライヤー）と締結した。この輸送量は、顧客が5年間にわたって10両の鉄道車両を使用することに相当するが、契約では鉄道車両の種類のみが指定されている。
2. B社は、複数の鉄道車両を所有しており、輸送する物品の日程及び内容に応じて使用する鉄道車両を決定する。

出所：新適用指針の設例［設例2-1］

② **使用契約**

　会議室や施設等の使用契約に関する費用は、使用料や手数料等に含まれている可能性がある。また、当該契約にリースが含まれる場合、少額リースに該当せずリース期間が1か月以下でない場合には、短期リースに係る費用の発生額の注記対象になる可能性がある点にも留意が必要である。

　新適用指針の設例［設例2-2］では、鉄道車両を使用する契約の事例が取り上げられている。この設例における前提条件では、鉄道車両は契約で特定されており、サプライヤーが資産を代替する実質的な権利を有していないことから、資産は特定されていると判断されている。また、顧客が使用期間全体を通じて、資産の使用から生じる経済的利益のほとんどすべてを享受する権利を有し、かつ、資産の使用を指図する権利を有していることから、資産の使用を支配する権利が移転すると判断され、この契約にはリースが含まれていると判断されている。

第2部　新リース会計基準等の適用に関する実務上の論点

［設例2-2］ 資産を他の資産に代替する権利が実質的でない場合

前提条件

1．A社（顧客）は、5年間にわたり鉄道車両を使用する契約を貨物輸送業者であるB社（サプライヤー）と締結した。鉄道車両は契約で指定されている。

2．B社は、保守又は修理が必要な場合、鉄道車両を入れ替えることが求められるが、それ以外の場合には鉄道車両を入れ替えることはできない。

3．A社は、使用期間全体を通じて鉄道車両を独占的に使用することができる。

4．A社は、使用期間全体を通じて鉄道車両の使用を指図する権利を有している。すなわち、第5項(2)が満たされている。

出所：新適用指針の設例［設例2-2］

③　ネットワーク・サービス契約

　ネットワーク・サービスの利用にかかる費用は、通信費やシステム利用料等に含まれている可能性がある。ネットワーク・サービスの利用契約の中には、サーバー等の情報通信機器が特定された資産に該当する場合があり、契約条件によっては契約がリースを含む可能性がある点に留意が必要である。

　新適用指針の設例［設例5-1］及び［設例5-2］では、ネットワーク・サービスの利用契約の事例が取り上げられている。［設例5-1］における前提条件では、サプライヤーが資産の使用を指図する権利を有しており、顧客が使用期間全体を通じて資産の使用を指図する権利を有していないことから、この契約にはリースは含まれていないと判断されている。

226

第1章　新リース会計基準等の適用準備における実務上の論点

[設例5] ネットワーク・サービス（使用を指図する権利）

[設例5-1] 顧客が資産の使用を指図する権利を有していない場合

前提条件

1．A社（顧客）は、2年間にわたりB社（サプライヤー）が提供するネットワーク・サービスを利用する契約を締結した。

2．B社は、ネットワーク・サービスを提供するために、A社の敷地にサーバーを設置する。

3．B社は、A社との契約で定められたネットワーク・サービスの水準を満たすようにデータの通信速度を決定し、必要に応じてサーバーの入替えを行うことができる。

4．A社は、契約の締結時にネットワーク・サービスの水準を決定することができる。ただし、契約変更を行わない限り、使用期間全体を通じて、契約で定められたネットワーク・サービスの水準を変更することができない。

5．A社は、サーバーを使用してどのようにデータを送信するのか、サーバーの使用方法に関する重要な決定は行わない。

6．A社は、設計に関与しておらず、サーバーを稼働する権利も有しない。

出所：新適用指針の設例［設例5-1］

　一方、新適用指針の設例［設例5-2］の前提条件では、顧客が使用するサーバーが特定されており、顧客が使用期間全体を通じて、資産の使用から生じる経済的利益のほとんどすべてを享受する権利を有し、かつ、資産の使用を指図する権利を有していることから、資産の使用を支配する権利が移転すると判断され、この契約にはリースが含まれていると判断されている。

[設例5-2] 顧客が資産の使用を指図する権利を有している場合

前提条件

1．A社（顧客）は、B社（サプライヤー）と、3年間にわたりサーバーを

227

第2部　新リース会計基準等の適用に関する実務上の論点

使用する契約を締結した。

2．B社は、A社からの指示に基づき、A社の敷地にサーバーを設置し、使用期間全体を通じて、必要に応じてサーバー修理及びメンテナンス・サービスを提供する。

3．A社は、使用期間全体を通じて、A社の事業においてサーバーをどのように使用するかや、当該サーバーにどのデータを保管するかについての決定を行うことができる。

4．当該サーバーは、特定された資産である。すなわち、第6項(1)及び(2)が満たされていない。

出所：新適用指針の設例［設例5-2］

④　電力購入契約

電力購入にかかる費用は、光熱水費等に含まれている可能性がある。再生可能エネルギーの購入契約等の中には、エネルギーの生産設備が特定された資産に該当する場合があり、契約条件によっては契約がリースを含む可能性がある点に留意が必要である。

新適用指針の設例［設例6-1］、［設例6-2］及び［設例6-3］では、電力購入契約の事例が取り上げられている。［設例6-1］における前提条件では、特定された資産はあるものの、顧客が使用期間全体を通じて資産の使用を指図する権利を有していないことから、この契約にはリースは含まれていないと判断されている。

［設例6］電力（使用を指図する権利）

［設例6-1］使用方法が契約で定められており、顧客が資産の使用を指図する権利を有していない場合

前提条件

1．A社（顧客）は、B社（サプライヤー）と、B社が所有する発電所が産出する電力のすべてを3年間にわたり購入する契約を締結した。

228

第1章　新リース会計基準等の適用準備における実務上の論点

　２．B社は、業界において認められた事業慣行に従い、日々当該発電所を
　　稼働し、維持管理を行う。

　３．契約において、使用期間全体を通じた当該発電所の使用方法（産出す
　　る電力の量及び時期）が定められており、契約上、緊急の状況などの特別
　　な状況がなければ使用方法を変更することはできないことも定められて
　　いる。

　４．A社は当該発電所の設計に関与していない。

　５．当該発電所は、特定された資産である。すなわち、第6項(1)及び(2)が
　　満たされていない。

出所：新適用指針の設例［設例6-1］

　新適用指針の設例［設例6-2］における前提条件では、資産は特定されてお
り、特定された資産の使用を支配する権利がサプライヤーから顧客に移転して
いると判断されることから、この契約にはリースは含まれていると判断されて
いる。

[設例6-2]　使用方法が契約で定められており、顧客が資産の使用を指図する
　　　　　　権利を有している場合

前提条件

　１．A社（顧客）は、B社（サプライヤー）と、B社が所有する発電所が産
　　出する電力のすべてを10年間にわたり購入する契約を締結した。

　２．B社は、業界において認められた事業慣行に従い、日々当該発電所を
　　稼働し、維持管理を行う。

　３．A社が当該発電所の使用方法（産出する電力の量及び時期）を決定する
　　権利を有していることが契約で定められている。

　４．また、B社が他の契約を履行するために当該発電所を使用することが
　　できないことも契約で定められている。

　５．当該発電所は、特定された資産である。すなわち、第6項(1)及び(2)が

229

第2部　新リース会計基準等の適用に関する実務上の論点

> 満たされていない。

出所：新適用指針の設例［設例6-2］

　新適用指針の設例［設例6-3］における前提条件では、資産は特定されており、特定された資産の使用を支配する権利がサプライヤーから顧客に移転していると判断されることから、この契約にはリースは含まれていると判断されている。

［設例6-3］使用方法が設計によって事前に決定されており、顧客が資産の使用を指図する権利を有している場合

> **前提条件**
> 1．A社（顧客）は、B社（サプライヤー）と、B社が新設する太陽光ファームが産出する電力のすべてを20年間にわたり購入する契約を締結した。
> 2．A社は、当該太陽光ファームを設計した。
> 3．B社は、A社の仕様に合わせて当該太陽光ファームを建設し、建設後に当該太陽光ファームの稼働及び維持管理を行う責任を有している。
> 4．当該太陽光ファームの使用方法（電力を産出するかどうか、いつ、どのくらい産出するか）は、当該太陽光ファームの設計により決定されている。
> 5．当該太陽光ファームは、特定された資産である。すなわち、第6項(1)及び(2)が満たされていない。

出所：新適用指針の設例［設例6-3］

⑤　物品購入契約

　製品等の物品購入にかかる費用は、売上原価等に含まれている可能性がある。物品の購入契約等の中には、物品の生産設備が特定された資産に該当する場合があり、契約条件によっては契約がリースを含む可能性がある点に留意が必要である。

第1章　新リース会計基準等の適用準備における実務上の論点

3　借手における経営及び内部管理体制への影響の検討

Q11 借手における新リース会計基準等の適用準備を進める上で、財務指標等への影響について、実務上検討すべきポイントにどのようなものがあるか？

　借手における新リース会計基準等の適用により、オペレーティング・リースに分類されてきたリースも含めて、原則としてすべてのリースをオンバランスすることになるため、財務数値への影響として、総資産が増加する可能性がある。費用については、原則として利息法による費用処理が行われることになるため、費用計上がトップヘビーとなる可能性がある。また、利息法による支払利息相当分が支払利息（営業外費用）として認識されることにより、営業キャッシュ・フローが増加し、財務キャッシュ・フローが減少する可能性がある。

　借手における新リース会計基準等の適用により、影響を与える可能性のある財務指標の例としては以下があげられる（第1部第4章 **5** 参照）。

《改善される可能性がある指標の例》

- 営業利益
- EBITDA（税引前当期純利益＋特別損益＋支払利息＋減価償却費）

《悪化する可能性がある指標の例》

- インタレスト・カバレッジ・レシオ

  （（税引前当期純利益＋支払利息－受取利息）/支払利息）
- ROA（利益/総資産）
- 総資本回転率（売上高/総資本（＝総資産））
- 自己資本比率（資本/（総負債＋資本））
- 負債比率（負債/資本）
- 流動比率（流動資産/流動負債）

　経営管理指標として、これらの数値や指標を使用していた場合には、経営計画や経営管理方法の見直しが必要になることも考えられる。また、負債比率や自己資本比率への影響により、資金調達や財務制限条項（コベナンツ）指標等への影響も考えられる。

231

第2部　新リース会計基準等の適用に関する実務上の論点

　これら経営への影響も考慮した上で、リースのオンバランス処理による影響を緩和する必要性があれば、対応として、会計方針を見直すことも考えられる。例えば、短期リース及び少額リースに関する簡便的な取扱い（第1部第7章参照）の適用によるオフバランス処理の採用や、リースを構成する部分とリースを構成しない部分を含む契約にかかる会計処理について、全体をリースとして処理する例外処理（新会計基準第29項）の採用範囲を縮小して、原則的な方法を採用する範囲を拡大することも考えられる。

　また、これらの影響を受ける数値や指標が、経営管理指標や予算管理方法に関係する場合には、企業の事業目的や経営戦略に照らして、従来オフバランス処理していたリースの取扱いも含めて、経営管理や予算管理の方法を見直す必要があるかどうかを検討することも考えられる。

Q12　借手におけるリース取引の会計及び税務に関する管理帳簿について、どのような留意点があるか？

　新リース会計基準等の適用にあたっては、リース取引を複数の帳簿で管理する必要が生じる可能性がある。その主な理由は、税務と連結決算にある。

　新リース会計基準等の公表に伴い、リース会計基準は改正されたが、本稿執筆時点においてリース税制の改正は行われていない。

　従来の基準では、会計と税務の処理は原則として一致していたため、会計と税務で帳簿を分けて管理する必要性はなかった。しかし、リース税制が改正されないまま、新リース会計基準等が適用された場合、会計と税務の処理が異なることになるため、リース取引の管理帳簿を分ける必要性が生じる。

　現行リース税制では、次の図のようにリース取引を分類して、管理する必要がある。2024年12月27日に閣議決定された令和7年度税制改正大綱においても、資産の賃貸借のうちリース取引（ファイナンス・リース取引）以外の取引（オペレーティング・リース取引）については、「その取引に係る契約に基づきその法人が支払う金額があるときは、その金額のうち債務の確定した部分の金額は、その確定した日の属する事業年度に損金算入する」とされており、この分類に基本的な変更は見られない。新リース会計基準等を適用した後もリース税制が改

正されない場合、税務上のファイナンス・リースと賃貸借取引（オペレーティング・リース）の区分判定を適切に行うことができる体制を社内に保持し続ける必要があることを意味している。

図表 2-7　リース税制におけるリース取引の分類

また、自社の決算とは別に、親会社等に対して親会社等の連結決算のための決算報告を行っている場合、各親会社等のグループごとの連結決算方針に基づくリースの会計処理を行う必要があるため、その数に応じた管理帳簿が必要になる可能性もある。

このように、新リース会計基準等の適用にあたっては、複数の管理帳簿が必要になる可能性が高いため、あらかじめその点を念頭においた管理方法、システム対応を検討しておく必要がある。

Q13　借手における内部管理体制の見直しに関して、実務上検討すべきポイントにどのようなものがあるか？

借手における新リース会計基準等の適用により、多くの企業において、リースの識別、リースの会計処理、リースの事後変動の管理、リースの契約管理や物件管理等に対応する業務プロセス及び内部統制の構築について検討が必要になることが想定される。

業務プロセスに関しては、企業が定めた会計処理や経営管理の方針に基づき、例えば、以下のような業務プロセスの構築が必要になる可能性がある。

・契約締結時に契約にリースが含まれるかどうかを判断するプロセス
・リースを含む契約においてリースと非リースを区分するプロセス

第2部　新リース会計基準等の適用に関する実務上の論点

- ・リースの会計処理に必要なリース期間やリース料、割引率等を決定するプロセス
- ・利息法計算に基づくリース負債の測定を毎期継続して正確に実行するプロセス
- ・使用権資産への固定資産の減損会計の適用を行うプロセス
- ・リース開始日後における契約条件等の変更に対応するプロセス
- ・リースを漏れなく正確に継続管理できるための管理台帳の整備
- ・契約書及び契約情報の保存及び更新管理
- ・リースの管理台帳に基づく原資産（リース物件）の現物管理
- ・企業の経営管理方針に基づくリースにかかる予算管理

　内部統制に関しては、企業における事業目的や経営方針、財務報告目的等に照らしてリスクを識別評価し、リスクに対応した内部統制を構築する必要がある。リスクは各企業の状況によって異なるが、例えば、以下のようなリスクが内部統制上対応が必要となるリスクとして識別される可能性がある。

- ・リースの識別が漏れるリスク
- ・リースと非リースの契約対価の配分計算を誤るリスク
- ・リース期間の判断を誤るリスク
- ・割引率の決定を誤るリスク
- ・利息法によるリース負債の現在価値の計算を誤るリスク
- ・リース管理台帳において、リース物件と紐づけられない資産が計上されるリスク
- ・リース管理台帳において、リース物件の登録が漏れるリスク
- ・リース開始日後における契約条件等の変更にかかる会計処理が漏れるリスク
- ・リースに関する経営管理指標について、必要な情報が適時に正確に伝達されず、企業が定めた経営管理方針に沿った管理が行われないリスク

　内部統制の構築に関しては、各企業において識別されたリスクに対応して、

234

第1章　新リース会計基準等の適用準備における実務上の論点

どのようなルールを整備し、どのような組織体制や人員配置で対応していくべきか等を、ルールの文書化、人材育成方針の決定、システムの機能強化の要否等と合わせて検討していく必要がある。

　新リース会計基準等における借手のリースの会計処理については、大量のリースに関する契約データを継続的に取り扱う必要性が生じる可能性があり、原則として割引率に基づく利息法計算を必要とすることから、会計処理の正確性や網羅性を確保するため、システムの導入や機能強化が必要になる可能性がある。

第2部　新リース会計基準等の適用に関する実務上の論点

第2章 | 新リース会計基準等の適用にかかる実務上の会計論点

1 | 借手の論点

Q14 リースを構成する部分とリースを構成しない部分を含む契約の会計処理
を検討する場合の実務上の留意点は何か？

　リースを構成する部分とリースを構成しない部分を含む契約にかかる会計処理については、新会計基準第28項では、原則としてリースを構成する部分とリースを構成しない部分とに分けて会計処理を行う必要があると定めている。一方で、全体をリースとして処理する例外処理が新会計基準第29項で認められているため、実務上、この例外処理を採用するかどうかが論点になる。

　この例外処理を採用することにより、リースを構成する部分とリースを構成しない部分とに分けて会計処理を行うコストと複雑性を低減することができるというメリットが想定される。しかし、この例外処理を採用することにより、使用権資産及びリース負債が大きく増加する等、財務指標や経営管理指標に重要な影響を与える場合があるため、このデメリットとメリットとを比較した上で、例外処理の採否を決定することが実務上の論点として考えられる。

　また、この例外処理は、対応する原資産を自ら所有していたと仮定した場合に貸借対照表において表示するであろう科目ごと又は性質及び企業の営業における用途が類似する原資産のグループごとに選択することができるため、当該科目単位ごとに、例外処理の採否を検討する必要がある点にも留意が必要である。

　次に、リースを構成する部分とリースを構成しない部分とに分けて、原則的な会計処理を行う場合、契約における対価の金額を、リースを構成する部分とリースを構成しない部分とに、それぞれの部分の独立価格の比率に基づいて配分する必要があるが、この独立価格をどのように見積るかが実務上の論点になる。独立価格の見積り方法については、新適用指針第BC17項（「BC」は、新適用指針における結論の背景を意味する。以下同じ。）に以下の方法が示されている。

- 貸手又は類似のサプライヤーが当該構成部分又は類似の構成部分について企業に個々に請求するであろう価格に基づいて算定する。

第2章　新リース会計基準等の適用にかかる実務上の会計論点

■ 借手においてリースを構成する部分とリースを構成しない部分の独立価格が明らかでない場合、借手は、観察可能な情報を最大限に利用して、独立価格を合理的な方法で見積る。

　貸手又は類似のサプライヤーによる価格付けに関する情報が入手できればよいが、そうでない場合、観察可能な情報を最大限に利用して、独立価格を合理的な方法で見積る必要がある。独立価格の見積り方法としては、コストアプローチ、マーケットアプローチ等が考えられるが、観察可能な情報を最大限利用して合理的な方法で見積もる必要がある。

　また、借手においては、契約における対価の中に、借手に財又はサービスを移転しない活動及びコストについて借手が支払う金額が含まれる場合に、当該金額を契約における対価の一部としてリースを構成する部分とリースを構成しない部分とに配分する方法のみが定められている。つまり、借手は、固定資産税及び保険料の金額を把握していたとしても、これを対価から控除することはしない点に注意が必要である（新適用指針第BC21項）。

Q15 　借手における新リース会計基準等の無形固定資産のリースへの適用範囲について、IFRSとの差異が生じる可能性はあるか？

　借手における無形固定資産のリースに関するIFRSと日本基準である新リース会計基準等の適用範囲は下表のようになる。

対象	日本基準	IFRS
映画フィルム、ビデオ録画、演劇脚本、原稿、特許権及び著作権などの項目について借手がIAS 第38号「無形資産」の範囲に含まれるライセンス契約に基づいて保有している権利	新リース会計基準等を適用しないことを選択できる	IFRS16を適用しない
上記以外の無形固定資産のリース		IFRS16を適用することができる

　IFRSでは、映画フィルム、ビデオ録画、演劇脚本、原稿、特許権及び著作権などの項目について借手がIAS 第38号「無形資産」の範囲に含まれるライセンス契約に基づいて保有している権利については、IFRS16の適用対象外となって

237

第2部　新リース会計基準等の適用に関する実務上の論点

いる。一方、日本基準では、無形固定資産のリースについて、新リース会計基準等を適用しないことを選択した場合を除き、新リース会計基準等を適用することが求められる。

そのため、日本基準において新リース会計基準等を無形固定資産に適用する場合、「映画フィルム、ビデオ録画、演劇脚本、原稿、特許権及び著作権などの項目について借手がIAS 第38号「無形資産」の範囲に含まれるライセンス契約に基づいて保有している権利」の取扱いについて、日本基準とＩＦＲＳとの間で差異が生じる可能性がある。

[Q16] クラウドサービスにかかるリースの識別の判定について、どのような留意点があるか？

クラウドサービスは、ネットワーク経由でソフトウエアやITインフラなどを利用できるサービスである。自社の施設内に整備したIT環境を利用する従来型のオンプレミス型と異なり、クラウド型は、ネットワークを経由して必要な機能やリソースを利用することに特徴がある。

以下に、クラウドサービスの分類を示す。

図表 2 - 8　クラウドサービスの分類

区分	SaaS （Software as a Service）	PaaS （Platform as a Service）	IaaS （Infrastructure as a Service）
サービスの概要	ネットワーク経由でソフトウエア機能を利用できるサービス	ネットワーク経由でアプリケーションが動作するためのプラットフォーム機能を利用できるサービス	ネットワーク経由でIT環境のインフラとして必要なハードウエアリソースを利用できるサービス
利用できるサービスの例	メールや表計算等のソフトウエア機能	データベースやOS、ミドルウエア等のプラットフォーム機能	CPUやストレージ、サーバー機器等のハードウエアリソース
サービスの具体例	Gmail（Google） Microsoft Office 365（Microsoft）	AWS Lamba（Amazon） Azure DevOps（Microsoft）	Amazon EC2（Amazon） Azure Windows Server（Microsoft）

238

第 2 章　新リース会計基準等の適用にかかる実務上の会計論点

　クラウドサービスにかかるリースの識別にあたっては、クラウドサービスの契約内容をよく理解した上で、リースの識別に関するフローチャート（図表 1 - 9 リースの識別に関するフローチャート）に沿って判定を行う必要がある。

　クラウドサービスがIaaSに該当する場合に限らず、SaaSやPaaSに該当する場合であっても、無形固定資産だけでなくサーバー機器等の物理的機器のリースが含まれている可能性がある点に留意が必要である。そのため、無形固定資産のリースに新リース会計基準等を適用しないことを選択している場合であっても、クラウドサービス契約にかかるリースの識別には、注意を払う必要がある。

　また、クラウドサービスには、任意の企業向けに用意された共有のクラウド環境を利用するパブリック・クラウドサービスか、特定の企業向けに用意された専用のクラウド環境を利用するプライベート・クラウドサービスかの違いもある。プライベート・クラウドサービスの場合は、特定の企業専用のクラウド環境が用意されているため、リースの識別の判定にあたっては、特定された資産に該当するものがないかを慎重に判断する必要がある。資産の名称等が契約に明記されていない場合においても、特定された資産が存在する場合があることにも、留意が必要である。なお、クラウドサービス事業者等が資産を代替する実質的な権利を有しているときには、顧客は特定された資産の使用を支配する権利を有していないことになる点にも留意が必要である。

　以上、クラウドサービス契約にかかるリースの識別の判定に関して、以下の 2 点の留意すべきポイントを解説した。

- クラウドサービスには、無形固定資産のリースだけでなく、サーバー機器等の物理的機器のリースが含まれる可能性がある。これは、クラウドサービスが S aaSやPaaSに該当する場合にも留意が必要である。
- クラウドサービスには、任意の企業が利用できるパブリック・クラウドサービスと、特定の企業のみが利用できるプライベート・クラウドサービスがあるが、特にプライベート・クラウドサービスの場合には、特定された資産に該当するものがないかを慎重に判断する必要がある。

　新適用指針の設例［設例 5 - 1 ］では、サプライヤーが、顧客に対してネット

第2部　新リース会計基準等の適用に関する実務上の論点

ワーク・サービスを提供する契約を例としてとりあげており、当該サービスを提供するために顧客の敷地に設置された物理的機器であるサーバーがリースの識別の判定において論点となっている。この設例においては、顧客が資産の使用を指図する権利を有していないため、リースは含まれていないと判断されており、資産が特定されているかどうかの判断は行われていない。

[設例5] ネットワーク・サービス（使用を指図する権利）

[設例5-1] 顧客が資産の使用を指図する権利を有していない場合

前提条件

1. A社（顧客）は、2年間にわたりB社（サプライヤー）が提供するネットワーク・サービスを利用する契約を締結した。

2. B社は、ネットワーク・サービスを提供するために、A社の敷地にサーバーを設置する。

3. B社は、A社との契約で定められたネットワーク・サービスの水準を満たすようにデータの通信速度を決定し、必要に応じてサーバーの入替えを行うことができる。

4. A社は、契約の締結時にネットワーク・サービスの水準を決定することができる。ただし、契約変更を行わない限り、使用期間全体を通じて、契約で定められたネットワーク・サービスの水準を変更することができない。

5. A社は、サーバーを使用してどのようにデータを送信するのか、サーバーの使用方法に関する重要な決定は行わない。

6. A社は、設計に関与しておらず、サーバーを稼働する権利も有しない。

出所：新適用指針の設例［設例5-1］

Q17 メーカーであるA社はサプライヤーであるB社と製品加工にかかる外注業務にかかる業務委託契約を締結し、B社はA社から受注する業務のための専用設備（固定資産）を購入する。当該専用設備（固定資産）にかかる減価償却費及び維持管理費等のコストを、A社はB社に業務委託費に含めて

支払い、当該固定資産の残価の全部（又は大部分）をＡ社が保証する。このような業務委託契約に関するＡ社におけるリースの識別の判断において、どのような留意点があるか？

リースの識別に関するフローチャート（図表 1 - 9　リースの識別に関するフローチャート）に従って判断していくにあたり、例えば、以下のような留意点が考えられる。

① 資産が特定されているか

業務委託契約において、契約上、資産が明記されていない場合であっても、資産が特定されている場合がある点に留意が必要である。また、専用設備の場合、Ｂ社が資産を代替する権利を有していたとしても、他の用途への転用ができないこと等の理由により、Ｂ社が当該資産を他の資産に代替する実質上の能力を有さない場合には、当該資産は特定された資産に該当する可能性がある点にも留意が必要である。

② 資産の使用を支配する権利が顧客に移転しているか　その 1　（経済的利益）

資産が特定されていると判断された場合、次に、「顧客が、使用期間全体を通じて特定された資産の使用から生じる経済的利益のほとんどすべてを享受する権利を有しているか（新適用指針第 5 項(1)）」が問題となる。特定された資産が、Ａ社から受注する業務のための専用設備であり、他の用途には使用できない場合で、設備投資にかかるコストのほとんどすべてをＡ社が実質的に負担しているような場合には、Ａ社が使用期間全体を通じて特定された資産から得られる経済的利益のほとんどすべてを享受している可能性がある点に留意が必要である。

③ 資産の使用を支配する権利が顧客に移転しているか　その 2　（指図権）

Ａ社が使用期間全体を通じて特定された資産の使用から生じる経済的利益のほとんどすべてを享受する権利を有していると判断された場合、次に、「顧客が、使用期間全体を通じて、特定された資産の使用を指図する権利（新適用指針第 5 項(2)）」を有しているかが問題となる。

以下の 3 つのいずれかに該当すれば、特定された資産の使用を指図する権利はＡ社（顧客）にあることとなる（新適用指針第 8 項）。

（ⅰ）使用期間全体を通じて資産の使用方法を指図する権利を顧客が有して

241

第2部　新リース会計基準等の適用に関する実務上の論点

いる。

(ii)　資産の使用方法に係る決定が事前になされており、使用期間全体を通じて顧客のみが資産を稼働する権利を有している。

(iii)　資産の使用方法に係る決定が事前になされており、顧客が使用期間全体を通じた資産の使用方法を事前に決定するように資　産を設計している。

　B社が、あらかじめA社によって決定された使用方法によってのみ、特定された資産（専用設備）を使用して製品加工を行う場合で、A社からの発注量に応じて必要な時間のみ、特定された資産（専用設備）を稼働させる場合、上記(ii)に該当する可能性がある。この場合、特定された資産の使用期間全体を通じて、資産の使用を支配する権利がA社（顧客）に移転していると考えられ、契約はリースを含む可能性がある。

Q18　借主である小売業者A社が貸主（サプライヤー）である商業施設オーナーB社から次のような契約条件で営業場所を賃借するための「定期建物賃貸借契約」を締結した。このような契約に関するA社におけるリースの識別の判定における「資産が特定されているか」の判断に関して、どのような留意点があるか？

《契約条件》

■借主である小売業者の営業場所

　借主が賃借する営業場所は、契約で商業施設内の特定の場所に定められている。ただし、貸主である商業施設オーナーB社は、契約期間全体を通じて、商業施設全体の営業戦略に応じて、A社に賃貸する営業場所を商業施設内の他の場所に変更できる権利を有している。営業場所が変わった場合でも面積や形状はほぼ同じであり、賃料に変更はない。借主A社は、商業施設全体のルールを遵守する必要があり、借主がルールに従わない場合、貸主は契約を終了することもできる。A社に賃貸する営業場所の変更にかかるコストは貸主であるB社が負担する。

■契約期間

　契約の解約不能期間は3年であり、解約オプションや延長オプションはない。

242

第2章　新リース会計基準等の適用にかかる実務上の会計論点

■月額賃料

一定の固定賃料に加えて、売上総額に3％を乗じた金額を、A社はB社に賃料として毎月支払う。

リースの識別に関するフローチャート（図表1-9　リースの識別に関するフローチャート）に従って判断していくにあたり、「資産が特定されているか」に関して、例えば、以下のような留意点が考えられる。

営業場所は、契約で明記されているが、貸主である商業施設オーナーB社が、当該資産を代替する実質的な権利を有していると判断される場合には、当該資産は特定された資産に該当しない。次のいずれの条件も満たす場合には、商業施設オーナーB社は当該資産を代替する実質的な権利を有していると判断される。

・貸主である商業施設オーナーB社が、使用期間全体を通じて当該資産を他の資産に代替する実質上の能力を有している

・貸主である商業施設オーナーB社が、当該資産を他の資産に代替することにより、経済的利益を享受する（当該資産を他の資産に代替することからもたらされる経済的利益が、代替することから生じるコストを上回ると見込まれる）

これらの判断に関して想定される留意点として、例えば、以下が考えられる。

1点目の、貸主である商業施設オーナーB社が、使用期間全体を通じて貸主が資産を代替する実質的な能力を有するかを判断するためには、例えば、以下のような状況に該当しないかを検討することが考えられる。

・商業施設内に、小売業者A社の営業場所を他の場所に変更できる場所が存在しておらず、貸主である商業施設オーナーB社が営業場所を他の場所に変更することは実質的にできない状況にある。

・貸主である商業施設オーナーB社が、A社の営業場所を変更できる権利を有するのは、一部の期間に限定されていて、使用期間全体ではない状況にある。

2点目の、貸主である商業施設オーナーB社が、当該資産を他の資産に代替することにより、経済的利益を享受する（当該資産を他の資産に代替することか

243

第2部　新リース会計基準等の適用に関する実務上の論点

らもたらされる経済的利益が、代替することから生じるコストを上回ると見込まれる）
かどうかを判断するためには、例えば、以下について検討することが考えられる。

　(ⅰ)　営業場所を変更するために、貸主が負担するコスト

　(ⅱ)　営業場所を変更することによって貸主にもたらされる経済的利益

　(ⅲ)　(ⅱ)が(ⅰ)を上回ると見込まれるかどうか

　これらは、契約書の内容をふまえ、社会・経済情勢や業界の状況、顧客の需
要動向、商業施設全体の営業戦略との関連性、貸主による営業場所移転の目的
などを含め、取引の実態を多角的、総合的に判断する必要がある。貸主が経済
合理性に基づいて判断をする前提を置けば、貸主が移転に伴うコストを負担し
て、借主A社の営業場所を変更する場合、貸主にコストを上回る経済的利益を
もたらすと貸主が判断していると考えられる場合がある。

　以上2点ともにYESと判断されれば、資産は特定されておらず、契約はリー
スを含まないと判断される。一方、いずれか（又は両方）がNOの場合は、資産
は特定されていると判断される可能性がある。

　商業施設のテナント契約に関しては、このような貸主が資産を代替する実質
的な権利を有しているかどうか等を事前に検討し、明確な根拠に基づいた判断
を行えるかどうか、契約条件を明確にしておくべき点がないか等を新リース会
計基準等の適用準備の段階で検討しておくことも考えられる。

Q19 更新の権利がない借地契約の場合、更新の権利がないことをもって延長オプションは無いと判断して問題ないか？

　借地借家法第22条第1項、第23条第1項又は第24条第1項の規定による定期
借地契約については、借手に更新の権利がないため、借手に延長オプションは
無いと考えられる。

　一方、定期借地権以外の借地権については、借地借家法により、貸手は、正
当な事由があると認められる場合でなければ、借手に対して更新の拒絶ができ
ないため、通常、借手は延長オプションを有すると考えられる。

　このため、借地契約については、定期借地契約かそれ以外かを区別して整理
しておくことが、会計処理の前提となるリース期間の検討において重要なポイ

244

第2章　新リース会計基準等の適用にかかる実務上の会計論点

ントになると考えられる。

Q20 貸借契約が「解約不能期間6年＋自動更新」や「解約不能期間6年＋合意更新」である場合、借手のリース期間はどのように決定すべきか？

借手のリース期間は、新リース会計基準第15項において、借手が原資産を使用する権利を有する解約不能期間に、次の両方を加えた期間をいうと定められている。

・借手が行使することが合理的に確実であるリースの延長オプションの対象期間

・借手が行使しないことが合理的に確実であるリースの解約オプションの対象期間

このリース期間の考え方を図に示すと下記の通りである。解約不能期間が6年である場合に、借手が行使することが合理的に確実であるリースの延長オプションの対象期間又は借手が行使しないことが合理的に確実であるリースの解約オプションの対象期間が4年である場合、リース期間はそれぞれ10年と判断される。

図表2-9　リース期間の考え方

リース契約（解約不能期間）6年	延長期間4年 ＊延長することが合理的に確実な場合	リース期間　10年
リース契約（解約不能期間）6年	解約可能期間4年 ＊解約しないことが合理的に確実な場合	リース期間　10年

自動更新や合意更新の場合でも、貸手に拒否権が実質的になければ、借手の延長オプションに該当することになる。借手のリース期間の判定にあたっては、自動更新や合意更新の契約条件が、借手の延長オプションになるかどうかを判定し、その上で、上記のリース期間の考え方に沿って、延長オプションを行使することが合理的に確実である場合の延長期間を解約不能期間に加えてリース期間を判定する必要がある。

第2部　新リース会計基準等の適用に関する実務上の論点

Q21　延長オプションや解約オプションのあるリースのリース期間を見積る場合の「合理的に確実」とはどの程度の確度を意味するのか？

　リース期間に関して、実務上、「合理的に確実」とはどの程度の確度を意味するのかが論点になるが、新適用指針第BC29項において、次の通り米国会計基準における記載が示された上で、「合理的に確実」は蓋然性が相当程度高いことが示されている。

> 　なお、会計基準第15項及び第31項に記載している「合理的に確実」は、蓋然性が相当程度高いことを示している。この点、IFRS 第16号には「合理的に確実」に関する具体的な閾値の記載はないが、米国会計基準会計基準更新書第2016-02号「リース（Topic842）」の結論の根拠では、「合理的に確実」が高い閾値であることを記載した上で、米国会計基準の文脈として、発生する可能性の方が発生しない可能性より高いこと（more likely than not）よりは高いが、ほぼ確実（virtually certain）よりは低いであろうことが記載されている。

Q22　オフィスや店舗用等不動産に関連する不動産リースのリース期間を判断する場合に過去のリース期間の実績はどの程度まで参考にする必要があるか？過去に長期にわたって延長オプションを行使し続けた実績がある場合、将来のリース期間は長期に見積る必要があるか？

　オフィスや店舗用等不動産に関連する不動産リースの借手におけるリース期間の判断には、困難が伴うとされ、比較的容易に客観的なデータとして収集できる過去のリース期間の実績をどの程度までリース期間の決定における見積りの参考にするべきかは、実務上の論点になる。

　この点、新適用指針第BC33項において、次の考え方が示されている。

> 　借手が特定の種類の資産を通常使用してきた過去の慣行及び経済的理由が、借手のオプションの行使可能性を評価する上で有用な情報を提供する可能性がある。ただし、一概に過去の慣行に重きを置いてオプションの行

246

第2章　新リース会計基準等の適用にかかる実務上の会計論点

> 使可能性を判断することを要求するものではなく、将来の見積りに焦点を
> 当てる必要がある。合理的に確実であるかどうかの判断は、諸要因を総合
> 的に勘案して行うことに留意する必要がある。

　合理的に確実か否かの判断は、将来の見積りに焦点を当てて、諸要因を総合
的に勘案して行うことが必要であり、新適用指針第17項に示されている経済的
インセンティブを生じさせる要因等に基づき判断する必要がある（第1部第3章
リース期間参照）。過去のリース期間の実績は、借手が特定の資産を通常使用し
てきた過去の慣行及び経済的理由として、借手のオプションの行使可能性を評
価する上で有用な情報を提供する可能性はあるものの、必ずしも過去のリース
期間の実績のみに基づいてリース期間を判断することはできないと考えられる。
　また、「合理的に確実」は、蓋然性が相当程度高い閾値であるとされている。
将来の原資産は、過去に比べて陳腐化が進み、市場環境にも変化が生じていく
可能性もある。こういった要素も考慮しながら、企業の事業内容に照らした原
資産の重要性等の経済的インセンティブを生じさせる要因を考慮した上で、将
来の延長オプションの行使可能性が「合理的に確実」かどうかを判断する必要
がある。そのため、過去に長期にわたって延長オプションを行使し続けた実績
がある場合であったとしても、将来のリース期間は過去と違って長期にならな
い場合もあると考えられる。
新適用指針設例［設例8-5］には、過去に10年間オフィスを賃借していた実績
があるが、経済的インセンティブとして考慮すべきものが特になく、他に代替
する立地を探すことも可能である場合で、解約不能期間である5年を超えて延
長オプションを行使する可能性は合理的に確実より低いと判断し、リース期間
を5年と決定している設例が掲載されている。

Q23　建物の貸借契約が「解約不能期間6年＋延長オプション」となっており、
　　延長オプションの行使は、当該建物を使用した事業の継続にかかっている。
　　当該事業の継続には、様々な要素が関係するが、延長オプションの行使可能
　　性が合理的に確実かどうかの判定にあたって、何を検討する必要があるか？

第2部　新リース会計基準等の適用に関する実務上の論点

　借手のリース期間を決定するにあたって、リースの延長オプション又は解約オプションを借手が行使することが合理的に確実であるかどうかを判断するには、経済的インセンティブを生じさせる要因を考慮するとされている。この要因として、新適用指針第17項及び第BC32項には以下が例示されている。

- ・延長オプション又は解約オプションの対象期間に係る契約条件（リース料、違約金、残価保証、購入オプションなど）
- ・大幅な賃借設備の改良の有無
- ・リースの解約に関連して生じるコスト
- ・企業の事業内容に照らした原資産の重要性
- ・延長オプション又は解約オプションの行使条件

　これらは、例示であるため、経済的インセンティブを生じさせる要因については、これらに限定せず、すべての事実及び状況を考慮する必要がある（第1部第3章 **3** 参照）。

　「すべての事実及び状況を考慮した判断」のために必要な検討事項は、個社の置かれた状況によって異なるため、一律に示すことはできない。逆に言えば、個社の置かれた状況に適した検討を行う必要がある。

　個社の置かれた状況として、例えば、関連する事業計画等の実現可能性、関連する事業の安定性、建物等原資産の物理的使用可能期間、代替資産の調達可能性やカスタマイズの有無、原資産に付設された資産の有無、契約終了や解約に伴うペナルティの有無、返却に伴うコストの有無、顧客の投資回収期間、店舗やオフィスの平均賃貸期間、建物等原資産の転貸可能性などを考慮することが考えられる。

　延長オプションの行使可能性に影響する経済的インセンティブを生じさせる要因が、特定事業の継続に依拠する可能性が高い場合には、当該特定事業の継続可能性を慎重に検討する必要があると考えられるが、当該特定事業の継続の可能性自体も様々な要因に影響を受ける可能性があるため、経済的インセンティブを生じさせる要因となる可能性のあるすべての事実及び状況を考慮した判断を行う必要がある。

第2章　新リース会計基準等の適用にかかる実務上の会計論点

Q24　少額リースや短期リースにかかる簡便的な取扱いの適用可否を判断する
際に参照する借手のリース期間及び借手のリース料は、延長又は解約オプ
ション考慮後のリース期間である必要があるか？リースの契約期間が、契
約上「1年＋自動更新」となっている契約については、どのように判断す
ればよいか？

① 少額リース

リース契約1件あたりのリース料総額が少額のリース（新適用指針第22項(2)
①）の判定においては、原則として、延長又は解約オプションを考慮した借手
のリース期間を基礎として算定する必要がある。ただし、リース料総額の算定
の基礎を、借手のリース期間に代えて、契約上、契約に定められた期間とする
ことができる。また、リース契約1件あたりの金額の算定にあたり、維持管理
費用相当額の合理的見積額を控除することができる（新適用指針第23項）。

このため、新適用指針第23項ただし書きの方法を採用する場合、リースの契
約上、契約に定められた期間が1年となっている契約については、延長オプショ
ンを考慮せず、1年の契約期間を基礎としたリース料総額に基づき、少額リー
スの簡便的な取扱いの適用可否を判断することができる。

② 短期リース

短期リース（リース開始日に借手のリース期間が12か月以内のリース）について、
簡便的な取扱いの適用可否を判断する場合における借手のリース期間は、延長
又は解約オプションを考慮した借手のリース期間である。

したがって、毎年自動更新となっていて解約不能期間が12か月以内となって
いるリース契約について、延長オプションを考慮せず、短期リースの簡便的な
取扱いを適用することはできない点について、注意が必要である。

なお、短期リースについては、購入オプションを含まないことが要件として
明示されている（新適用指針第4項(2)）。また、リース期間が1か月超の短期リー
スにかかる費用については、損益計算書において区分表示していない場合には
注記が必要となるため、注記のためのデータ収集が必要になる点にも留意が必
要となる。

249

③ 実務上、想定される判定ステップの例

①②を踏まえると、少額リース及び短期リースの判定に関しては、まず最初に少額リースの判定を行い、その後に延長又は解約オプションを考慮したリース期間の判定を行い、次に、短期リースの判定を行うといった進め方が考えられる。新適用指針第22項(1)①の少額リースに関する簡便的な取扱いを選択した場合の判定ステップの例を、単純な図式で示すと以下のようになると考えられる。

図表2-10　少額リース及び短期リースの判定ステップの例

Step① 少額リースの判定：契約に定められた期間を基礎としたリース料総額に基づき判定

Step② リース期間の判定：延長又は解約オプションを考慮したリース期間を判定

Step③ 短期リースの判定：Step②で判定したリース期間に基づき判定（リース期間が1か月超の短期リースにかかる費用は注記が必要となるため集計対象にする）

Q25　従来の基準では再リース期間を借手のリース期間に含めていなかったが、新リース会計基準等では含める必要があるか？

従来の基準では、借手のリース期間は「合意された期間」であるとして、当該リース取引が置かれている状況からみて借手が再リースを行う意思が明らかな場合を除き、再リース期間は解約不能のリース期間に含めないと定めており、延長または解約オプションの具体的な取扱いには触れておらず、契約上の「解約不能期間」が実質的な「リース期間」となることが一般的であった（第1部第3章 3 参照）。

しかし、新リース会計基準等における借手のリース期間については、解約不能期間に加えて、借手が行使することが合理的に確実であるリースの延長オプションの対象期間及び借手が行使しないことが合理的に確実であるリースの解約オプションの対象期間をリース期間に反映する必要がある。

そのため、再リースが行使することが合理的に確実であるかどうかを判定した結果、合理的に確実であると判断された場合には、再リース期間をリース期

第2章　新リース会計基準等の適用にかかる実務上の会計論点

間に反映することになる。

Q26　フリーレント期間のある賃料やステップアップ賃料は、変動リース料に含まれるのか？

　借手のリース料は、借手が借手のリース期間中に原資産を使用する権利に関して行う貸手に対する支払であり、次の(i)から(v)の支払で構成される（第1部第5章 **3** 参照）。

(i)　借手の固定リース料

(ii)　指数又はレートに応じて決まる借手の変動リース料

(iii)　残価保証に係る借手による支払見込額

(iv)　借手が行使することが合理的に確実である購入オプションの行使価額

(v)　リースの解約に対する違約金の借手による支払額（借手のリース期間に借手による解約オプションの行使を反映している場合）

　リース契約にフリーレント（例えば、契約開始当初数か月間賃料が無償となる契約条項）やレントホリデー（例えば、数年間賃貸借契約を継続する場合に一定期間賃料が無償となる契約条項）、ステップアップ賃料（例えば、時の経過に応じて賃料が段階的に上昇する契約条項）が設定されている場合であっても、リース開始日において支払う義務のあるリース料は固定化されているものであることから、変動リース料には該当せず、リース料を構成するものとして、会計処理を行うことになる。

Q27　借手において、リース開始日にリース期間に含めていなかった再リースを実行した場合、リース期間の変更として会計処理する必要があるか？

　借手は、リースの契約条件の変更が生じていない場合で、延長オプションの行使等により借手の解約不能期間に変更が生じた場合、借手のリース期間を変更し、リース負債の計上額の見直しを行うとされている（第1部第9章 **3** 参照）。

　一方、再リースについては、新適用指針第52項において、再リースを当初のリースとは独立したリースとして会計処理を行うことができるという以下の規定が設けられている。

251

第2部　新リース会計基準等の適用に関する実務上の論点

> 　借手は、会計基準第31項に基づきリース開始日に再リース期間を借手の
> リース期間に含めていない場合又は本適用指針第44項若しくは第45項の適
> 用において会計基準第31項に基づき直近のリースの契約条件の変更の発効
> 日に再リース期間を借手のリース期間に含めていない場合、会計基準第41
> 項及び第42項にかかわらず、再リースを当初のリースとは独立したリース
> として会計処理を行うことができる。

　これは、従来の基準において、再リース期間をリース資産の耐用年数に含め
ない場合の再リース料は、原則として、発生時の費用として処理する取扱いを
定めていた取扱いを引き続き設けることにより、国際的な比較可能性を大きく
損なわせずに、財務諸表作成者の追加的な負担を減らすことができると考えら
れたためである（新適用指針第BC81項）。

Q28　使用権資産への固定資産の減損会計の適用にかかる実務上の留意点として何があるか？

　使用権資産の減損に関しては、新リース会計基準等の適用初年度の期首時点
の使用権資産に「固定資産の減損に係る会計基準」（平成14年8月　企業会計審議
会）を適用すると定められている（新適用指針第123項(3)）。

　そのため、実務上は、適用初年度の前期末時点において減損会計の適用に関
して使用された重要な仮定やデータ等と整合する形で、適用初年度の期首にお
ける使用権資産を含む場合における減損会計の適用を検討することがポイント
の一つとして考えられる。

　固定資産の減損会計の適用にあたっては、使用権資産を含む場合における資
産のグルーピングの方法、兆候判定、認識・測定の方法をあらかじめ検討し、
減損会計の適用にかかる会計方針や業務プロセスについて必要な変更点を洗い
出した上で、文書化や企業内周知等の対応を含め事前に適切な内部統制を構築
しておく必要がある。会計監査を受けている場合には、使用権資産への減損会
計の適用結果だけではなく、減損会計の適用にかかる会計方針や内部統制の有
効性についても、事前に協議しておくことも実務上留意すべきポイントとして

第2章　新リース会計基準等の適用にかかる実務上の会計論点

考えられる。

　なお、企業会計基準第35号「「固定資産の減損に係る会計基準」の一部改正」第BC6項では、短期リース又は少額リースに関する簡便的な取扱いを適用しているリースに係る未経過の借手のリース料の現在価値をこれらの使用権資産の帳簿価額とみなして減損会計基準を適用しないとされたことが説明されている。

Q29　使用権資産に関連する資産除去債務に対応する資産は、使用権資産の帳簿価額に加える必要があるか？

　新適用指針において、使用権資産に関連する資産除去債務を負債として計上する場合、当該負債の計上額と同額を使用権資産の帳簿価額に加えると定められている（新適用指針第28項）。

> 　借手は、資産除去債務を負債として計上する場合の関連する有形固定資産が使用権資産であるとき、企業会計基準第18号「資産除去債務に関する会計基準」（以下「資産除去債務会計基準」という。）第7項に従って当該負債の計上額と同額を当該使用権資産の帳簿価額に加える。

　なお、リースに関連して敷金が資産計上されている場合には、敷金の回収が最終的に見込めないと認められる金額を合理的に見積り、そのうち当期の負担に属する金額を費用に計上する方法によることもできるとされている（新適用指針第35項）。

Q30　セール・アンド・リースバック取引の会計処理について、どのような留意点があるか？会計処理におけるIFRSとの違いはあるか？

　セール・アンド・リースバック取引とは、売手である借手が資産を買手である貸手に譲渡し、売手である借手が買手である貸手から当該資産をリース（リースバック）する取引をいう。セール・アンド・リースバック取引の会計処理を検討するにあたって、留意すべきポイントの例として以下が考えられる。

① 譲渡された資産とリースバックされる資産は同一の資産か？

　リースバックが行われる場合であっても、譲渡された資産とリースバックさ

253

第2部　新リース会計基準等の適用に関する実務上の論点

れる資産が同一でない場合は、セール・アンド・リースバック取引に該当しない点に留意が必要である。

　新適用指針では、売手である借手による資産の譲渡が次のいずれかであるときはセール・アンド・リースバック取引に該当しないことが明示されている（第1部第15章 5 参照）。これは、次のいずれかに該当する場合には、資産の譲渡により借手（売手）から貸手（買手）に支配が移転されるのは仕掛中の資産である一方、リースバックされる資産は完成した資産であるため、譲渡された資産とリースバックされる資産は同一とは言えないためと考えられる。

　　・収益認識会計基準に従い、一定の期間にわたり充足される履行義務（収益認識会計基準第36項）の充足によって行われるとき
　　・収益認識適用指針第95項を適用し、工事契約における収益を完全に履行義務を充足した時点で認識することを選択するとき

② 　**金融取引として会計処理を行う必要がある取引に該当しないか？**

　セール・アンド・リースバック取引について、金融取引として会計処理を行う必要がある取引について、新適用指針第55項に、以下のように定められている。

　セール・アンド・リースバック取引に該当する場合に次の(1)又は(2)のいずれかを満たすときは、売手である借手は、当該セール・アンド・リースバック取引について資産の譲渡とリースバックを一体の取引とみて、金融取引として会計処理を行う。

(1)　売手である借手による資産の譲渡が、収益認識会計基準などの他の会計基準等に従うと損益を認識する売却に該当しない。

(2)　収益認識会計基準などの他の会計基準等に従うと売手である借手による資産の譲渡が損益を認識する売却に該当するが、リースバックにより、売手である借手が資産からもたらされる経済的利益のほとんどすべてを享受することができ、かつ、資産の使用に伴って生じるコストのほとんどすべてを負担することとなる。

254

第2章　新リース会計基準等の適用にかかる実務上の会計論点

　このため、セール・アンド・リースバック取引の会計処理を検討する上では、借手による資産の譲渡が売却に該当するかどうかの判断が重要になる。この判断は、日本基準とIFRSとで異なる結果になる場合があるので、基準差にも留意が必要になる。

　また、新適用指針第55項(2)に示されているフルペイアウトの要件を満たすかどうかの判断に関しては、新適用指針の結論の背景に、以下のように一定の考え方が示されているので、これも参考にする必要がある。

　「新適用指針第62項に示されている判定基準を用いて判断する場合には、売手である借手が当該要件を満たすかどうかを判断することになるため、借手のリース期間及び借手のリース料をもとに判定を行うことが考えられる」(新適用指針第BC94項)

③　セール・アンド・リースバック取引に関する注記に必要な情報は整理できているか？

　新リース会計基準等においては、従来の基準ではなかったセール・アンド・リースバック取引に関する注記が求められている。新適用指針第101項で定められている注記項目は以下であるが、注記に必要な情報の整理と具体的な開示内容の検討も、実務上は抑えておくべきポイントになると考えられる。

　　・セール・アンド・リースバック取引から生じた売却損益を損益計算書において区分して表示していない場合、当該売却損益が含まれる科目及び金額
　　・新適用指針第55項を適用して会計処理を行ったセール・アンド・リースバック取引について、当該会計処理を行った資産がある旨並びに当該資産の科目及び金額
　　・新適用指針第56項を適用して会計処理を行ったセール・アンド・リースバック取引について、当該セール・アンド・リースバック取引の主要な条件

④　セール・アンド・リースバック取引について、譲渡価額が時価と乖離する場合や、リースバックのリース料が市場レートと乖離していないか？

　セール・アンド・リースバック取引において、資産の譲渡対価が明らかに時価ではない場合や、借手のリース料が明らかに市場のレートでのリース料ではない場合の取扱いが以下の通り定められている(新適用指針第57項)。これは、時

255

第 2 部　新リース会計基準等の適用に関する実務上の論点

価や市場レートと乖離したセール・アンド・リースバック取引が行われる場合において、取引の経済実態を適切に表すための取扱いと考えられる。

・資産の譲渡対価が明らかに時価を下回る場合、時価を用いて譲渡について損益を認識し、譲渡対価と時価との差額について使用権資産の取得価額に含める。

・借手のリース料が明らかに市場のレートでのリース料を下回る場合、借手のリース料と市場のレートでのリース料との差額について譲渡対価を増額した上で譲渡について損益を認識し、当該差額について使用権資産の取得価額に含める。

・資産の譲渡対価が明らかに時価を上回る場合、時価を用いて譲渡について損益を認識し、譲渡対価と時価との差額について金融取引として会計処理を行う。

・借手のリース料が明らかに市場のレートでのリース料を上回る場合、借手のリース料と市場のレートでのリース料との差額について譲渡対価を減額した上で譲渡について損益を認識し、当該差額について金融取引として会計処理を行う。

なお、この取扱いは、セール・アンド・リースバック取引に該当しない新適用指針第53項(1)及び(2)の取引にも適用される点に留意が必要である（新適用指針第58項）。

Q31　新リース会計基準等におけるセール・アンド・リースバック取引のリース開始日における会計処理はどのようになるか？IFRSとの違いはあるか？

　新リース会計基準等におけるセール・アンド・リースバック取引のリース開始日における会計処理を、簡単な設例に基づく数値例で示すと以下のようになる。

【前提条件】

1. 売手（借手）は、買手（貸手）に特定の固定資産を現金2,400千円を対価として譲渡すると同時に、売手（借手）は、買手（貸手）と当該資産を

256

第2章　新リース会計基準等の適用にかかる実務上の会計論点

5年間使用するリース契約を締結した。

2．当該資産の譲渡前の帳簿価額は2,000千円であり、時価は2,400千円である。

3．売手（借手）において算定したリース料の現在価値は1,200千円である。

4．当該資産の譲渡は、売却として会計処理するための要件を充足している。

5．買手（貸手）は、当該リース契約をオペレーティング・リースとして分類している。

〈リース開始日における借手の会計処理〉

借方		貸方	
現金	2,400千円	固定資産	2,000千円
使用権資産	1,200千円	リース負債	1,200千円
		譲渡利益	400千円

また、IFRS16では、以下のようになる。IFRSでは、使用権資産として保持した部分にかかる譲渡利益は認識せず、譲渡した部分の割合に応じた譲渡利益が計上される。この設例では、使用権資産として保持した割合はリース負債の現在価値／時価＝50％であるため、時価と帳簿価額の差額400千円の50％が譲渡利益として認識される。

〈リース開始日における借手の会計処理〉

借方		貸方	
現金	2,400千円	固定資産	2,000千円
使用権資産	1,000千円	リース負債	1,200千円
		譲渡利益	200千円

Q32　新適用指針第118項ただし書きの容認法を選択した場合において、適用初年度の期首より前に新たな会計方針を適用した場合の適用初年度の累積的影響額を適用初年度の期首の利益剰余金に加減するとはどういうことか？数値例で示してほしい。

新リース会計基準等の適用は、会計基準等の改正に伴う会計方針の変更とし

257

第2部　新リース会計基準等の適用に関する実務上の論点

て取り扱い、原則として、新たな会計方針を過去の期間のすべてに遡及適用する必要がある。しかし、新適用指針第118項ただし書きの容認法を選択した場合には、図表2-5に示した通り、様々な経過措置を採用することができるため、適用初年度の期首より前に存在していた契約について、新たな会計方針を遡及適用しないこともできる。

　ここでは、新適用指針第118項ただし書きの容認法を選択した場合に、適用初年度の期首より前に存在する契約に対して、新たな会計方針を適用した場合における適用初年度の累積的影響額を、以下の前提に基づいた数値例で説明する。

【前提】

・借手（決算日3月31日）は、X4年3月期から新リース会計基準等を適用し、新適用指針第118項ただし書きの容認法を選択する。

・借手は、以下のリース取引を、従来の会計基準において、オペレーティング・リース取引に分類して会計処理していたが、新リース会計基準等において、リースを含むと判断した。

〈リース契約〉

・所有権移転条項　なし

・割安購入選択権　なし

・原資産は特別仕様ではない。

・リース開始日　X1年4月1日

・借手のリース期間5年

・貸手は、製造又は販売以外を事業としており、当該事業の一環でリースを行っている。

・リース料月額500千円（支払は毎月末）

・原資産の経済的耐用年数12年

・借手の付随費用ゼロ

〈借手の会計処理〉

■ 従来の会計基準におけるX3年3月期までの会計処理

258

第2章　新リース会計基準等の適用にかかる実務上の会計論点

オペレーティング・リース取引に分類して会計処理し、X3年3月期まで、毎期費用として6,000千円を計上していた。

■ 新適用指針第123項(2)①を適用した場合における会計処理

新適用指針第123項(2)①を適用して、新リース会計基準等が使用権資産についてリース開始日から適用されていたかのような帳簿価額とする場合を適用する。借手の追加借入利子率年8％（借手は貸手の計算利子率を知り得ない）、使用権資産の減価償却方法は定額法として、以下の会計処理を行う。

・X1年4月1日に計上される使用権資産及びリース負債は24,659千円である。

・X2年3月期に計上される費用は、利息費用1,822千円及び使用権資産の減価償却費4,932千円の合計6,754千円である。

・契約条件に変更等がない場合における各年度毎の関連数値は以下の通りである。

（単位：千円）

決算年度	リース料	元本返済分	利息費用	減価償却費	期末リース負債	期末利益剰余金累積影響
X2年3月期	6,000	4,178	1,822	4,932	20,481	▲754
X3年3月期	6,000	4,526	1,474	4,932	15,955	▲1,160
X4年3月期	6,000	4,901	1,100	4,932	11,055	▲1,192
X5年3月期	6,000	5,307	693	4,932	5,748	▲817
X6年3月期	6,000	5,748	253	4,929	－	－

【解説】

上記前提の通り、新リース会計基準等を適用することにより、費用の計上がトップヘビーとなるため、従来の基準を適用していた場合に比べて、各期の期末利益剰余金への累積的影響額はマイナスとなる。

X4年3月期から新リース会計基準等を適用し、新適用指針第118項ただし書きの容認法を選択した場合は、適用初年度の期首より前に存在する契約に対して、新たな会計方針を適用した場合における適用初年度の累積的影響額1,160千

259

第2部　新リース会計基準等の適用に関する実務上の論点

円を、X4年3月期の期首利益剰余金から減額し、当該期首残高から新リース会計基準等を適用することができる。

2 貸手の論点

Q33 新リース会計基準等の適用に伴い、リース業における金融型割賦及び販売型割賦に含まれる金利部分の割賦基準による会計処理も廃止されるのか？

新リース会計基準等の公表と同日に業種別監査委員会報告第19号「リース業における金融商品会計基準適用に関する当面の会計上及び監査上の取扱い」の改正が公表されており、当該改正により、リース業における金融型割賦及び販売型割賦に含まれる金利部分の割賦基準による会計処理は廃止され、利息法により計上することとされている。

適用時期についても新リース会計基準等と同じ連結会計年度及び事業年度とされており、適用初年度の期首より前に新たな会計方針を遡及適用した場合の適用初年度の累積的影響額を、適用初年度の期首の利益剰余金に加減し、当該期首残高から新たな会計方針を適用することができる経過措置も設けられている。

Q34 新リース会計基準等において、再リース率が高い場合の貸手のリース期間はどのように考えればよいか？

新リース会計基準等における貸手のリース期間は、次のいずれかの方法を選択して決定する（新会計基準第16項）。

(1) 借手のリース期間と同様の方法により決定した期間

(2) 借手が原資産を使用する権利を有する解約不能期間（事実上解約不能と認められる期間を含む。）にリースが置かれている状況からみて借手が再リースする意思が明らかな場合の再リース期間を加えた期間

(2)の方法は、従来の基準における貸手のリース期間の取扱いから基本的に変更はない。

一方で、(2)の方法を選択する場合は、借手のリース期間は、借手が原資産を

260

第2章　新リース会計基準等の適用にかかる実務上の会計論点

使用する権利を有する解約不能期間に、借手が行使することが「合理的に確実で」あるリースの延長又は解約オプションの対象期間を考慮して決定するため、同一のリースについて、借手が決定した借手のリース期間と貸手が決定した貸手のリース期間が異なる場合があることも想定される。

Q35　フリーレント期間のある賃料やステップアップ賃料が含まれるオペレーティング・リースにおける貸手のリース料の会計処理はどうなるか？

　新リース会計基準等において、オペレーティング・リースによる貸手のリース料については、貸手のリース期間にわたり原則として定額法で計上することが明確に定められた（新適用指針第82項）。

　このことから、フリーレント（例えば、契約開始当初数か月間賃料が無償となる契約条項）やレントホリデー（例えば、数年間賃貸借契約を継続する場合に一定期間賃料が無償となる契約条項）、ステップアップ賃料（例えば、時の経過に応じて賃料が段階的に上昇する契約条項）等が設定されているオペレーティング・リースにおける貸手の会計処理についても、貸手のリース期間にわたり原則として定額法で計上する必要がある。

　この点、従来の基準では貸手のオペレーティング・リース取引の会計処理について、明確に示されていなかったため、実務に多様性が生じていたことから、企業によっては、貸手の収益認識方法に変更が生じる可能性がある。

　なお、新リース会計基準等の適用初年度の経過措置として、新適用指針第118項ただし書きの方法を選択する貸手は、従来の基準においてオペレーティング・リースに分類していたリースについて、適用初年度の期首に締結された新たなリースとして、新リース会計基準等を適用することができる。これにより、貸手は、対象のオペレーティング・リースについて適用初年度の期首時点より前にフリーレント期間が終了しており当該時点以降のリース期間においては定額のリース料が発生する場合、遡及してリース収益の修正を行うことは不要になる（第1部第13章 **3** 参照）。

261

著者紹介

井上　雅彦

（いのうえ　まさひこ）

公認会計士　（公社）日本証券アナリスト協会検定会員

1962年生まれ、1986年一橋大学商学部卒業。保険会社を経て1988年中央監査法人入所、1999年より中央青山監査法人パートナー、2007年より2024年まで有限責任監査法人トーマツパートナー。2024年より独立開業し一般財団法人会計教育研修機構フェローを務める。これまで、日本公認会計士協会公的年金専門部会専門委員、同協会業種別監査委員会委員、同協会厚生年金基金理事、同協会基金特別プロジェクト専門委員及び運営委員、非営利法人委員会農業協同組合専門部会専門委員等を歴任。

〈主な著書〉

単著

『事業再編に伴う退職給付制度の設計と会計実務』（中央経済社　日本公認会計士協会第35回学術賞（会員特別賞）受賞）

『キーワードでわかる退職給付会計（三訂増補版）』（税務研究会出版局）

『キーワードでわかるリースの法律・会計・税務（第5版）』（税務研究会出版局）

『Q&A リースの会計・税務（第3版）』（日本経済新聞社）

『この1冊でわかるリースの税務・会計・法律』（中経出版）

『退職給付会計実務の手引き（第2版）』（税務経理協会）

『リース会計実務の手引き（第2版）』（税務経理協会）

『改正リース会計の手引き（公開草案対応版)』（税務経理協会）

編著・監修

『会計用語辞典』（編著、日本経済新聞社）

『できる支店長になるための7つの方法（農協の支店長が果たすべき役割)』（編著、きんざい）

『金融機関のための農業ビジネスの基本と取引のポイント（第2版)』（監修、経済法令研究会）

『JA職員のための融資・査定・経営相談に活かす決算書の読み方』（監修、経済法令研究会）

『相続相談ができる農協職員になるための7つのステップ』（監修、全国共同出版）

『実務に役立つJA会計ハンドブック』（監修、全国共同出版）

『できる副支店長になるための7つのステップ（強い支店には優秀なNO.2がいる)』（監修、全国共同出版）

共著

『公開草案から読み解く新リース会計基準（案）の実務対応』（税務研究会出版局）

『退職給付債務の算定方法の選択とインパクト』（2人共著：中央経済社）

『退職給付制度見直しの会計実務（第2版）』（2人共著：中央経済社）

『新しい退職給付制度の設計と会計実務』（2人共著：日本経済新聞社）

『Q&A リース・ノンバンクファイナンス取引の実務』（2人共著：日本経済新聞出版社）

『退職給付会計の実務 Q&A』（2人共著：税務研究会出版局）

分担執筆

『企業年金の会計と税務』（日本経済新聞社）

『詳解 退職給付会計の実務』（中央経済社）

『連結財務諸表の作成実務』（中央経済社）

『有価証券報告書の記載実務』（中央経済社）

『公会計・監査用語辞典』（ぎょうせい）

『Q&A 企業再構築の実務』（新日本法規出版）

藤井　義大

（ふじい　よしひろ）

公認会計士　現在、有限責任監査法人トーマツ　パートナー

灘中学校・灘高等学校を卒業後、東京大学理科I類に入学

東京大学工学部卒業

東京大学大学院理学系研究科後期博士課程中退

愛知県庁勤務を経て、監査法人トーマツ（現 有限責任監査法人トーマツ）入社

リース業を中心に金融業、専門商社、製造業、小売業等の監査業務に従事

その他、IFRS導入支援業務、内部統制構築支援業務等のコンサルティング業務にも従事

現在、リース・クレジットセクターにおいてリースセクターリーダーを担当

〈主な著書〉

『公開草案から読み解く新リース会計基準（案）の実務対応』（税務研究会出版局）

『これでわかるリース取引』（共著／執筆責任者：みずほ総合研究所（現 みずほリサーチ＆テクノロジーズ））

『Q&A 業種別会計実務・10 リース』（共著／執筆責任者：中央経済社）

『ビジネスと経営のためのロジカルシンキングとしての弁証法・認識論』（単著：日本橋出版／ディスカヴァー・トゥエンティワン）

雑誌記事投稿

企業懇話会トピックPlus『シン・哲学（弁証法）×会計』全10回連載（単著：税務研究会）

本書の内容に関するご質問は、税務研究会ホームページのお問い合わせフォーム（https://www.zeiken.co.jp/contact/request/）よりお願い致します。なお、個別のご相談は受け付けておりません。

本書刊行後に追加・修正事項がある場合は、随時、当社のホームページ（https://www.zeiken.co.jp）にてお知らせ致します。

新リース会計の実務対応と勘所

令和7年2月25日　初版第1刷発行　　　　　　　　　　　　　（著者承認検印省略）
令和7年5月15日　初版第2刷発行

ⓒ　著　者　　井　上　雅　彦

　　　　　　　藤　井　義　大

　　　発行所　　税 務 研 究 会 出 版 局

　　　代表者　　山　根　　　毅

　　　郵便番号 100-0005
　　　東京都千代田区丸の内 1-8-2 鉄鋼ビルディング

https://www.zeiken.co.jp

乱丁・落丁の場合は、お取替え致します。　　　　　印刷・製本　東日本印刷株式会社

ISBN 978-4-7931-2868-4